世界のエリートが今一番入りたい大学ミネルバ

Minerva Schools at KGI

Nurturing Critical Wisdom for the Sake of the World

元ミネルバ大学日本連絡事務所代表
山本秀樹［著］

ダイヤモンド社

はじめに　資産も実績もゼロの大学に、なぜ世界中から学生が殺到するのか？

欧米の著名な建築家が設計した歴史ある講堂も、広大な敷地に点在する研究施設や運動施設もなく、著名な卒業生もいない。学生寮は都市の中にある普通の集合住宅を利用し、授業はすべてがオンライン……。

聞くまでもなく、そんな大学にあなたが行きたい、もしくは自分の子どもを行かせたいという可能性は低いだろう。

しかし、サンフランシスコに拠点を置き、「高等教育の再創造」を掲げた教育事業会社であるミネルバ・プロジェクト（Minerva Project）社が「21世紀最初のエリート大学」として設立したミネルバ大学（Minerva Schools at KGI）は、まさに、そんな一面を持つ大学だ。そして、**この資産がほぼゼロの大学には世界中から2万人以上の受験者が集まること、合格率がわずか1・9％で、ハーバード大学、スタンフォード大学、ケンブリッジ大学などの名門大学の合格を辞**

退して進学する学生がいることをあなたはどう思うだろうか。

そして、さまざまな大学ランキングの表には掲載されていないこの大学が開校直後から、かつてはアイビーリーグの学生ですらインターンを許されなかったトップクラスの研究所で大学1年生から社会人研究員と一緒にプロジェクトを遂行したり、1年生終了時のクリティカル思考力を測定する外部テストで全米の大学の中で圧倒的1位の成績を収めたりしている事実を、どう解釈すればいいだろうか。あなたのこの大学に対する評価は変わるだろうか。

別の質問をしてみよう。

それなりに権威のある実証研究で2年後に90％の確率で壊れるとされている商品がある。その商品の価格は400万円もする。あなたは、その商品を購入するだろうか。

なんと馬鹿げた質問だろう――きっとそう思っているはずだ。

仮にその商品が150万円だろうが、50万円だろうが買う人はいないだろう。

しかし、大学ランキング会社が毎年トップ10位以内に掲載する大学のほとんどは、実はこうした商品を販売している。そしてあなたも私も含め、多くの人たちはそうした商品の存在をずっと許してきた。

ミネルバ大学は人々が長らく質問することすら忘れていたトップ・エリート大学の「学びの

質」と「非効率な経営」を徹底的に考え直し、高等教育をあるべき姿に戻す使命のためのベンチマークとして設立された。既存の大学が解決できずに苦しんでいる「変化の速い社会で活躍するための実践的な知恵」、「複雑化した国際社会や異文化への適応力」、「高騰する学費と学生ローン」に対して見事なまでに具体的な実例で、その解決法を提示している。

たとえば、すべての授業をオンライン化したミネルバ大学は、郊外に広大な土地を購入し、豪華なキャンパスを新たに建設する必要がなく、「都市をキャンパスにする」経営が可能だ。滞在都市にある最新の研究施設や芸術施設、図書館などを利用し、企業との共同プロジェクトを実施できる。この授業で学んだことを実社会ですぐに実践し、習得していく経験学習は、社会と隔絶された講堂の中で教授による一方通行の講義を聞くよりもはるかに学習効果が高いことが証明されている。

オンラインで授業を行うメリットは、まだある。物理的なキャンパスが必要ないため、学生が世界中を巡り、異文化にどっぷりと浸ることを可能にした。学生たちは4年間で7つの国際都市を巡回し、滞在地で現地の企業、行政機関、ＮＰＯ等との協働プロジェクトやインターンを経験しながら現地の人たちと同じ生活を営む。世界中から集まり、同じ寮に住む学生たちは共同生活を通じて、濃密なコミュニティを築いていく。実社会と学校のシームレスなつながりをグローバル規模で実現している。

また、教員は自分の滞在している研究施設から授業を行うことができ、その分移動コストと時間を研究活動にあてることができる。

そして、豪華なキャンパスや施設の建設に伴う負債を持たないこの大学の学費は年間約150万円、既存の米国トップ・エリート大学の3分の1未満だ。さらに、国籍、性別、人種、同窓生の有無によって合格基準を変えず、公平で返済不要の奨学金制度を採用したことで、世界中から2万人を超える学生が応募している。合格率は1・9%と世界でも最も難関な大学の1つであるが、日本人学生も3名合格・進学している。


ミネルバ大学を立ち上げたのは、教育業界では無名の起業家だ。

だが、その無名の起業家のアイデアは元大統領候補だった政治家、ハーバード大学やペンシルベニア大学の元学長、オバマ元大統領の顧問をはじめ、既存のトップ・エリート校で教えていた教員、スタッフたちを突き動かした。不可能と言われた開校初年度からの学位認定審査にも、当の認定団体の元副理事長が積極的にサポートしたほどだ。既存トップ大学の改革推進者たちの圧倒的な支持を得て、プロジェクトは推進されていった。

私もまた、運命的にミネルバと出会った。私は日本の大学を卒業後、化学素材メーカーで新規用途開発を担当。ケンブリッジ大学の経営管理学修士（MBA）課程に進み、修了後に経営戦略コンサルティング会社、外資系メーカーのマーケティング部長を務めた後に独立した。

一方私は、自分が英国で経験した実践的な学習方法を実現する教育機関を日本につくれないか模索していたのだが、そのときに偶然目にした記事でミネルバ大学を知り、すぐにコンタクトを取った。実際に話を聞くと、そのコンセプトは興味深く、知れば知るほど自分が過去にビジネスで経験した壁を解決する教育機関であると確信した。日本では無名であったこの大学の認知活動を応援したいと志願し、日本での活動には懐疑的だったアジア統括担当者を説得し、約2年間、日本連絡事務所代表として関わった。

本書は、単なる大学の創立秘話ではない。誰もが（スペースXをはじめとする数々の冒険的ベンチャー企業を設立したイーロン・マスクに投資したピーター・ティールですら！）見逃した、新規参入が不可能と考えられてきた市場に独自のアプローチで参入を実現し、閉鎖的だと考えられてきた業界に、今までアクセスできなかったユーザーを導き入れ、既存市場におけるさまざまなキーパーソンたちからも高い支持を獲得したプロジェクトの事業戦略を解説したものだ。

そして、このプロジェクトの課題と今後の発展性、日本に対する示唆についても解説する。

序章と第1章はミネルバ・プロジェクトの設立背景について解説し、第2章ではミネルバ大学が設立背景である大学教育の抱えている課題についてどのように解決策を提供しているか説明する。第3章ではプロジェクトに参画した学生や教員たちの動機や新しい学び方、教え方にどのように対応しているのか解説している。そして、第4章は、ミネルバ大学と既存大学の違いを分析し、ミネルバ・プロジェクトが今後どのように発展していくのか、既存の大学や日本の大学が取り入れることのできる経営の打ち手を解説する。第5章では、日本でどのように展開していったかをご説明する。

本書は教員や学生はもとより、学校経営者や企業の人事担当者、経営企画や新規事業開発、マーケティング担当者まで幅広く参考にしていただけるものだと考えている。

あなたが教員や学生であれば、最新の情報技術を活用することで従来は実現が難しかった「学習効果の高い授業」がどのように実現されるのか注目していただきたい。

あなたが学校経営者であれば、ミネルバ大学と自校の運営方法を比べることで、参考にできるものはたくさんある。カリキュラムの設計や教授法、テクノロジーの活用といった目に留まりやすいものだけでなく、意思決定さえすれば数か月後から実施できる、効果的な運営方法のヒントが得られるだろう。

あなたが学校経営者、あるいは企業の人事担当者であれば、なぜ、当初は東京、京都、福岡が滞在候補地となっていた日本が、最終的にアジアにおける候補地として選ばれず、ソウルや台北に決定されたのか、その背景を知ることで、グローバルに活躍できる才能ある学生を獲得するために必要な要素を見つけるヒントが得られるだろう。それはまた、なぜマッキンゼー、グーグル、ゴールドマン・サックスなどがミネルバ大学のキャリア・オフィスを支援し、アルゼンチン教育省などの政府系機関がプロジェクト学習の機会をこの大学に提供するのかということと表裏の関係にある問題だ。

さらに、ミネルバ大学が実施しているキャリア育成支援制度は、そのまま企業人事にも応用できる。またミネルバ大学で行われている思考・コミュニケーションスキルの学習効果の見える化は、企業内のタレント・マネジメントにも応用できるヒントが多く隠されている。

そして、あなたが経営企画や新規事業開発、マーケティングを担当しているのであれば、現在取り組んでいる課題に対して新しい視点を見つけるヒントが得られるだろう。そのヒントは、ミネルバ・プロジェクトがなぜアイデアだけの段階で、西海岸でも最も資金を得ることが難しいとされるベンチャー・キャピタル（ネットオークション最大手のイーベイ、ライディング・シェアのウーバー・テクノロジーズ、オフィス・シェアのウィー・ワークなどに出資）から30億円もの支援を獲得することができたのか、またわずか4年で43万人以上のフェイスブックのフォロワーを獲得し、マサチューセッツ工科大学（ＭＩＴ）よりも多い受験者数を得ることができたのか、といったことに隠されているだろう。

右記以外の分野に携わる方々にもぜひ手に取っていただき、本書が皆さんの日々の活動を進化させるうえで少しでもお役に立てることを願っている。

２０１８年5月

Dream Project School／元ミネルバ大学日本連絡事務所代表

山本秀樹

目次
contents

第1章

なぜミネルバ大学は、ゼロからの立ち上げに成功したのか？

——トップ・エリート大学市場への参入戦略と組織設計

第2章 なぜミネルバ大学は、「最高の教育を、適正な価格で」実現できたのか？
――世界のエリートを惹きつけるカリキュラム、仕組み、テクノロジー

2-2 ミネルバ大学は、何をどう教えているのか
――技術と仕組みでつくった新しい教育のかたち　069

第3章

なぜ実績ゼロの新設大学に、世界のエリートが集ったのか？

——学生、教員、スタッフがミネルバで得たもの

第4章

ミネルバ大学は、本当に教育に革命をもたらせるのか？

――〝学生の学び〟を軸とした教育に立ち返るための提言

4-1 ミネルバ大学は既存の大学とどう違うか？

――ブルー・オーシャン戦略で見えた6つの特徴 189

4-2 ミネルバ大学の2つの課題と、さらなる可能性 217

第5章 ミネルバは日本でどのように展開したのか？

——産官学の垣根を越えた連携が、教育に新しいうねりをもたらす

序章

ミネルバ大学創立者、ベン・ネルソンの物語

新しい取り組みを始めることよりも、実行するのが難しく、成功する可能性が低く、危険なことはない。

ニコロ・マキャベリ

早すぎた成功と挫折

ミネルバ大学の創立者ベン・ネルソン（Ben Nelson）がはじめて本格的な教育改革を思い立ったのはペンシルベニア大学ウォートン校で「Student Committee on Under-graduate Education（通称SCUE）」という学生団体に所属していた1年生のときだった。

SCUEは、定期的に大学のカリキュラムを見直し、改善を教授会に訴えるための白書を作成する。しかも、その提案のいくつかは教授会での承認後に採用され、6、7年後に実際のカリキュラムに反映されるという同校では強力な影響力を持つ存在だった。

ほどなくしてSCUEの代表に選ばれたベンは、プレセプトリアル（Preceptorials）[*1]という、主に新入生を対象にさまざまな分野の教授やゲストが大学で学ぶ意味や面白さを、自身の研究テーマの紹介をしながら、インタラクティブに進めるセミナーを企画・実行した。新入生が〝学び方を学ぶ〟ことを目的に設計されたこの講座は、単位認定外の授業としてはアイビーリーグでも他に例がない人気講座となっている。現在でもペンシルベニア大学の学部生の約3分の1が受講するほどだ。

普通に考えれば、大学1年生が学内の有力組織の代表を務め、自主的に提案した講座が人気を得たことは誇らしい成果だといえる。しかし、ベンにとっては、これは彼がやりたかった改

＊1 Preceptorialsに関する日本語の記述については岡部光明（元慶應義塾大学総合政策学部教授）による2005年のレポートを参照：プリンストン大学の事例だが、大きな差はないと思われる。http://www.okabem.com/book/princeton.pdf。なお、ペンシルベニア大学のPreceptorialsの解説サイトは以下を参照。https://www.nso.upenn.edu/overview-2

革の最初の一歩に過ぎなかった。

「実際、手をつけることができたのは海面に出ている氷山の一部分に過ぎなかった。もっともっと大きな改革の必要性を感じていた」とベンはいう。

しかし、プレセプトリアルの実績をもとに大学教育のあり方を大きく変えるカリキュラム設計の変更を大学に訴えたベンは、現実の壁に当たった。

「当時、私はキャンパスの中で最も力を持った学生で、自分は〝最重要人物〟なんだと思っていた。でも結局、何もできなかった。正確に言えば、自分の影響力が及ぶ範囲ではほとんどのことは実現できたが、本当にインパクトがある大きなことをしてもらおうとしても実現できなかった。教授たちは私のアイデアを素晴らしいと賞賛したが、実行することはなかった。大学の事務局側に改革を推進するサポーターや組織をつくる動きは現れず、教授たちは実践ではなく、理論としての私のアイデアに満足してしまった……。それで私も諦めてしまった」

ベンは、教授が過去の結果や事実を学生に伝える「知識の普及」から脱却し、学生自身が興味を持って取り上げてきた題材について、教授が学生たちに「どのように考えるべきか」について教え、「学び方を学ぶ」ことを習得できる、4年間を通じたカリキュラムを設計したかった。そして、それこそがペンシルベニア大学が掲げる、「変化していく社会の中で、より質の高い学習経験のために新しいアイデアやアプローチを考慮し、取り入れていく」という創立者であ

図表01 ｜ ミネルバ大学の創立者、ベン・ネルソン

り米国建国の父のひとりであるベンジャミン・フランクリンが提唱した建学時の教育精神にそっていると考えていた。

この挫折を機に、ベンは自分がしたいのは既存の大学のカリキュラムを変えることではなく、理想とする大学を自分でつくりたいのだ、と気がついた。しかし、20代の若者がそれを実現することが現実的でないことは、自分自身でもよくわかっていた。

ベンはその後の大学生活を真面目に学ぶひとりの学生として過ごし、成績優等生として卒業した。社会活動やコンサルティング業に従事した後、２０００年から２０１０年までオンライン写真印刷会社であるスナップ・フィッシュ（Snapfish）[*2]に財務担当取締役として参画した。２００５年に同社が約３億ドル（約３２０億円）

*2 オンライン写真印刷最大手。現在はヒューレット・パッカード社傘下。https://www.snapfish.com/

でヒューレット・パッカード社に買収された後もベンは同社に留まり、２０１０年に会社を離れるまでＣＥＯを務めた。在職中、スナップ・フィッシュは富士フイルムとコダックという巨大企業が築いてきた写真印刷市場を、「自宅のパーソナルコンピューターでもアルバムがつくれる」というサービスを提供することで大きく変えた。

デジタルカメラの普及により、写真を印刷するという仕事の量は大幅に減少し、データを保管し、いつでも引き出せるという機能が重視されはじめた時代の波に乗ったスナップ・フィッシュは、４０００社はあったであろう競合会社をトラフィック[*3]で大きく引き離し、破格の価格で会社の売却に成功した。しかし、ＩＴバブルは弾け、テクノロジーの進化と競合の追い上げにより、スナップ・フィッシュは創業当時の輝かしい業績が続いているとは言いがたい。ベンのキャリアは、ウォートン校出身者として、まずまずの実績をあげたビジネスパーソンのひとりに過ぎなかった。

高速でキャリアを駆け上がったビジネスマンがたどる既定路線のように、ベンも40代で自分の成すべきことを、立ち止まって考える時期に来ていた。

退任スピーチを用意するために10年間在籍したスナップ・フィッシュでの日々を思い返し、ベンは何が一番印象に残っていたかを考えた。興味深いことに会社はさまざまなビジネス上の困難を乗り越えたが、記憶に残る強い印象を持っていたのは、いずれもビジネス関係の思い出ではなく、ハリケーン・カトリーナの被害者にアルバムの無料作成サービスを提供したときの

＊3　Webの分野では、WebサーバやWebサイトへの外部からの接続要求数、アクセス数、送信データ量などのことや、サイトやページの間を行き来する閲覧者の流れのことをトラフィックということが多い。http://e-words.jp

ことや、病気になった従業員がより働きやすいように職務規定を改訂したときのことだった。[*4]

ベンは、シリコンバレーの〝売り逃げ〟文化にも疲れはじめていた。ITバブル期のスタートアップの多くは、トラフィックを集めることが目的で、ビジネスの社会的意義よりも、どのように素早く、高価格で大企業に買収されるかを競いあっているようにも思えた。自分は幸いにしてゲームに勝った。シリコンバレーに集まる起業家の多くは、成功して、お金を得ることを夢見るが、本当に社会にインパクトのある事業を目指している人はほんのわずかだ、と感じていた。ベンはこう思い返す。

もしもう一度、幸運に恵まれて活動資金を得ることができたなら、もっと社会的に意義のある事業をしよう。やれることは何だろうかと自分に問いかけてみた。医療関係？　何も知らないじゃないか。クリーン・エネルギー？　これも何も知らない。……教育？　そうだ、これにはなかいいアイデアがあったよな。

さらに、スナップ・フィッシュでの経験は、ベンに金銭的成功だけでなく「（特別なプログラミングや製造技術を持たない）**自分でも何か新しいことを始めることができる**」ということを教えてくれた。

＊4 家財を失ったユーザーに対し、Snapfishのサーバ上にあるデータにアクセスし、無料でアルバムを作成、送付した取り組み。

大学を卒業してから10年以上の月日が流れていたが、大学教育は何も変わっていないと感じていた。一方、自分はあのときに無力感を味わわされた壁に、もう一度挑戦できる機会を得ている……。

――少し時間をとって自分のアイデアについて考えてみた。それで、これはうまくいくぞ、と思えたんだ。[*5]

「君は狂っている」――アイデアへの拒絶

スナップ・フィッシュでの後継者は、たまたま元ベンチャー・キャピタリストで、ベンが教育関係で新しいことを始めようとしていることを知り、エド・テック[*6]関係の投資家の集まりに招待してくれた。ベンはここで7、8人の起業家と一緒にピッチ（短い時間で起業アイデアを説明すること）をする機会を得た。

集まった起業家たちは、大学間の連携システムや教育施設サービスのプレゼンをして、そこそこ建設的な助言を得ていた。ところがベンが「世界一の大学を創ります。これをゼロから立ち上げるつもりです」と言い、そのコンセプトを紹介すると和やかな空気は一変した。それは、

＊5 “Reinventing the University” A conversation with Ben Nelson（Ideas Roadshow - H. Burton Open Agenda Publishing © 2015. All rights reserved）より。

＊6 エド・テック（Ed-Tech）とは教育（Education）とテクノロジー（Technology）を組み合わせた造語。進歩を続けるテクノロジーの力を使い、教育にイノベーションを起こすビジネス領域として世界中で注目を集めている。
https://tech-camp.in/note/15173/

まるで彼らの母親を侮辱したかのような反応だったという。

「正直、少し驚いた。彼らは投資家で、教員や学校職員ですらなかったのだから」

ベンの回想は続く。

「君は狂っている。そんなことは絶対に実現しない。誰も君なんかに投資しない。うまくいくわけがない」

ある人はこう言った。

「もし投資を得られたとしよう。今の景気じゃ、変わった大胆なアイデアが投資を獲得するのは難しくない。ただ、そこまでだ。それに君は事業を立ち上げることすらできはしないだろう」

それに皆が乗っかった。

「彼は、そんなことができるだけの投資は得られないさ！」

そして、これが最初の数か月間続いた反応だった。

「2011年の1月にはプロジェクトの名前を、ローマ神話の知恵の女神を意味するミネルバ（Minerva）に決めた。プロジェクトの基本構想をデザインし、同じ年の夏頃にはアイデアはかなり固まってきた。しかし依然として、私のアイデアを聞いた人の多くは、私がいかに狂っているのか測りかねているようだった。天才なのか、完全な狂人なのか、といった具合に」

それでもベンは諦めなかった。活動を続けるうちに、何人かの教育関係者が熱烈に支持してくれるようになった。こうした支持者たちはベンを励まし、より多くの人に会うように促し、また支援してくれそうな人を紹介してくれた。そして、多くの人に自分のアイデアを話す過程でベンのピッチ力も磨かれていった。

そうした日々のなか、ベンは元ネブラスカ州知事を務めたボブ・ケリー[*7]と知り合った。ボブは当時ニューヨークにある社会科学研究で有名なニュー・スクール大学の学長を務めていたが退職することが決まっており、教育分野へのテクノロジーの活用を目指すエド・テック分野での大胆なアイデアについて知りたがっていた。ベンが説明を終えるとクリントン前大統領と民主党の予備選挙を競った元政治家は興奮し、「よく考え抜かれた、素晴らしいアイデアだ。これこそ実現されるべきだ！」と絶賛した。

「ケリー元上院議員は熱狂的な支持者になってくれた。それまでも支持者は草の根的に増えてきてはいたが、私の最も親しい友人たちですら、『ベン、悪いことは言わないから、そろそろ他のことを考えたほうがいいんじゃないか？』と言う状況だったんだ。だから彼の熱狂ぶりは私を大いに勇気づけてくれたよ」

ベンはこの出来事についてそう語っている。

ボブ・ケリーはその後、ミネルバ・プロジェクト社の創業に関わり、現在はミネルバ大学で

＊7 ボブ・ケリー（Bob Kerrey）は元米国上院議員。元ネブラスカ州知事で民主党の大統領指名候補者として予備選挙をクリントン前大統領と競ったこともある。元ニュー・スクール（New School）学長。https://en.wikipedia.org/wiki/Bob_Kerrey

学ぶ学生のための給付型奨学金原資の運用と革新的な教育手法の研究を行う学者に研究助成金を支給するミネルバ研究所（Minerva Institute）の代表理事を務めている。

ピーター・ティールが教えてくれた「最高の大学」への道

ボブ・ケリーが支援者になってから数か月後、ベンはシリコンバレーでは知らない者はいない投資家と出会うことに成功した。ペイパルの創業メンバーのひとりで、フェイスブックへの出資で一躍時の人となったピーター・ティールだ。[*8] ティールはスタンフォード大学ロー・スクールを卒業したが、法曹界の仕事に就かず、起業家としての道を選択した人物で、学費の高騰する大学教育に対して批判的だった。２０１１年に起業家を目指して大学を退学する学生に、2年間で10万ドル（約１１００万円）の支援金と必要なネットワーキングを提供するティール・フェローシップ（Thiel Fellowship）[*9] を設立していた。

そんな既存の大学に否定的だったにもかかわらず、ティールは、ベンのアイデアについて好意的ではなく、「ミネルバ・プロジェクトは現実的ではない」と言った。ただ、ピーターが他の投資家や批判者と違ったのは、なぜうまくいかないと思うか、わかりやすく説明してくれたことだった。

＊8 ピーター・ティール（Peter Thiel）はオンライン決済システム会社ペイパル（PayPal）の共同設立者。その後、初の外部投資家としてフェイスブックを見出すなど、シリコンバレーの経営者たちに圧倒的な知名度のあるベンチャー投資家、連続起業家。

＊9 ティール・フェローシップの詳細は以下を参照。http://thielfellowship.org/

「例のニワトリと卵の問いのようなものだ。学部教育で最高のブランドをつくるには最高の学生を手に入れる必要がある。しかし、最高の学生を手に入れるには最高の大学であるというブランドを持っている必要がある。最初から、そういったブランドを手に入れるという飛躍がない限り、ミネルバ・プロジェクトを具体的に動かすことはできないだろう」*10

そこで、ベンはこの飛躍を起こすべく、ハーバード大学で学長を務めたラリー・サマーズ*11にミネルバ・プロジェクトを推薦してもらえれば、自分の構想は実現するかもしれない、という期待を抱いた。そして自分の友人のコネクションを頼って、アポイントを申し込んだ。幸いなことに、ベンのアイデアを初期から支持してくれていたベンチャー・キャピタリストがラリーとつながっており、ピッチの機会を引き出してくれたのだ。ベンはまたとない好機に興奮し、意気揚々とボストンへ飛んだ。

ハーバード大学元学長との15分ミーティング

ベンはラリーとの最初の出会いについてもよく覚えていた。少し長いが、そのときの様子を語ったベンの言葉を紹介しよう。

*10 “*Building the Intentional University: Minerva and the Future of Higher Education*”（MIT Press 2017） Prefaceより。

*11 ラリー・サマーズ（Larry Summers）はハーバード大学名誉教授、元米国財務長官。

後から聞いた話だけど、私に会うまで、ラリーは私が誰で、何の話をするのか知らなかったそうだ。彼は月曜日の朝6時半から7時まで、ハーバード・ビジネス・スクールのビル群の谷間にあるベンチで会ってくれることになっていた。

ところが、彼が実際に現れたのは約束の時間を15分過ぎていた。私は絶望的な気持ちになっていた。

「こりゃ救われない。15分でミネルバの説明をするなんて無理だ」

でも、私たちはそれから1時間45分、話しつづけた。

そして隣に座っていたラリーは、最後にこう言ったんだ。

「よく聞いてくれ。君がしようとしていることは、とても重要なことだ。高品質な教育を、既存の大学の枠組みの中では席を与えられないでいる学生たちに提供しようとするものだからだ」

「これ以上プロジェクトをよくするために準備しようなどと考えなくていい。アイビーリーグ級の教育を世界中のより多くの人に低コストで提供できる仕組みをつくる。この考えが素晴らしい。これが本当に重要なんだ」

ラリーは本当に素晴らしい人で、私がミネルバの説明を言い終える前に、すべてを把握していた。

しばし沈黙した後、彼はこう言ってくれた。

「設立準備委員会の議長は私が務めるべきだな」

「もちろんですとも！」

私は反射的に答えた。本当はまだ設立準備委員会すら存在していなかったけど……。

それからほどなく、２０１２年4月にベンは「高等教育を再創造する」ための構想を仕上げた。そして、大学設立準備、カリキュラム、理想の教授法を実現するためのプラットフォームや教員トレーニング方法の開発を行うミネルバ・プロジェクト社を立ち上げ、ベンチマーク・キャピタル[*12]から２５００万ドル（約30億円）の資金調達に成功したのである。

ベンチマーク・キャピタルのパートナーだったケビン・ハーレーは、まだ製品も存在もしていない会社に巨額の出資を行った理由についてこう述べている。

「これほど野心的で世界を変える可能性のあるもので、かつ我々が、この人物なら実現できる、と思えるものに巡り会うことはそうそうない」

＊12 eBay, Dropbox, Twitter, Uber, Snapchat, Instagram, WeWork等の企業に投資を行った西海岸の名門VC。https://en.wikipedia.org/wiki/Benchmark_(venture_capital_firm)

「我々の核となる行動規範は、大きなアイデアと人物に注目し、彼らに大きく賭けることだ」

この投資額はベンチマーク・キャピタルの創業以来、最大のシード投資[*13]であり、シリコンバレーやベンチャー業界でも大きな話題となった。

ケビンの目は、果たして正しかったのだろうか。

「今世紀最初の真のエリート大学をつくる」というベンの試みは、「最も大胆で野心的な取り組み」として多くのメディアの注目を集めた。そして驚くべきことに、多くの教育関係者の反感や疑問をよそに、米国ではハーバード大学やスタンフォード大学をはじめとするトップ大学で要職を務めた教授や、トップ大学を優秀な成績で卒業後、世間でも人が羨むような会社で活躍していた人材がスタッフとしてプロジェクトに参画した。

アカデミック部門のトップには、ハーバード大学で30年以上教えた心理学、認知科学、脳科学の分野で素晴らしい業績を残す社会科学部長を務めたステファン・コスリン教授が就いた。そしてテクノロジー部門のトップにはシリコンバレーで最も尊敬されるエンジニアのひとりで、Xoopit（後にヤフーに売却）の代表取締役社長を務めていたジョナサン・カッツマンが加わり、無名だったミネルバ・プロジェクトに有能なエンジニアやデザイナーが参画するきっかけをつくった。

また米国では通常、新設大学はすぐにアクレディテーション（Accreditation、提供しているプ

＊13 “Benchmark bets on online university,” *Financial Times*, 2012/4/4

ログラムが大学の単位として認められるために必要な認定）を得ることが原則できないが、これを可能にする戦略と交渉を引き受けた人物がテリー・キャノンだった。テリーはＷＡＳＣ（Western Association of Schools and Colleges）[*14]という認定団体の副理事長を退任したばかりで、この困難な任務にうってつけの人物だった。

そして、ゼロから最高のブランド力を持つ大学をつくり上げるというマーケティングをベンが任せたのは、かつてスナップ・フィッシュのライバル会社でマーケティング担当取締役を務めていたロビン・ゴールドバーグだった。ロビンは当初こそ、会社を離れることを渋ったが、最終的には、ミネルバ・プロジェクトのとてつもない挑戦を引き受けるという魅力に抵抗することはできなかった。

かくして、ミネルバ・プロジェクトは構想から2年、ベンの最初の着想からは約22年の歳月を経て実現に向けて動き出した。

「21世紀最初の真のエリート大学」、開校

２０１４年9月にミネルバ・プロジェクト社はクレアモント大学系列のケック大学院（Keck Graduate Institute）と提携し、ミネルバ大学（Minerva Schools at KGI）を開校した。「21世紀最初

＊14 https://www.acswasc.org/

の米国のエリート大学」と自ら名乗った大学には開校初年度にもかかわらず、約２５００人の受験者が応募し、58名の有力な合格者が選出され、30名の学生が進学を決めた。

わずか4年前、実現不可能と嘲笑されたアイデアは、世界最高峰の大学関係者から支持されるようになっていた。

他校が高額の報酬や研究施設を用意しても雇用できなかった教授陣やスタッフ、そして世界中から集まった才能と野心に溢れる学生たちとともに、ミネルバ大学は「高等教育の再創造」に向けた船出を果たしたのである。

第1章

なぜミネルバ大学は、ゼロからの立ち上げに成功したのか？

トップ・エリート大学市場への参入戦略と組織設計

賛成する人がほとんどいない、大切な真実はなんだろう。

ピーター・ティール

成功する起業家は、「グローバルで持続可能なニーズが満たされていない市場」を捉える。

ジャック・ラング（ケンブリッジ大学教授、ラズベリー・パイ 共同創業者）

ミネルバ成功のカギはどこにあったのか？

ミネルバ・プロジェクトはアイデア段階から現在に至るまで、その成功には多くの懐疑的な声が絶えなかった。その声の厳しさは、序章でもご覧いただいた通りである。

２０１２年4月にシリコンバレーの名門ベンチャー・キャピタルであるベンチマーク・キャピタルからミネルバ・プロジェクト社が前代未聞のシード投資を受けた後も、実質的なミネルバ・プロジェクト社のメンバーはベンのみで、コスリン教授はアドバイザー契約の身だった。いくらラリー・サマーズやボブ・ケリーのような教育業界の有力者が太鼓判を押し、設立準備委員会のメンバーに参加したとはいえ、これだけで世間の疑念を払拭することはできなかったのだ。

アトランティック誌の上席編集者、ジョーダン・ワイズマンは２０１２年の4月に「この〝オンライン・アイビー〟大学は高等教育のあり方を変えられるか？」[*1]という記事を書いた。「ラリー・サマーズにサポートされたシリコンバレー生まれのE-lite（エリートと電子化されたものにつける大文字のEをかけている）大学が世界の大学を変えるかもしれない」と皮肉を込めたサブタイトルがついている。

＊1 "Can this 'Online Ivy' University change the face of higher education?," *The Atlantic*, 2014/4/5

記事の中でジョーダンは、ミネルバ・プロジェクトは成功しないだろうが、興味深い取り組みではあると述べている。当時のミネルバへの視線がよくわかる記事なので、そのまま引用してみたい（訳は筆者による）。

営利会社による運営は今まで、中〜低所得者層向けの基礎コースや専門職業訓練校といった低レベルの大学に注力しており、アイビーリーグのような最高峰の大学と競争するという考えは抱かなかった。

ところが、ミネルバ大学は〝過去100年間に創られた最初のエリート大学〟と自称し、情報化時代に即した高等教育を提供する、という。営利組織がエリート大学市場に参入するというニュースは、アメリカのエリート大学にとっては汚点だ。ミネルバ大学はおそらくハーバードやイェール、コーネルと肩を並べることはないだろう。ただ、我々が関心があるのは、ミネルバ大学が米国式エリート教育をオンラインに持ち込むことで、世界の高等教育市場のシェアをどれくらい獲得できるのか、という点だ。（中略）

しかし、どうやってミネルバは他の米国の大学のようなブランドをゼロからつくり出せるのか。こうしたものは、100年とは言わないまでも最低でも数十年はかかるものだ。それに中国語では米国の大学は〝ハーバード〟だというジョークがあるくらいだというではないか。（中略）

世界は本当にオンラインのアイビーリーグなんてほしいのだろうか?

ネルソン氏の事業が成功するかどうかは別として、これはアイビーリーグにとって海外に彼らのブランドを売り込むときのベンチマークになるだろう。仮に彼が事業を立ち上げることに失敗しても、同じ失敗を犯さないための事例としては役に立つ。すでにノースウェスタン大学やカーネギーメロン大学は海外キャンパスを持っており、ほぼ現地の学生で構成されている。そして、MITは一部のオンライン講座で単位認定を行っている。こうした大学がミネルバ大学を模倣するのはそう難しくないだろう。

もしミネルバが成功した暁には、すべてのアイビーリーグの大学が〝オンライン分校〟をつくる日が来るだろう。

ミネルバ・プロジェクトの立ち上げに関するジョーダンの予測は見事に裏切られた。

実際、ミネルバが覆した常識には今振り返っても驚かされる。

伝統もキャンパスもない、テニュア[*2]も与えない大学で教授が集まるのかという疑問は、ハーバードやスタンフォードに入学しても、ごく一部の学生しかセミナーを受講させてもらえないような教授たちが集まったことで解消された。

ジョーダンの疑問でもあった、学生が集まるのかという疑問には、初年度から米国のリベラルアーツ・カレッジ並みの約2500人が受験した。2年目は1万1000人を超えた。

*2 終身雇用権のこと。基本的には「審査期間を成功裡に満了後は、教員は正当なる理由又は特別の環境が存在し、かつ教員委員会での聴聞後でないと解雇できないという取決め」のことをいう。

受験料を免除しているとはいえ、メディアによる取材記事とウェブサイト、SNSによる情報発信以外は、ほとんど広告・宣伝活動を行っていない。にもかかわらず、これだけの人数が集まったことは、同じクレアモント大学系列の他の学部コースを提供している大学からも注目された。同大学系列で最も人気のあった西海岸の名門リベラルアーツ・カレッジであるポモナ大学でも2017年度の受験者数は過去最高で約9000人だった。ミネルバ大学の受験者数はその後も伸びつづけ、2017年度の入試ではMITを凌ぐ2万457人にまでなった。

卒業生のコネクションもない大学が適切な投資対効果（就職）を出せるのか、という疑問は、学生たちがアイビーリーグの一部の学生しか採用されないような企業・NPO・公的機関でインターンを行い、既存大学の3、4年生よりも高い評価を得たことで薄れた。まだ卒業生がいないにもかかわらず、ミネルバ大学にはさまざまな業界からインターンの受け入れ先や卒業後の就職先の打診が来ている。

こうした成果はベンの描いたシナリオ通りだったのか、今となっては知る由もない。ただ2012年から開校に至るまで、そして開校1年目のパイロット・クラス期間中にさまざまな試行錯誤があったにせよ、その立ち上げが成功するための条件を想定し、実行したことは間違いない。

本章では、ミネルバ・プロジェクトはどのようにしてスムーズな立ち上げができたのか、ベンがプロジェクトを設計するうえで持っていたであろう**「重要な気づき」**、**「影響力を駆使した**

マーケティング」、そして後から振り返れば幸運とも言える**「参入タイミング」**に注目し、成功要因を分析してみよう。

1. 重要な気づき

ミネルバ・プロジェクトはテクノロジーを利用して教育分野に参入した企業として分類されるが、他社が、既存大学にサービスを販売するビジネスモデルを採用しているのに対し、ミネルバ・プロジェクトは最初から自前の大学を創り、ベンチマークとして活用する方法を採用した。

もし、ミネルバ・プロジェクトが既存大学に自社のオンライン・プラットフォームやカリキュラム、教材トレーニングといったサービスを提供する事業を立ち上げても、どの学校も見向きもしなかったであろうことは容易に想像できる。

多くの既存大学を驚かせる、才能のある学生や教授陣を獲得し、メディアの注目を得ることではじめて、その講座の提供や教授法のライセンス事業は現実のものとなり、下請けとしてではなく、対等以上のパートナーとして目的である「高等教育の再創造」をリードしていけるのだ――こうした気づきは、事業モデルを設計するうえで、多くの教育改革者や批評家が無視し

ていた点だ。

この意思決定の背景には、ベンがスナップ・フィッシュCEO時代に経験した「小さな会社でも市場のルールを変え、大きな影響力を持つことができる」ということが影響している。ベンはその経験を次のように語っている。

「私がCEOに就任した当時の写真印刷市場はコダックと富士フイルムという2つの大企業による寡占状態だった。それまでは、この2社の代理店に行かなければ写真を現像したり、本やハガキに印刷したりするサービスを構築できなかった。そこでスナップ・フィッシュはオンライン上にアップロードされた画像を本やハガキに印刷して届けるというサービスを展開し、ユーザーの利便性を高めることにした。サービスは爆発的に支持され、類似サービスを展開する無数の業者が現れた。わずか数年で写真印刷市場は32億ドルから24億ドルまで縮小した。我々は資本的には富士フイルムよりもずっと小さい会社だったが、大きな影響力を持つことができたんだ」[*3]

そして、こう続ける。

「高等教育産業を市場として見た場合、米国だけでもその規模は5000億ドルを超える。[*4] これは写真印刷市場の100倍以上だ。その内、圧倒的なブランド力を持つハーバード大学でさえ、約2％程度のシェアしか持っていない。ここには大きな可能性がある」

＊3 スナップ・フィッシュの事例は、オンラインサービスを展開する企業が、従来は顕在化していなかった市場の潜在ニーズを、新しいコミュニケーションの場を提供することで成功するネット系企業の典型的パターン。日本でも医師向けSNSによってMR（製薬会社の営業）労働市場を破壊したエムスリーや、工業用副資材の流通を劇的に変え、地域密着型の販売店網を持っていた専門商社のシェアを切り崩しているモノタロウ等の成功事例がある。

ベンは肥大化した寡占市場で、誰もまだ気づいていない、より効果的で安価な解決策を用いて市場構造を変える成功体験を積んでいた。このことが、エリート高等教育市場でも、既存の大学に変革を促すツールを最初から売り込むのではなく、自ら破壊的イノベーションのベンチマークを創ってしまう、という大胆な構想を設計できた理由だ。

ベンが高等教育市場に参入する際に持っていたもう1つの重要な気づきは、**既存の大学には自己変革を実行するインセンティブとメカニズムが存在しないこと**だった。20年前の自らが挑戦したペンシルベニア大学でのカリキュラム改革の経験だけでなく、2年間の準備期間で得たコスリン教授のような名門大学の学部長クラスからの情報などは、「高等教育の再創造」の実現には、自分自身でゼロから「あるべき姿」の大学を創ったほうが容易であるという仮説を、確信に変えたのだ。

ベンには自分の構想を話した際にコスリン教授から伝えられた印象的な言葉がある。

「君の構想が実現し、彼ら（トップ大学）が変わらざるを得ない状況が生まれる日を心待ちにしている」

ハーバードであらゆる学部の授業に参加でき、アドバイスを期待される立場にあったコスリン教授は、トップ大学は自分たちの名声と地位を脅かす存在の出現によってのみ、本気で変わ

＊4 NCES（National Center for Education Statistics）の調査による。https://nces.ed.gov/programs/coe/indicator_cue.asp

る行動を起こせるのだと信じていた。

3つ目の重要な気づきは、**情報技術、とりわけプログラミング技術の進化速度**に関するものだ。ベンはミネルバ大学の構想を思いついた2012年当時には実現が難しかった「20人程度の多人数による同時動画ストリーミングによるオンライン・セミナー」は2年以内に十分実現しうる、という自信を持っていた。これにも前職時代の経験が影響している。

「スナップ・フィッシュは競合が約4000社以上ある市場で、圧倒的な市場シェアを持っていた。その秘密はプログラム技術の高さだ。ある日、プログラムコードをほんの数行変更しただけで、その日を境に我々のサービス利用者が急速に増加したことがあった。その経験から、私は2014年の開校までに20人が同時に参加するストリーミング動画方式のオンライン・セミナーは実現できるだろう、という自信を持っていた」

ベンは、MOOC（Massive Open Online Courses）が使用しているような録画された動画を配信するのではなく、今まで存在しなかったディスカッションやディベートを行い、従来の教室で行う授業では実現が難しかったファシリテーションを教員ができるような仕組みをコンピューター画面上に創り出したいと考えていた。

こうした仕組みをオンラインで利用できるようになれば、従来には実現できなかったような教育が実現できる。ただ、何をどのように設計すればよいか、ベンは理解していたが、2012年当時は未だそれを実現できる技術は存在していなかった。

2012年11月のMITテクノロジー・レビュー（MIT Technology Review）[*5]でリー・ノームは「アイビーリーグ2・0か、ただの新たなペット・ドットコムにすぎないか？」という記事を寄稿し、ベンの求めているセミナー形式の授業を実現するオンライン・プラットフォームを開発するには、現在の技術では不可能だという別の起業家の指摘をもとに、その構想をITバブル期に多額の資金を投入されたが、まったく鳴かず飛ばずで倒産したペット・ドットコム[*6]になぞらえ、酷評した。

「サンフランシスコでベンにインタビューしたとき、彼はやりたいことに関して雄弁に語ったが、エンジニアすら手配できていなかった。ミネルバ・プロジェクトはまだオフィスすら決まっていなかった」

リーもジョーダン同様、未来を正しく予測できなかった。これも今振り返ればわかることだが。

ベンの野心を可能にしたのは、シリコンバレーのエンジニアたちからも一目置かれ、尊敬されているジョナサン・カッツマンだ。

ジョナサンをオンライン学習システムを統括する製品開発担当の責任者（Chief Product Officer）として迎え入れたことは、ミネルバ・プロジェクトの立ち上げの加速に大きく貢献した。

*5 "Ivy league 2.0 or just another Pets.com?," *MIT Technology Review*, 2012/11/9

*6 1998年創業のペット商品をオンラインで購入できるサービス。実際に倉庫や品揃えを充実させられず2000年に廃業したがVCは総額約30億ドルの資金を注入した。

ジョナサンはミネルバ・プロジェクトに参画する以前に2つのスタートアップを経営し、それぞれマイクロソフト、ヤフーに売却したシリコンバレーでは誰しも羨むような成功を収めたエンジニアだ。ジョナサンの加入は、シリコンバレーの腕に覚えのあるエンジニアやデザイナーたちの間でミネルバ・プロジェクトの信頼度を大きく向上させた。こうして、ミネルバ・プロジェクトは優秀なエンジニアたちの「世の中にない価値をつくる精神」を獲得することができたのだ。

ほどなくして、ジョナサンがベンに示したプロトタイプは、学生の発言量をリアルタイムで表示するツール、迅速にグループワークに移れる画面分割や、すべての授業が録画され、学生の発言を拾い、フィードバックコメントを記入できる画面等の画期的なものだった（詳細は第2章「アクティブ・ラーニング・フォーラム」を参照）。

開発スピードを重視するシリコンバレー文化を理解するジョナサンはグーグルハングアウト（Google Hangouts）[*7]をベースに、独自のプラットフォーム「アクティブ・ラーニング・フォーラム（Active Learning Forum™）[*8]」を創り上げた。

現在このプラットフォームは学生の事前学習、フィードバック、成績評価、教員の授業準備、授業後のフィードバックフォーム等と連結され、大学の教育版ERP（基幹系情報インフラ）にまで発展し、さらに進化を続けている。

＊7 Google Hangoutsはグーグルが提供する写真や絵文字、グループでのビデオ通話を通じて会話を楽しめる、無料のコミュニケーションツール。https://hangouts.google.com/

＊8 Active Learning Forum™はミネルバ・プロジェクト社の登録商標。ミネルバ大学が独自に開発したオンライン上で少人数制セミナーを円滑に運営し、従来は難しいと考えられていた思考・コミュニケーション能力の習熟効果を把握することが可能。詳細は本書第2章を参照。

2. 影響力を駆使したマーケティング

ベンはミネルバ・プロジェクトの創立者で、誰よりも詳しい構想と情熱を持っていた。しかし起業家としてベンが優れていたのは、それを自分の口からだけでなく、投資家や教育関係者たちが望む人物から話をさせることが重要であることを理解し、着実に実行したことである。

20年前のペンシルベニア大学での実績など覚えている人はなく、教育関係者からは「門外漢」と扱われていることを実感したベンは、「教育分野」での信用力の構築に力を注いだ。自分のアイデアをサポートしてくれる影響力のある人物への接触を諦めなかったのだ。

最初の有力なサポーターとなったボブ・ケリーは大統領選挙にも立候補したことのある元上院議員で、元ネブラスカ州知事でニュー・スクール大学の学長を務めていたことから、米国の高等教育の構造的な課題だけでなく、必要であればこうした問題が社会にどのような負の影響を与えているかということまで具体的な事例を話すことができる人物だった。そして、何よりも他の大学関係者に対する信用力や影響力を持っていた。

またラリー・サマーズはハーバード大学の元学長であり、元財務長官でもあった人物で、高騰する大学の学費やエリート大学の抱える課題について発言する際、この上ない信用力と影響力を持っていた。これは日本でたとえれば、東京大学元総長で財務大臣も務めたような人物が

「東京大学には、さまざまな問題があるが、自分たちで解決する能力を発揮するには大きすぎる組織だ。外にベンチマークとなる理想の大学をつくるプロジェクトをサポートすることにした」というようなものだ。

ボブ・ケリーやラリー・サマーズのような実際のトップ大学の運営の実情を知り、教育改革を単なるビジネス以上の視点から見ている権威を持つ人物をプロジェクトに巻き込んだことは、ミネルバ大学の設立構想がマスコミや他教育関係者、批判的な投資家たちからのネガティブ・キャンペーンに負けない強いブランドを築くうえで、重要な役割を果たした。

また人材獲得の観点から見ても、ステファン・コスリン（ハーバード大学前社会科学部長）やビッキー・チャンドラー（スタンフォード大学研究員でオバマ元大統領の自然科学分野のアドバイザーを6年間務めた）など多くの有能な教授がミネルバ大学に参画したことは、設立前から実力のある教員が就職を希望するという波及効果を生んだ。

さらにベンは、ミネルバ研究所という教育シンクタンク兼研究助成ファンドを設立した。学習効果の高い教授法の知見を集約し、研究を促進する仕組みを創り、研究好きな既存大学の教員たちもミネルバ大学のカリキュラム設計に貢献できる余地を残した。

〝Minerva Prize for Advancements in Higher Education〟と名づけられたこの研究助成金制度は、設立とほぼ同時に、反転授業の重要性を訴えたハーバード大学のエリック・マズール教授に賞金50万ドルとともに授与された。*9

*9 "Eric Mazur wins Minerva Prize," *Harvard Gazette*, 2014/5/20

マズール教授は1997年にピア・インストラクション（Peer Instruction）という論文において、反転授業とセミナー形式の授業は、従来の講義形式の授業よりも「学生の学びの質」という面ではるかに効果的であることを実証した研究を発表している。後にマズール教授は、ミネルバ大学がカリキュラム設計の軸としている実践的な知恵（Practical Knowledge：独自に定義された学生が未知の世界でも活躍できるための思考・コミュニケーション技法）の構築にアドバイザーとして参画した。

こうしてミネルバ・プロジェクトは、自分たちのビジネスに間接的な影響を持ちそうな権威者、実力を持った論客を事前にサポーターとして取り込む戦略を採っていった。これにより、ベンの「高等教育の再創造」という目標や米国のトップ大学の現状への危機意識は、誰もが認めているようなトップクラスの学者や教授たちの間でも共通の課題として認識されており、今こそ改善が必要なのだという、プラスのムーブメントに変換することができた。やがて、アトランティック誌の編集者が言い放った「ドナルド・トランプのような扇動的な言動で、資金を手繰り寄せている」との批判にも打ち勝っていく。

ミネルバ大学の最初の教員募集には定員8名を大幅に上回る800名近い応募があった。テニュアを与えず、学期末の評価如何では職を失うかもしれない条件でも、このプロジェクトに参画したいという教員はこれだけいたのである。

スタッフや学生募集時のエージェントに関しても、ミネルバ大学は影響力のある人物の採用にこだわった。

スタッフは既存のトップ大学を卒業し、ミネルバ大学設立の意義について自分たちの経験に照らしあわせて説明できる人物を採用した。このため、スタッフの多くはハーバード大学をはじめとするアイビーリーグを優秀な成績で卒業した者、誰もが知る業界トップクラスのコンサルティングファームや親が「自分の子どもを入れたい」という企業で働いている者、自分の会社を持つ者といった経歴を持っている。

こうした人物は、ミネルバ大学が提供したいプロジェクト学習の機会を企業に売り込むこともできるので、一石二鳥だった。たとえばアジア地区のマーケティングを担当したリン・ダオはブラウン大学を成績優等で卒業し、ベトナムで2つの若者の海外留学支援組織のリーダーを務め、ユナイテッド・ワールド・カレッジ（United World Colleges：UWC）のベトナム事務局で同窓生窓口担当も務めていた。世界中から奨学金を支給された学生が全寮制の学校で2年間国際バカロレアを学びながら異文化理解を深めるというUWCのコンセプトはミネルバ大学との相性もよく、金銭的な問題から米国トップ大学への進学を諦めざるを得ない優秀な学生が集まる学校として、重要なリクルーティングのコネクションだった。

北米担当のマイケル・レイはカリフォルニア州の公立高校からハーバード大学に進学した。政治学を専攻、成績は優等でオバマ元大統領に謁見した経験も持つ。卒業後、教育関係のNP

Oを立ち上げ、教育機会に恵まれない幼児・小学生向けのワークショップを開催する傍ら、ミネルバ大学のプロモーションで米国各地を巡った。各地で教育機会の平等を求めるロビイスト団体や革新的な教育について情報発信するメディアへ自らの経験とともにミネルバ大学のコンセプトを売り込んでいった。

こうした影響力や信用力を持つ人たちを介したマーケティング活動は、従来の新設大学がたどる広告業者や留学コンサルタントに依存したマーケティングなどとは比較にならないブランド効果を生み出し、ミネルバ大学は初年度から既存のトップ大学が羨むような才能のある学生を獲得することができたのである。

3. 幸運な参入タイミング

ミネルバ・プロジェクトは幸運にも支えられた。ベンがベンチマーク・キャピタルから資金調達に成功した2012年、MOOCが複数の有名大学から一気にリリースされたのだ。[*10]

〝MOOCの年〟と言われたこの年は、スタンフォード大学からはコーセラ（Coursera）が創立され、ハーバード大学、MIT、コーネル大学、カリフォルニア大学バークレー校等が参加したエデックス（edX）が有名教授の講義を無料配信するサービスを開始するなど、大きな

＊10 https://en.wikipedia.org/wiki/Massive_open_online_course

注目を集めた。

ベンがオンライン技術をどのように使用したいのか、そしてそれに関係する技術について詳しく理解していなければ、アトランティック誌の編集者に限らず、多くの人が、「無名の大学が今さらオンラインコースを始めても誰も見向きもしないのでは」と感じたのも無理はない。

しかし、それから5年以上が経ち、苦戦しているのはこうしたMOOCの提供事業者たちであって、ミネルバ・プロジェクトではない。

MOOC大手のユダシティー（Udacity）の副社長である、クラリッサ・シェンはエコノミック・タイムズ紙の取材に対し次のように答え、今後はIBMやグーグルなどと協業して、学生個人の習熟度に合った教材開発にシフトしていくとしている。

「MOOCは失敗作だった。少なくとも我々が目指していた、人々のキャリアに好影響を与える教育を提供するというミッションにおいては、役に立たないものだ。多くのオンライン教育会社が講義の動画を多く揃えることに価値を見出しているが、学生を雇用する側は、より実用的なスキルを求めている」[*11]

たとえばハーバード大学のマイケル・サンデル教授の人気講座「Justice」（この授業は書籍化され、日本でも『これからの「正義」の話をしよう』（早川書房、2010年）として刊行された）はメディアで注目されて高い人気を得た。しかしこうした講義や解説形式の授業は、高等教育

＊11 “Udacity to focus on individual student projects,” *The Economic times*, 2017/10/6

の学びの質を改善することに寄与していないだけでなく、学生向きのプログラムでもなかった。

というのも、こうしたコースの受講者は学生ではなく、知的好奇心を満たす娯楽番組として視聴する40～50歳代の社会人だった。すでに２００６年頃からカーン・アカデミー（Khan Academy）のような非営利団体が基礎コースを無償提供しており、たとえ有名大学であっても、単位認定が得られないのに課金される仕組みであれば利用しないというユーザーが多かったのだ。

さらにＭＯＯＣは一部の大学にとっては、自分の首をしめるような行為にすらなった。それは、ＭＯＯＣの普及により、基礎知識に誰もが無償でアクセスできる時代になぜ、同じような一方通行の講義に年間４００～５００万円近い学費を負担しなければならないのか、という真っ当な疑問に、メディアが光を当てはじめたからだ。

一方で、有名大学がこぞってＭＯＯＣをリリースしたことは、「誰でもその分野の第一人者である教授の講義を聴くことができる」というインフラが整い、従来は実現が難しかった**「基礎科目を提供しない大学」**を提供するハードルが下がったことを意味していた。

これは、ミネルバ大学が学生のディスカッションを主体としたレベルの高い授業を低コストで実現するというミッションを実現するうえで、願ったり叶ったりの外部環境の変化で、大きな前進につながった。何といっても、学生は予備知識をＭＯＯＣを通じて無料で学べるのだから。ミネルバ大学の実現には大いにメリットがあったのだ。

当のベンは、次のように語っている。

「多くの大学は、膨大な蔵書を誇る図書館をアピールするが、実際に利用している学生は、目録を検索し、古びた本を見つける作業をしなくても、インターネットで情報検索すれば、必要な文献や教授の講義を動画で視聴できる時代だ」

そして、こうも語る。

「ミネルバ大学の学生は、1つの授業につき平均3、4時間の予習が必要で、効果的なディスカッションをするために事前に身につけておくべき基礎知識を効率的に習得するためにMOOCを活用している」

ベンはMOOCと「アクティブ・ラーニング・フォーラム」の学習効果の違いを説明する際には、MOOC提供事業者がPRする学習効果には極めて批判的だが、〝知識を広く共有する〟意味での功績については高く評価している。また、MOOCの大量出現により、注目されるようになった大学の投資対効果や学習効果について、トップ大学が十分に改善活動を行ってこなかったことが明るみに出てきた。これは、ミネルバ大学の理念と目指す方向性を多くの人々にPRする意味で格好の状況だった。

トップ・エリート大学市場をターゲットに選択した意味

ベンが情報技術を用いて新たな大学をつくると宣言した際、多くの批評家は中〜低所得者層向けの職業訓練校や中退した学生に大学の学位を提供しているようなオンライン大学をイメージし、実現は不可能だと判断した。多くの革新的な試みに投資をすることで知られるピーター・ティールですら、情報技術を活用してエリート大学を新たにつくれるという発想には懐疑的だった。

ただ、ベンが目指していたのは、「アイビーリーグに匹敵する大学」ではなく、「アイビーリーグを超えられる大学」だった。この理由について問われると、ベンは以下のように解説する。「高等教育の再創造を実現したければ、誰もが注目する学校、フォローしたくなるようなモデルをつくる必要がある。そのためにミネルバのブランドは既存のトップ・エリート大学を超える潜在力がある、といえる必要がある。これは、学習効果の検証、教員、スタッフ、学生とそのインターン先や就職先、卒業生がどのような活躍をするか、といったさまざまな要素で誰も言い逃れができない状況をつくる必要がある。こうした状況を創り出して、ようやく既存のトップ大学は言い逃れではなく、改革に動き出す。そして、ハーバードが改革を始めれば、ＭＩＴやスタンフォードはそれを真似る。それをフォローするように、他の大学も改革を始める」

ただ実際のところ、ベンがトップ・エリート大学市場に参入したのは、新規参入する市場として「正解」だったからと言える。ケンブリッジ大学で起業論を担当している連続起業家でありエンジェル投資家でもあるジャック・ラング[*12]は、成功する起業家は、**「グローバルで持続可能なニーズが満たされていない市場を捉える」**という。

ベンが〝世界トップクラスのエリート大学教育〟をどのように捉えていたかを考えるうえでは、「TEDx San Francisco」で行ったスピーチ[*13]が参考になる。

このイベントでベンは、アイビーリーグが置かれている「トップ・エリート大学市場」を次のように描いている。

1. **何年も前から継続した旺盛な需要があり、世界中から、正当なオーダーを投げている顧客を少なくとも毎年10％以上拒絶している**
2. **価格を上げても、需要は減らない**
3. **時代遅れのサービスや不良品ともいえる商品を提供していても、需要が減らない**
4. **顧客ロイヤルティが高く、既存客が積極的に新規客を勧誘する**
5. **新規参入は過去100年以上ない**

ベンが描いて見せた既存トップ・エリート大学市場は〝グローバルで持続可能なニーズが満

＊12 ジャック・ラング（Jack Lang）はケンブリッジ大学教授（エマニュエル・カレッジ・フェロー）。数学者で連続起業家でもある教授は、子どもでもつくれる簡易版コンピューター玩具、ラズベリー・パイ（Raspberry Pi）の共同創業者でもある。ケンブリッジ大学経営管理学コースで長年、起業論の授業を担当している。

＊13 "Taking on the Ivy League," 2011/12/5, https://youtu.be/WEv8g80lcjo

たされていない市場〟の条件を見事に満たしている。だが、不思議なことに多くの人は、アイビーリーグに匹敵するような大学をゼロからつくることは不可能であると信じていた。歴史や伝統、ブランドといった教育サービスの本質というよりは付随するものに高い注目がいき、提供しているサービスが時代に適応し、効果の高いものか検証されないまま、今日に至っているのだ。

ミネルバ・プロジェクトの各組織とその役割

ベンはミネルバ・プロジェクトの「高等教育の再創造」を実現するために、綿密な組織設計を実施している。

次ページの図の通り、ミネルバ大学は、ミネルバ・プロジェクト社とケック大学院（ＫＧＩ）の合弁事業であり、ＫＧＩの傘下に位置する４年制の学部部門、という位置づけである。

ミネルバ・プロジェクト社はベンチマーク・キャピタルをはじめとするベンチャー・キャピタル等から約７億ドルの資金提供を受けて運営されている教材開発・コンサルティング会社で、ミネルバ大学の設立資金から核となる教材、カリキュラム、教授法の開発までを行っている。

ミネルバ・プロジェクトが目指すのは、「高等教育の再創造」であり、すべての才能ある学

図表02｜ミネルバ・プロジェクトにおける各組織の役割図

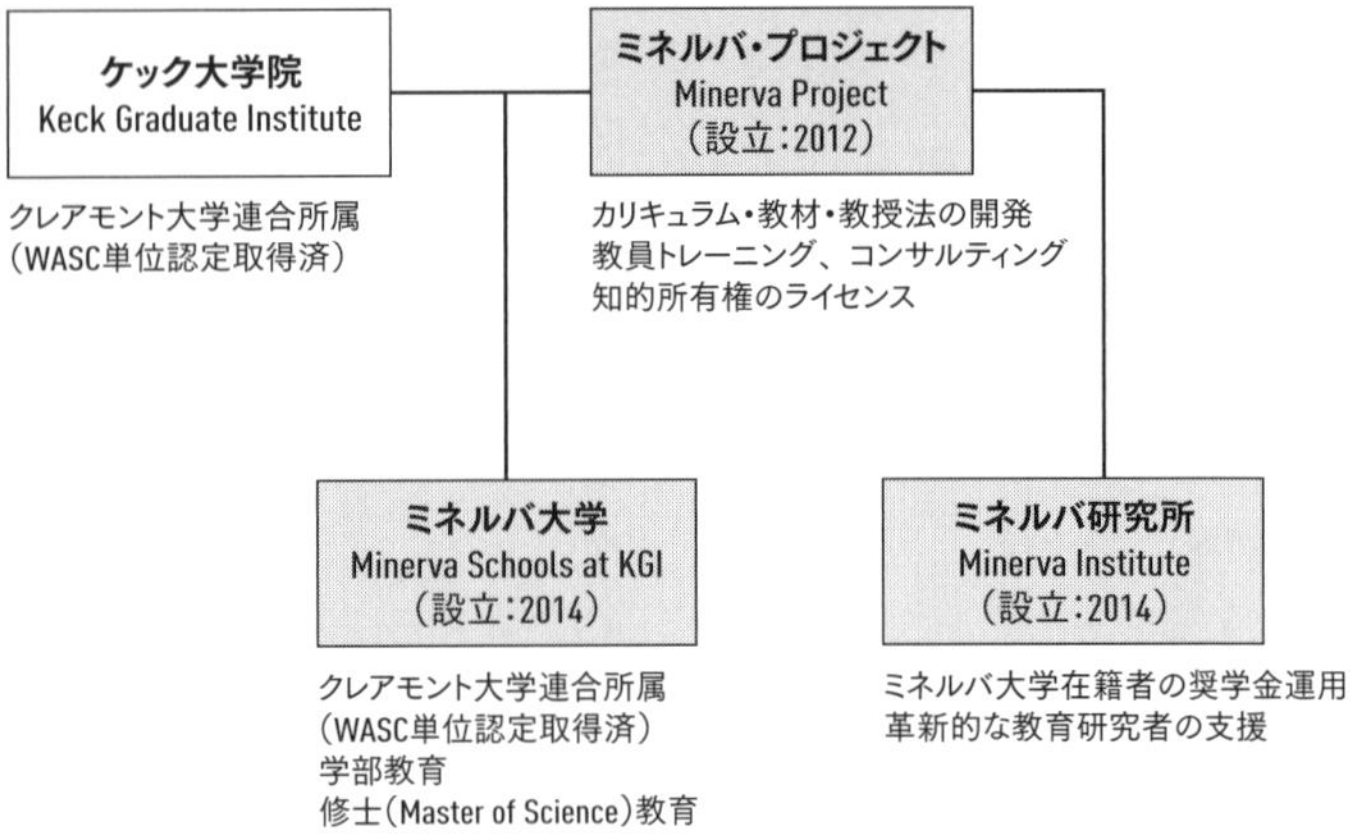

生が、未来の世界で活躍できる実践的な知恵を、適切な学費で手に入れることができる社会の実現である。ミネルバ大学は、ミネルバ・プロジェクトが実現したい大学教育のベンチマークとなるプロトタイプとして設立された。このため、ミネルバ・プロジェクトはミネルバ大学において実証されたカリキュラムや教授法、教員トレーニング・サービスを、将来、他大学をはじめとする教育機関へラインセンス供与することができる組織となっている。

ミネルバ大学が所属するケック大学院が加盟しているクレアモント大学連合（Claremont Consortium）は6つのリベラルアーツ・カレッジと2つの大学院からなる私立大学連合である。ポモナ大学（Pomona College）と、ドラッカー・スクール（Drucker School of Management）で有名なクレアモント大学院大学（Claremont Graduate

University）がとくに有名である。この大学連合は、1925年のポモナ大学創設とともに、基礎的科学分野で発見された研究成果を人々の生活に実際に適用できる人材を輩出するために創設された。

ケック大学院は1997年に創立され、「学習の科学」（Science of Learning）について高い関心を持っていたこと、かつ傘下に学部部門を持っていなかったことから、ミネルバ・プロジェクトとの学部創設に合意した。

長々と説明したが、この座組にも、ベンによる綿密な戦略が見え隠れしている。ミネルバ・プロジェクトにとってKGI傘下に自前の大学を持つことにしたのは、3つの面で大きな価値があったからだ。

1つは、WASCの単位認定を開校時から得ることができたことだ。

米国では、各地方ごとに単位認定団体がおり、WASCはスタンフォード大学やカリフォルニア大学バークレー校のような一流大学が加盟している西海岸で最も権威のある団体で、アイビーリーグをはじめとする東海岸の一流校や幅広い海外大学とも単位交換が可能である。

ただし、WASCに新設校が加盟するためには、大きな壁がある。それは、「卒業生を輩出している」という条件を満たすことで、新設校が認定を受けるためには原則、5年かかる（1年の準備期間と4年間、認定なしで運営しなければならない）。この条件は設立当初からエリート大学の開校を目指すミネルバ・プロジェクトには非常に大きな壁だった。そして、ピーター・ティールがベンに対してプロジェクトが実現不可能だと言った理由でもあった。「そもそも、WASC認定のない新設校に質の高い学生が応募してくるとは考えにくい」からだ。

しかし、ミネルバ・プロジェクトが目指す高等教育改革には、既存のトップ・エリート校にも合格できるレベルの学生に入学してもらう必要があり、そのためにも、WASCの認定獲得は必須だった。ミネルバ・プロジェクトは、WASCの副理事長を務めていたテリー・キャノンのチャレンジ精神によってこの難題を乗り越えた。

テリーはWASCで、「どのようにして、厳密な評価を行って質の高い教育機関を維持しつつ、時代に合った最先端の教育機関を迅速に審査、認定するか」という学位認定機関にとって相反する2つの課題に長年取り組んできた。そんな彼女にとってミネルバ大学の構想に関わることは抗しがたい魅力があった。

テリーは新しい大学構想が認定される方法について指定されている3つの方法を見直した。それによれば、ミネルバ・プロジェクトには当初以下の選択肢があった。[*14]

1. 単独で認定審査を申請し、最初の卒業生が出るまで辛抱する

2. すでに認定を得ている学校法人を買収し、新しい学部を新設する

3. 同じ教育理念を持つ既存の認定学校法人と提携し、その学校の新規プログラムとして開

＊14 *"Building the Intentional University: Minerva and the Future of Higher Education"* P.349-362

校する（インキュベーション・モデル）

1の選択肢が不可能であることは自明だった。2についても買収費用や不要な固定資産を負う意味を見出せなかったことで、3を選択することになった。

ミネルバ・プロジェクトのように、まだ存在していないプログラムを提供する大学で、かつインキュベーション・モデルを申請した前例はなく、WASCによる認定作業はケック大学院にとっても多くのはじめての作業を必要とした。2013年からわずか1年で認定取得にこぎつけることができたのは、テリーの豊富な知見と適切な助言の賜物だ。

2つ目は、KGIという学校法人の下に学部を創設することで、「営利大学」という負のイメージを払拭することができたことである。ミネルバ・プロジェクトに関しては、その構想時点から、多くの批判があったが、その中でも、「営利大学」はブランド戦略上、不利であった。

米国における多くの営利大学は、MOOCを提供し、質の悪い教育を高等教育へのアクセスのなかった貧困層に安価な学費で売り込み、価値のない学位を乱発しているというイメージが一般的だ。批判的な人々からは、ミネルバ大学もすべての授業をオンラインで提供することから、こうした営利大学と同じレッテルを貼られていた。

設立当初は、多くのメディアがミネルバ大学を「オンライン大学」や「営利大学」と紹介していたが、正確にはKGI傘下の全寮制の5つの学部を持つ総合大学で、非営利の学校法人である。こうした組織への所属は、合格者やその親との進学相談、教員募集等において、誤解を避ける意味で有利に働いた。

3つ目は、クレアモント大学連合の施設へのアクセスである。物理的なキャンパスを持たないミネルバ大学は、さまざまなオンライン情報検索サービスと提携しているが、クレアモント大学連合に所属する大学が共有する図書館、及びその提携先の図書館や蔵書へ物理的なアクセスが可能になっている。実際のところ、学生は4年間の内、3年間は米国外で主に活動するので、こうした図書館や食堂、体育施設を利用する機会はほとんどないが、これも既存の大学のイメージを持つ学生、親、教員等には、大きな安心材料となった。

ミネルバ研究所（Minerva Institute）の2つの機能

ミネルバ研究所もまた、ミネルバを語るうえでは、なくてはならないものだ。

ミネルバ研究所は2つの機能を持つ。1つは、ミネルバ大学で学ぶ学生に提供する奨学金を運用すること。もう1つは革新的な教育方法の研究を奨励することである。

ミネルバ大学における奨学金は、すべて返済不要の給付型奨学金で、寄付者から寄付された金額と等価のミネルバ・プロジェクト社の株式に変換され運用される。そのため、今後、同社の株価が上昇するにつれて、学生に提供できる奨学金が増加する。たとえばある人が1万ドルの寄付をした場合、その寄付はミネルバ・プロジェクト社の株式1万ドル分をミネルバ研究所に振り分けることになる。そして、株価が上がると、その上昇分を含めた金額が、学生に提供される仕組みになっている。

また、革新的な教育手法を開発した個人や団体に研究奨励金が支給される仕組みは、ミネルバ・プロジェクトが常に新しい教授法やカリキュラム・デザインに対してオープンであることをPRする意味でも役立っている。

ミネルバ・プロジェクトをこのような組織設計にした背景について、ベンは次のように述べている。

我々にとってミネルバ大学が単体の組織として成功するかは、ミッションである「高等教育の再創造」を実現するための通過点に過ぎない。ミネルバ大学が万人向けの大学ではなく、また世界中のすべての才能ある学生を我々の学校だけで教えられないのは明白な事実だ。我々の究極の目標は、他の教育機関が我々のやり方を模倣し、よりよいものを展開していくことで実現される。そのためにミネルバ・プロジェクトは教材や教授法、新しい教育を可能にするテクノロジーを開発し、教育機関に提供できる組織にしておきたい。

第2章

なぜミネルバ大学は、「最高の教育を、適正な価格で」実現できたのか？

世界のエリートを惹きつけるカリキュラム、
仕組み、テクノロジー

高等教育機関の概念は崩壊に瀕している。

アンドリュー・デルバンコ（コロンビア大学人文学部教授）

2-1 大学を取り巻く4つの問題

ミネルバ大学が世界中から大きな注目を集めているのは、単純にベンが感じた疑問、すなわち自分が受けた大学教育の質に関する疑問に人々が共感したからではない。ハーバード大学をはじめとする教授たちが、もっとよい教育ができるからと自発的に行動を起こしたから、というだけでもない。

２０１７年度には、世界の１６９か国から約２万人がミネルバ大学を受験した。これはMITよりも多く、約１万７千人の海外受験者数は西海岸の名門、カリフォルニア大学バークレー校よりも大きな数字だ。

わずか4年間でこれだけの学生に支持された背景には大学を取り巻く深刻な状況がある。それはおよそ以下の４つの問題のことだ。

1. 大学と実業界の「社会に出る準備」、「学部卒に期待している職業技能」に対する大きな意識のギャップ

2. 効果的な教育方法が過去に提案されているにもかかわらず、それを実行していない大学

3. 世界が複雑、かつ密接につながっているにもかかわらず、偏った国際経験を積んでいるエリート校の学生たち

4. 高騰する学費と学生ローン

こうした大学の課題は、突然生まれたものではなく、数年にわたって一部のメディアや研究者の間では指摘されてきたことだが、近年の「雇用なき景気回復」や富の格差の拡大、政治の失敗、国際協調の危機など、実社会の「不都合な真実」の背景に「トップ・エリート大学の教育が機能していない」という要因があるのではないか、という主張にスポットライトが当たったからだ。

1. 「社会に出る準備」に対する深刻な意識の乖離

2014年に米国のギャラップ社が実施した意識調査[*1]がある。大学と企業の経営リーダー層に対し、「学生は社会で活躍できる準備ができていると思うか?」と質問したところ、実に96%の大学経営者は「そう思う」と答えたのに対し、企業側はわずか11%のみが「そう思う」

*1 "Many Business Leaders Doubt U.S. Colleges Prepare Students," *Gallup News*, 2014/2/26, http://news.gallup.com/poll/167630/business-leaders-doubt-colleges-prepare-students.aspx

図表03｜2020年に必要とされる職業スキル

1. 複雑な問題解決力
2. クリティカル思考力
3. 創造力
4. 人材育成管理
5. 人間関係調整力
6. 情緒的知性
7. 判断・決断力
8. サービス中心指向
9. 交渉力
10. 柔軟な認識力

出典：世界経済フォーラム作成
The 10 skills you need to thrive in the Fourth Industrial Revolution

と答えたに過ぎなかった。両者にとって、何が「社会に出る準備」なのかは意見の分かれるところだろうが、少なくともここで読み取れるのは、大学経営者とその育成した学生を雇用する側には大きな意識の差があることだ。

4年間大学に通い、多額の学費を払う学生や親からすると、この意識ギャップは見過ごせない問題だ。もちろん、大学関係者の中には、「大学は企業のための職業訓練を行うことが最優先されるような教育機関ではない」と主張する人もいる。基礎研究を企業から受託したり、長期的な研究を行ったりする大学の機能はもちろん尊重されるべきである。

だが、2015年にカリフォルニア大学ロサンゼルス校の高等教育研究所が行った調査[*2]によれば大学1年生の85%は大学進学の理由を「大学にいけば、よりよい仕事に就くことができる

*2 2015 Cooperative Institutional Research Program (CIRP), freshman survey, https://heri.ucla.edu/cirp-freshman-survey/

と考えているから」と答えている。大学経営は寄付と学部生の学費がそれなりの比重を占めており、こうした学生の声は無視してよいものとは思えない。

さらに、「もちろん大学教育は実社会で役立つ実践的な知識を学ぶための場であり、我々は、社会に出て役に立つ職業訓練を提供している」という自負を持っている大学関係者にとっても、安心できない問題がある。それは、デューク大学のキャシー・ディビットソン教授が発表した**「2011年に入学した小学生の65％は、まだ存在していない仕事に就くことになるだろう」**といった研究論文[*3]に代表されるような「職業そのものが変化する」状態に適応すること、すなわち「どんな職業でも、はじめて経験するような環境でも、雇用者が大学卒に期待している職業スキルを提供できているか」という問いに向きあう必要があるからだ。

世界経済フォーラムがまとめた調査によれば、2020年に求められる職業スキルは前ページの図の通りだ。こうしたスキルは現在の大学の履修制度では学べないことばかりだ。もし大学関係者が既存科目を網羅すればこれらのスキルが自然に身につく、と主張するのなら、今すぐにでも自分たちの教えている科目がこれらのどのスキルを習得するのに、どう役立つのか明記すべきだろう。

実際のところ、現在の大学のカリキュラムで、こうしたスキルを身につけることは極めて難しい。こうしたスキルは特定分野の専門知識を覚えることで身につくものではなく、複数の思考法・コミュニケーション法で構成されるコンセプトであり、こうしたコンセプトを意識しな

＊3 Cathy. N. Davidson, "*Now You See It: How the Brain Science of Attention Will Transform the Way We Live, Work, and Learn,*" Viking, 2011

がら、実際に運用し、試行を繰り返す実践的な経験を通じてのみ習得できるものだからである。こうした機会を提供するのは、実社会から隔離された広大なキャンパスの中に佇む講堂で、教員が多くの学生に一方的に話す知識伝達形式の授業では不可能である。

2. 使われない学習効果の高い教授法

講義形式の授業は反転形式の授業に比べて遥かに学習効果が低いが、大学はそれをやめない。大学教育の大半の時間は、〝講義〟によって行われている。これは専門知識を伝達することを教育と考える人たちにとっては最も効率的な方法だ。教授1人に対して、学生を百人規模で集めることができれば、情報の拡散効果は大きい。

一方で、これは学生の学習効果という観点からは非常に効率の悪い方法でもある。ハーバード大学のエリック・マズール教授らの研究[*4]では、自分の物理学の授業で、講義形式で教えた内容について半年後に確認テストを行ったところ、実に90％の学生が学んだことを忘れていた。これに対し、事前課題を与え、授業では少人数のグループをつくり学生が互いに学んできたことを共有し、不明点を補助教員や教授に質問する形式を採用したところ、同じ期間で約70％の学生が学んだ内容を適切なレベルで記憶できていたという。マズール教授が採用した授業方法

*4 "Peer Instruction: Ten years of experience and results," *American Association of Physics Teachers*, 2001, http://web.mit.edu/jbelcher/www/TEALref/Crouch_Mazur.pdf

は「反転授業」や「ピア・インストラクション」と呼ばれるもので、こうした方式が効果的であることは他の学者の研究事例でも証明されている。

しかし、このような反転形式の授業が講義形式の授業よりも主流である大学はアイビーリーグや米国の名門大学を含めて、ほとんど存在しない。

こうした背景には、大学教授の職務として「教える」こと以上に企業や公的機関から助成金を得られる研究成果を期待する大学の経営姿勢が影響しているという指摘もある。事前課題を付与し、当日までにある程度の基礎知識を習得してきた学生からランダムに質問を受け、限られた時間の中で適切にさばくスキルは、ある程度熟練した教員でないと難しい。しかし、研究により多くの時間を割きたい教員は授業準備に時間のかかる作業を嫌う。基礎科目は博士課程の学生に講義させ、なるべく多くの学生から効率的に得た収入を、難度の高い研究資金の充当に当てたい、というのが本音である。

情報技術の進歩によって講義形式の授業をインターネット上に公開し、学生が好きな時間に学べるようにしたMOOCは有名大学が、看板教授の知識伝達型授業を誰でも聴講できるようにした画期的なものとして、世間の大きな話題となった。しかしMOOCを大学の授業として取り入れても学生の学習効果が高まる訳ではない。それは、マズール教授が指摘したように、「講義形式の授業は学習効果が低い」からで、MOOCはその本質的な課題解決になっていないからだ。どんなに有名教授が講義をしても、学生の学習効果は高まらない。実際、ＭＯＯＣの平均的な受講完了率はわずか７％で、その受講者の多くは、40～50歳代の職業人である。これは、教育ドキュメンタリーの視聴を好む世代で、授業ではなくエンターティメントとして講義を視聴しているに過ぎない。

ニューヨーク・タイムズ紙の記者で教育関係の記事を書きつづけてきたデイビット・ブルックスは、ＭＯＯＣについて「我々は、テクノロジーと有名教授の講義が教育を変えるのではないかと騒いできたが、実際に重要なのはテクノロジーを用いて、セミナーのような学習効果の高い学習を実現できるかだ」と述べている。[*5]

3. 複雑化した国際社会への対応

現代社会はインターネットの普及による技術革新によって、かつてないほど複雑につながっている。中でも情報へのアクセスが従来と比べて格段に容易になり、これが企業活動や各国の政治活動に大きな変化をもたらしている。たとえば、フェイスブックには約20億人を超えるアクティブ・ユーザーがおり、[*6] ニュースとは別の情報ソースが「アラブの春」のような国家を揺るがす社会現象につながった。

＊5 David Brooks, "What is a university for when courses go online?," *The Seattle Times*, 2013/4/6, https://www.seattletimes.com/opinion/david-brooks-what-is-a-university-for-when-courses-go-online/

＊6 ユーザー登録だけでなく、実際に投稿・視聴など、利用している数。出典はこちら。The Top 20 Valuable Facebook Statistics- Updated May 2018 https://zephoria.com/top-15-valuable-facebook-statistics/

図表04｜フェイスブック利用者の情報のつながり・交信を可視化したもの

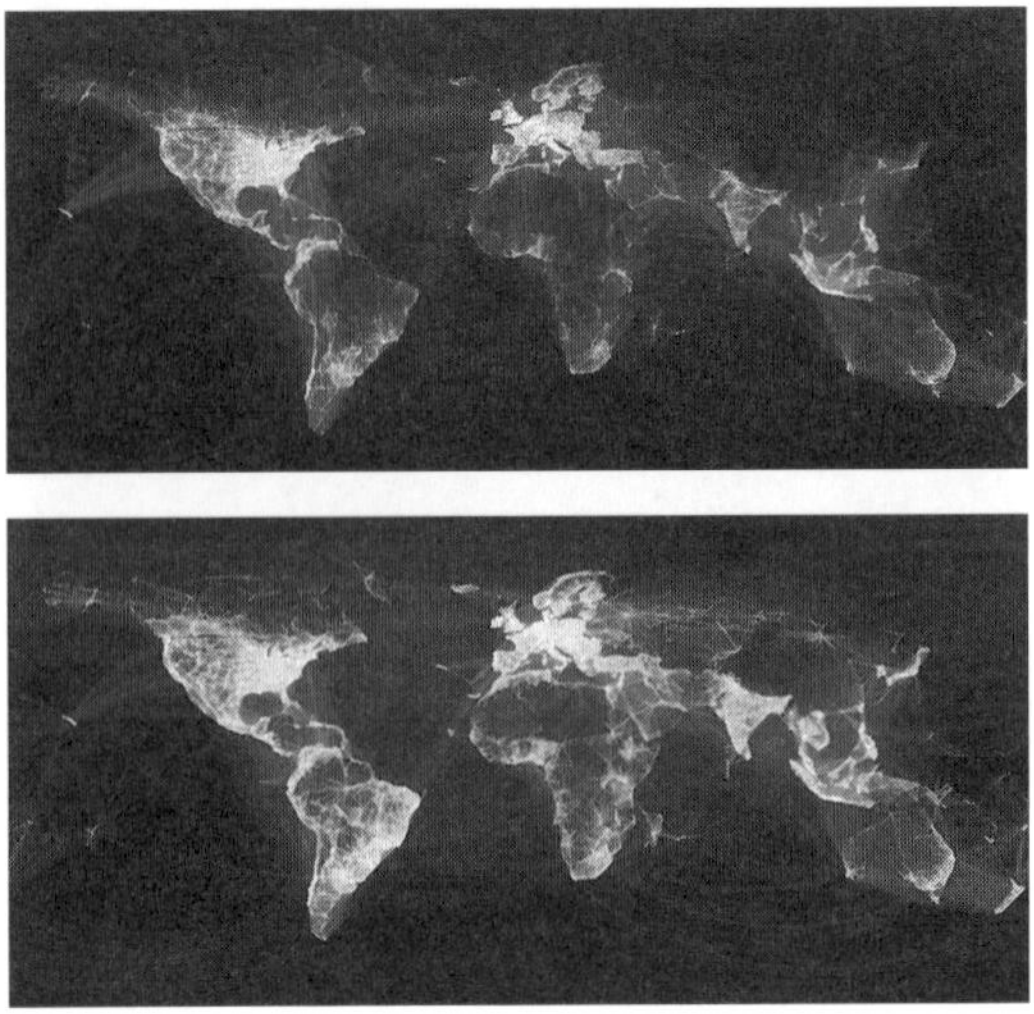

上2010年、下2013年 ©Facebook

また、情報技術の恩恵は、より効率的な流通・物流オペレーションを可能にした。乗客需要数の増減、運搬する荷物の量に応じ、柔軟に料金を上下させる格安航空会社の成功は、人の移動コストを劇的に下げることで、従来は経済的制約から国境に縛られて生活していた人たちが、よりその能力を発揮できる環境にアクセスすることを可能にした。

このようなつながった国際社会においては、異なる文化的背景を持つ人々が共同作業をする機会が増える。また、仮に自分自身の仕事や行動が直接、他国や他文化の人と接するものでなくても、間接

図表05｜大学教育における外国人留学生の留学先

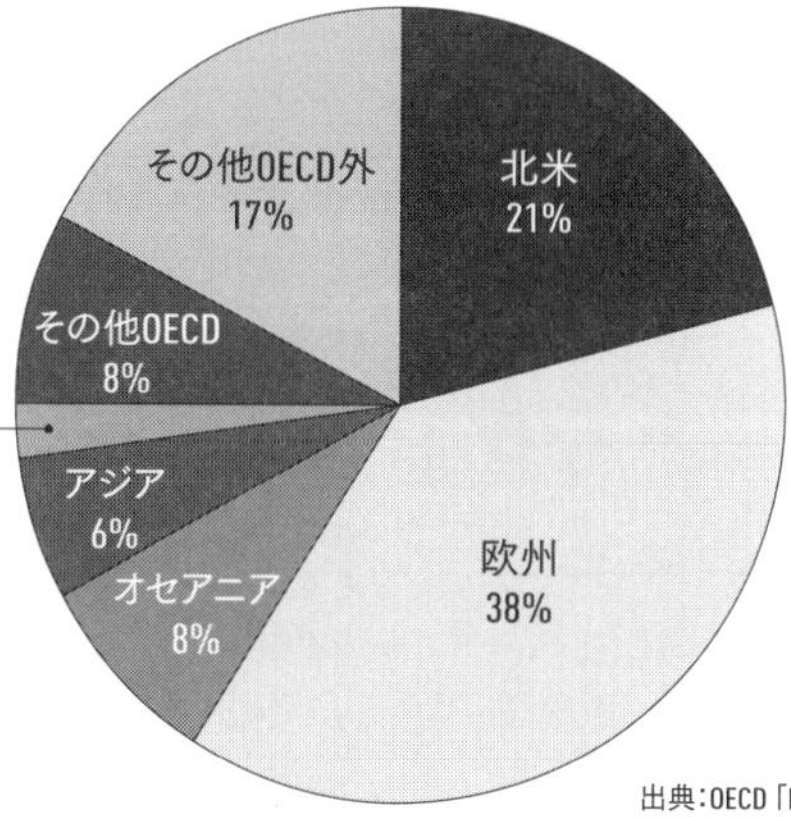

出典：OECD「Education at a galance 2014」

的にこれらの人の関心や利害とつながっていることを無視しつづけることが難しい社会になった。

こうした背景から、これからの時代のリーダーとなる人たちに必要な能力が明らかになってきた。もはや、複雑な利害関係を円滑に調整できる能力を身につけるために、自国や特定の主義を代表する国の考え方だけでなく、異文化や多様性を経験しているべきだ、という主張に異論を唱える大学関係者は少ないだろう。

しかし、現実はどうか。

ＯＥＣＤが２０１４年にまとめた「Education at a galance」[*7]によれば、大学時代に海外で学ぶ学生は調査対象国の全学生の約２・５％である。さらにその約２・５％の留学生の半分以上は北米と欧州に留学する。オーストラリア、ニュージーランドといった西欧文化に基づく教育を実

＊7 http://www.oecd.org/edu/EAG2014-Indicator%20C4%20(eng).pdf

施している地域を入れると、実に約70％の留学生が西欧文化圏で学んでいることになる。

最近では、欧米のトップ校が海外分校を開校している事例もある。ニューヨーク大学は2008年にアブダビ校、2013年に上海校を開校し、分校の学生が希望に応じ、ニューヨーク本校の授業を受講したり、本校の学生が分校の授業を受講したりすることもできるとしている。しかし、実際のところ、こうした授業を希望する学生は少なく、希望したとしても、スケジュール等の調整が面倒で実現しないケースが多い。また都市の文化圏から離れたキャンパスにこもって行う授業と学生寮の行き来は、本格的な異文化体験をするには適していない。

2011年にイェール大学がシンガポール国立大学と共同で設立した「Yale-NUS」はシンガポール国立大に隣接したキャンパスに学生寮と独自のキャンパスを用意している。シンガポールが都市国家であり、隣接するマレーシアや成長著しい東南アジアを旅する機会はこちらのほうがありそうだ。ただし、Yale-NUSは基本的にアジアの学生に本格的なリベラルアーツ教育を提供する目的で設立されており、所属すること自体が、学生個人の異文化経験、国際経験を促すものではない。

こうしたニューヨーク大学やイェール大学の試みはまだまだ先駆的な取り組みで一定の評価はできるものの、既存のエリート大学がこれから世界のリーダーとなっていく学生に豊富な異文化経験を与えているとは言い難い。

図表06｜トップ・エリート大学における学部留学生比率

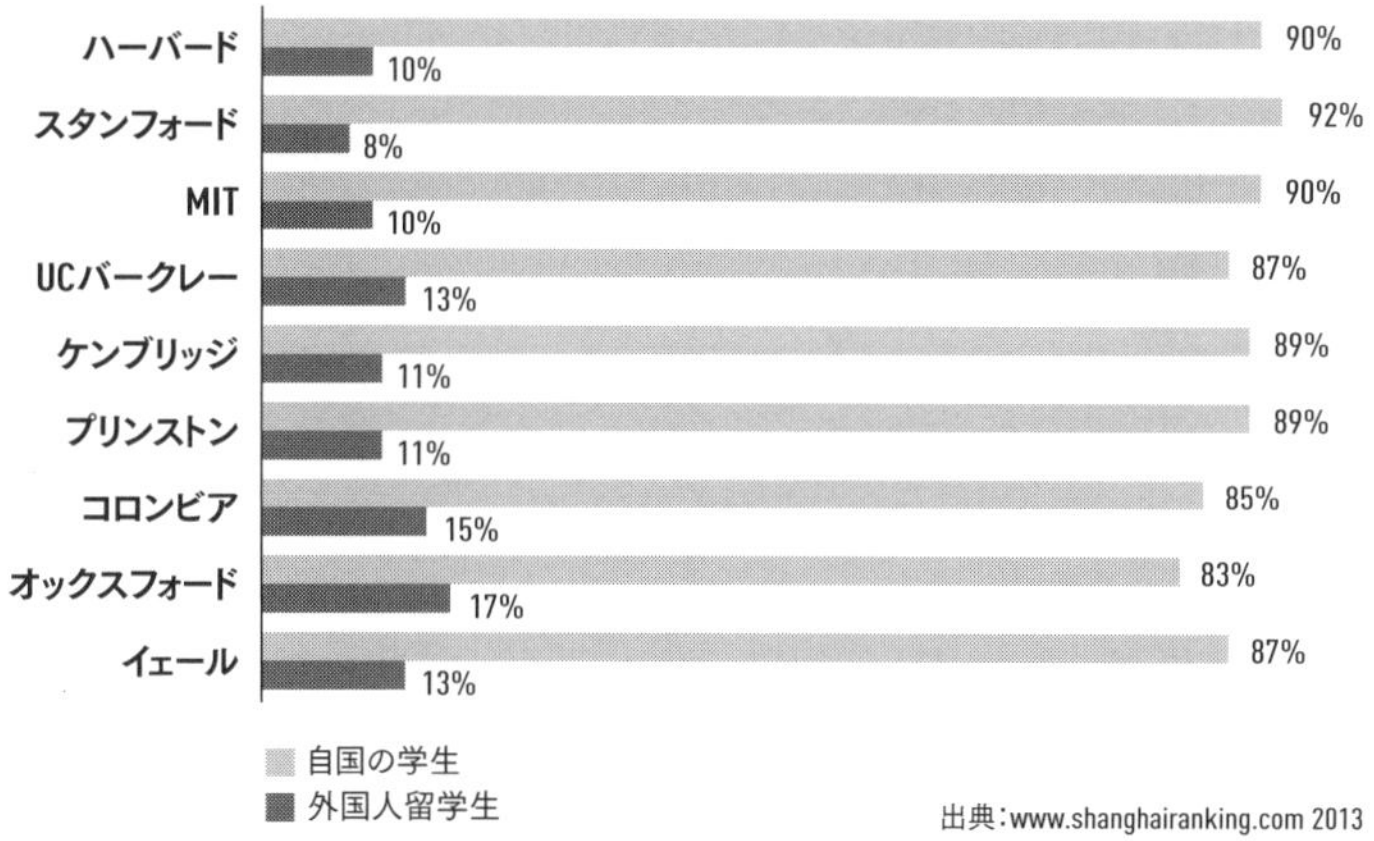

出典：www.shanghairanking.com 2013

トップ・エリート大学の偏った「多様性」

エリート大学はよく、「多様性を重視している」と宣伝しているが、実際にはどうだろうか。

上図を見る限り、留学生比率は10人に1人という程度だ。東京大学の学部留学生比率が1・4％であることを考慮すれば、留学生に出会う確率は高いと言えるのかもしれない。だが、世界を代表するトップ・エリート校というよりは、世界が憧れている欧米の学校というのが実情にふさわしいことがわかる。

また、米国のトップ大学には、世界中の才能のある学生には門戸を開いているという宣伝とは裏腹に、公平な入試審査が行われているとは言い難い事実がある。

ハーバード大学の学費は4万4990ドル

（約495万円）、寮費他を含めると年間約6万9600ドル（約770万円）～7万6730ドル（約840万円）が必要となる。課外活動等を含めれば、年間1000万円近い費用が必要となるこの大学で、何らかの財務支援が与えられている学生は55％で、残りは全額を自費負担できている富裕層の学生で構成されている。

ハーバード大学はこれでも良心的なほうかもしれない。米国の大学で留学生も含めて家庭の経済力に応じて合格基準を上げ下げしない大学はハーバード、イェール、プリンストン、MIT、ダートマス、アマーストの6校しか存在しない。その中の1校なのだから。

ただし、そのハーバードでも、自校の卒業生とその関係者には甘い合格基準を設定している。アイビーリーグは自校の卒業生を親族に持つ家庭の受験生には平均で2～5倍の合格率を与えており、ハーバードもその例外ではない。

「多様性」や「国際性」があるように思えるトップ・エリート大学は、実際のところ一部の富裕層が通う〝クラブ〟となっているのだ。

4. 投資対効果――高騰する学費と学生ローン

米国大学の高騰しつづける学費は、しばしば最新鋭の研究施設を建築するための費用のせいであると説明されてきた。しかし、実態は豪華な娯楽施設や学生の学びに直結しない豪華なスポーツ施設の増設競争にあるようだ。

スタンフォード大学は全米屈指のアメリカンフットボールチームを持つことで知られているが、その専用スタジアムも5万人を収容できるプロチーム並みの豪華さである。またヘッドコーチの給与その他手当が568万ドル（約6・2億円）であり、もはや大学スポーツの域を超えたビジネスである。

大学スポーツはプロ選手への登竜門としての機能を果たすし、入場料収入もある分、まだ正当化される投資かもしれない。しかし豪華なカフェテリア、プールが3つもある寮、凝ったデザインの図書館、さまざまな機具を備えたジム……こういった学びとは直結しない施設への投資は大学の運営費の高騰を招く。

それを煽っているのはランキング会社だという指摘もある。同じようなランキングの大学はお互いの施設の豪華さを競いあい、結果としてキャンパス投資競争へ引きずり込まれていく。本来、営利団体ではないはずの大学は、こうして銀行からの融資を受け、借金返済のために学部生の学費を上げる、という悪循環を招いている。

大学経営に節度ある財務意識を持つ事業家が関わればよいのだが、多くの大学では運営は経済性よりも学問の質、学生の質を求める教授会の権限が強く、運営費用の削減という痛みを伴う改革は実行されない。

図表07｜学費とその他の支出のインフレーション

米国におけるインフレーション
Q1 1978＝100

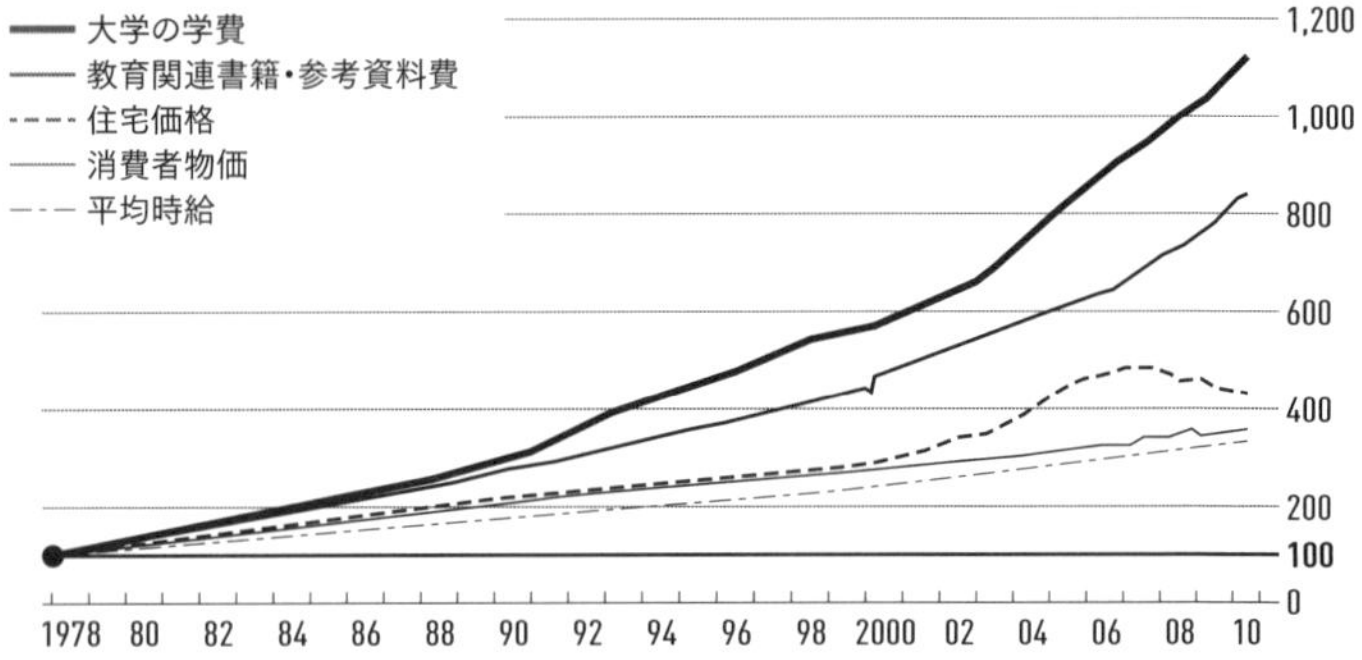

出典：The Economist

もう１つ厄介なことに、「一般的に大学を出たほうが生涯年収は高くなる」という統計的根拠に基づき、多くの家庭が子どもを大学に入れたいと考えていることである。実際には、年収が増えても、学生ローンを支払った後の実質所得や、一部の卒業生の年収が平均を押し上げていることを考慮すべきなのだが、家庭や学生本人の金融リテラシーの低さが学生ローン産業を成長させ、多額の借金を負わせて学生を社会に送り出す状況を生み出している。

米国の大学の学費は、１９７８年から取った統計で、約12倍近くに上昇し、学生ローン残高は１兆ドルを超え、さらに膨張しつづけている（２０１０年時点）。２０１４年時点で卒業生１人当たり約４００万円近い借金を負わせている計算になる。

このような「大学に行けばよい仕事に就ける」

図表08｜米国における学生ローン残高の推移

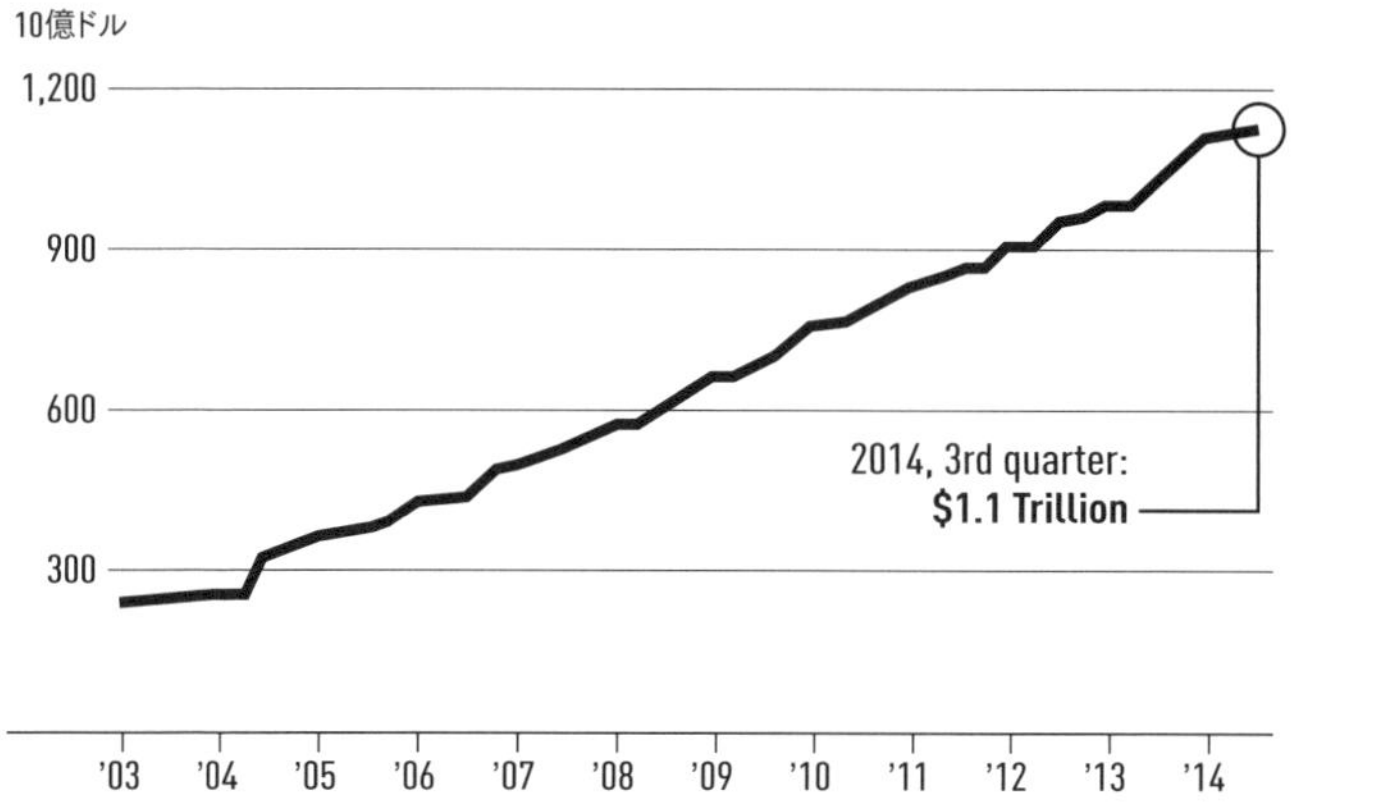

出典：ニューヨーク連邦準備銀行

という宣伝文句で学生にローンを組ませて進学させる構図は日本も同じだ。

日本学生支援機構の報告によれば、２０１６年３月に卒業した学生に対する１人当たりの平均貸付残高は無利子で２３６万円、有利子で３４３万円だ。[*8] デフレ経済の下で年収が上がらず、２０１６年に厚生労働省がまとめた賃金構造基本統計調査結果から計算した大卒初任給の年収は２００万円で、[*9] 有利子ローンを組んだ場合、年収の１・７倍のローンを貸し付けている計算になる。

しかし、こうした問題は大学自体のブランド・マーケティングやランキング会社、予備校の華やかな宣伝活動によって、ほとんど注目されてこなかった。公立大学の政府からの運営補助金は減らされてきたが、大学はその減少分を寄付金や運営の効率化といった自助努力で埋め合わ

*8「奨学金事業への理解を深めていただくために」、日本学生支援機構、2017/11、https://www.jasso.go.jp/about/information/__icsFiles/afieldfile/2017/11/14/s_gorikai2017.pdf

*9「大卒初任給の平均ってどのくらい？ 手取りはどうなるか計算してみた」、マイナビ学生の窓口フレッシャーズ、2018/5/8、https://gakumado.mynavi.jp/freshers/articles/44054?page=2

せするよりもっぱら学費に転嫁することで対応してきた。

アリゾナ州立大学とジョージタウン大学が共同で実施した、米国の約109人の学長・学部長へのアンケート[*10]では、依然として80%以上のリーダー層が米国の大学システムは世界でも優れた教育機関であると認識していた。一方で、現在の大学産業が目指している方向性が正しいと答えた学長・学部長は25%に留まり、わからないと答えた30%、おかしな方向に進んでいると答えた44%を下回った。

増大しつづける運営費を賄うための有効な手段については、キャンパスの増設や、学生の増員による収入増を上げる大学が多く、根本的な「学びの質」の改善や、コスト低減に関する具体的な打ち手は不透明のままである。

ランキング会社が人々の虚栄心を煽り、大学が本質的ではない投資競争に走り、根拠の薄いプロモーションに踊らされた中流階層やより豊かな暮らしへの願望を持つ低所得者層に借金を負わせる構図は、過去に破綻した住宅、金融バブルを思い起こさせる。

新しい大学を求める動き

高等教育はまさに崖っぷちにある。本来は利益追求とは無縁のはずだったトップ・エリート

＊10 "The State of Innovation in Higher Education," *2U*, 2017/6, https://cdn3.2u.com/content/0d37abc8cb2d4b6d8bb7f66ffab1f4fc/2U-Eduventures-Presentation-2017.pdf?_ga=2.214042903.1285777468.1499300645-1376130481.1499300645

校は叡智を得る場所ではなく、〝富裕層クラブ〟に変わりつつある。

また、教育内容は現代社会のニーズに追いついておらず、よい仕事に就くために進学した学生に借金を抱えさせて、豊かにするどころか、返済のために希望しない職業を選ばせる構図になっている。

こうした状況に、一部では企業で不足しているプログラミング技能を持つ専門職を要請するための職業訓練学校を設立する動きも出ている。[*11] またピーター・ティールのように、大学を辞めて起業準備をする学生に奨学金を支給する投資家も出てきた。

しかし、こうした事例はいずれも非効率で時代遅れの大学教育や運営を改革させる原動力にはなっていない。平均的に見れば、大卒年収は高卒年収よりも高く、人々のブランド信仰も簡単には変化しない。

現状に危機感を覚えた起業家、大学教員、スタッフが中心になり、もう一度ゼロから「負の遺産」を持たずに理想の大学教育をつくるために始めたプロジェクトがミネルバ・プロジェクトであり、その先駆的ベンチマークとして設立されたのがミネルバ大学である。

ミネルバ・プロジェクトに参画し、ミネルバ大学の初代学長となったステファン・コスリン教授は30年以上教鞭をとり、社会科学部の学部長を務めたハーバード大学での改革についてこう言っている。

＊11 MissionU（https://www.missionu.com/）のようにシリコンバレーのスタートアップと組んで、不足しているプログラマーを養成し、学費は就職後に給与天引きで返済するという事業モデルが存在する。大学というよりも職業訓練学校という認識が正しい。

「巨大なタンカーを少しずつ方向修正するようなものだ」

コスリン教授は、ハーバード大学を辞めた後、故郷のカリフォルニアに戻り、スタンフォード大学で学科横断的に新しい教授法の研究を行う行動科学先端研究所[*12]の所長を務めていた。

ミネルバ・プロジェクトについて知ったのは、偶然、家族がベンの講演を聞いて、コスリン教授に紹介したことがきっかけだったが、その構想に魅了されるまで、多くの時間はかからなかった。

「よく人に聞かれる。なぜ、ハーバードやスタンフォードのような素晴らしい大学を去って無名の大学を立ち上げるのか、と」

少し間をおいて、こう続けた。

「単純に、もっといいものをつくりたいからだよ」

＊12 Center for Advanced Study in the Behavioral Sciences at Stanford University. 1954年に設立された社会科学分野の部門横断的な研究・実証実験を行うスタンフォード大学内の研究所。詳細は以下を参照。https://casbs.stanford.edu/

2-2 ミネルバ大学は、何をどう教えているのか
──技術と仕組みでつくった新しい教育のかたち

「もしあなたの前にタイムマシンがあって、現在世界をリードしている約1万人、各国の大統領や首相、ノーベル賞を受賞することになる科学者やピュリッツァー賞を取る記者、フォーチュン500のリストに記載されている大企業の社長、偉大な成功を収める起業家となる人たちの大学時代に戻れるとしたら、今のトップ大学へ入学させて、今と同じ大学教育を受けてほしいですか？」

ベンは2015年10月にモスクワで開催されたイベント（オープン・イノベーションズ・ユニバーシティ）でのスピーチでこう切り出した。[*13] 数百人の聴衆の中で手を挙げた人は誰もいなかった。

さらにベンは次のように続けた。少し長いが、ミネルバ大学とは何なのか、何を目指しているのかがよくわかるため、翻訳して引用したい。

*13 "Open Innovations University," 2015/10/31, Open Innovations- Forum & Technology Shows, https://youtu.be/4k7J9htmEOI

誰も手を挙げない？　でも、これが現在のトップ・エリート大学で行われていることだ。

では、皆さんは、大学での教育は重要でないと考えているのか？　そうではないだろう。実際、高等教育は重要なのだ。

専門分野に関する深い知識を得ること、新しい発見・発明の根拠となっている原理原則を解明すること、そしてそれらを大学における多くの施設でさまざまな分野に応用する機会を得ることは、いずれも重要なことだ。

しかし、さらにもっと重要なことがある。それは、こうした行動を起こす人、管理する人、共同開発する人、発明や発見を実行に移し、社会をよい方向に導いていく人たちには「ある種の能力」を育むことが重要なのだ。

「ある種の能力」とは、クリティカル思考であり、問題を創造的に解決できる力である。物事や人、複雑な政治システムや市場がどのように相互に関係しているのかを解く力や利害関係のある個人や集団に配慮しながら問題を解決へと導く能力である。そして、問題を複数の視点から見ることのできる能力であり、異なる国や文化や見識を持つ人々を共通の知的言語で結びつけることができる力だ。

これらの能力はすでに、多くの大学が「教えている」と言っているようにも思える。しかし、こうした能力は「1つの特定のもの」ではない。効果的なコミュニケーションのやり取りやクリティカル思考、クリエイティブ思考といったものは、複数の要素から成り立つ組み合わせによって形づくられるものだ。

たとえば、真にクリティカル思考を用いるのであれば、誰かの主張を聞いたとき、それを評価する方法を知る必要がある。対比できる事例を検討し、その主張がうまく適用できないケースを想定できるか、といった複数の思考を巡らす必要がある。

同様に、誰かが非常に興味深いアイデアを話したとき、あなたはそのアイデアを体系的に評価しなければいけない。たとえば、この解決法はどこから導かれたのか、説明に用いている事例は主張を裏づけるのに十分なサンプル数を満たしているのか、現実の社会に散在する、整理されていない膨大なデータに対してどんな統計的技法や分析方法を適用するのか、といったことを思考することが必要になる。

ミネルバ大学では、こうした4つの、未知の世界でも応用できる高度な汎用スキル（クリティカル思考、クリエイティブ思考、効果的なコミュニケーション、効果的なインタラクション）を、約115項目からなる「思考習慣（Habit of Mind）」――訓練することで無意識に使こなせるようになる思考法――や「基礎コンセプト（Foundational Concept）」――さまざまな分野に応用できる思考・コミュニケーションのフレームワーク――を用いて身につける。

ミネルバ大学では、大学1年目に学生にこれらの個人の思考力と対人コミュニケーション力を徹底的に学習させる。学部や専攻、特定の科目といった括りはなく、基礎知識を伝達するタイプの講義は提供しない。実際の社会の課題について、異なる視点から議論を展開すること、複数の見解を相互に組み合わせていくことに、繰り返し取り組む。こうした作業をクラスメイトたちと一緒に積み重ねていくことで、将来、自分たちが個人では解決できない世界規模の難解な問題に対し、協力しながら、まだ存在していない解決策を見つけ、実行するための知恵を育んでいく。

そうした「学び方」を習得した学生たちは、これらの約115項目のコンセプトを、2年生から卒業までの3年間に自分の注力する分野に活用したり、他の分野にも応用したりできる力を養う。

そして、学生は2つの方法で評価される。1つ目の評価は専攻した分野をどれだけ深く探求し、精通したか。ミネルバ大学にとって「精通すること」は情報を覚えていることではない。これらはすでにソフトウェアの進化によって入手可能だからだ。学生は、専攻した分野でまだ解が見つかっていない問題に対して、どのようにアプローチしたかを評価される。授業は、参加する学生が授業で議論するのに必要な最新知識をすでに習得している前提で行われる。これは、将来、変わるかもしれない知識を教室に座らされて強制的に覚えこませる既存の大学の授業とは真逆の方法だ。

もう1つの評価方法は、前述した「思考習慣」と「基礎コンセプト」を、学生の探求活動のあらゆる局面においてどのように応用しているかをチェックすることだ。授業以外の経験学習で、実際にどれくらい学生がこれらのコンセプトを使いこなせているか確認するのだ。

そして、ミネルバ大学はこうしたカリキュラムを、世界で最も厳格に実力だけを基準に選び抜かれた学生に提供する。出身が米国だろうと中国、あるいはルワンダであっても学生の選考基準は一緒だ。親の経済力もスポーツの才能も関係ない。ミネルバ大学が設計した独自の評価方法によって、将来さまざまな組織のリーダーとして活躍できる可能性が高く、ミネルバ大学の教育によってその学生の能力を大きく伸ばせる人を選ぶ。

こうして選び抜かれた学生は、世界の7つの国際都市で、授業と各地のトップクラスの企業・行政・NPO等との経験学習を行う。キャンパスにこもり、外の世界と隔離された環境で学ぶのではなく、実際にその都市の住民と同じような生活を経験し、「都市をキャンパスにする」ことで世界のさまざまな文化を吸収、適応する能力を身につけていく。

テクノロジーの進化によって知識の共有・伝達が無償で行われる時代に、大学教育、とりわけ将来のリーダーとして世界を引っ張っていくことになる人材を教育するトップ・エリート大学の教育はどうあるべきか。

ミネルバ大学は、既存のトップ・エリート大学が実現できていない、リーダーやイノベーターとしての資質、幅広い視野を持つこと、地球市民としてのマインドセットを実践的な4年間のプログラムによって提供することを目的としている。

以降は、ミネルバ大学が2－1で述べた既存大学が抱えている4つの課題である、実社会への準備、効果的な教授法、グローバル経験、投資対効果についてどのようにアプローチしているのか、カリキュラムや授業方法、滞在都市の選択方法や学生にとっての学びの投資対効果をどのように上げているかを、事例を用いながら解説していく。

社会への準備――「実践的な知恵」を提供するカリキュラム

ミネルバ大学で学ぶ4年間は、学生が実社会に出たときに「実践的な知恵（Practical Knowledge）」を流暢に使える人材となれるように設計されている。ミネルバ大学では、「実践的な知恵」を、「個人の知的満足ではなく、現実の社会における課題解決に応用できる認知ツール」と定義している。

コスリン教授によれば、

「『実践的な知恵』は、変化する世界に柔軟に対応することができ、なりたい自分を実現するために使える知識だ。職業訓練用の専門知識ではなく、記録された事実の蓄積でもない。自分

図表09｜ミネルバ大学の4年間のカリキュラム

学び方を学ぶ	自分の軸を探る	“実社会への応用”/“実証実験”を学ぶ	
第1学年 **Foundation**	**第2学年** **Direction**	**第3学年** **Focus**	**第4学年** **Synthesis**
学際的コンテンツを用いた基礎コンセプトの習得 • 形式分析（クリティカル思考） • 実証分析（クリエイティブ思考） • マルチモーダル・コミュニケーション（効果的なコミュニケーション） • 複雑系（効果的なインタラクション）	専攻分野（2つまで選択可能） AH 人文科学部 CS 計算科学部 NS 自然科学部 SS 社会科学部 B 経営学部	キャップストーン 専攻科目の必須単位 選択科目	キャップストーン チュートリアル 選択科目

で使い込んでいくことで、さらに発展させることができる技能と理論を含んだ知識のことなのだ」

1年次には選択科目はなく、さまざまな分野の題材を利用しながら約115項目にわたる技能のコンセプトを理解し、学外で実践を繰り返す。2年次に自分の進みたい専攻を決め、1年次に習得した技能と専門知識を用いて、専攻分野についての研究対象を探索する。3、4年次は教授と外部の専門家の支援を受けながら、自分の研究テーマについて理論と実証研究を繰り返し、4年生の最後に自分の2年間のプロジェクトから発見したことを発表する。

ベンはこのカリキュラム形式を〝足場型プログラム〟*14と呼び、「建物を造るとき、その構造設計を学び、しっかりとした基礎と骨組みを造り、自分の意思を反映したデザインを実現すれ

＊14 “Scaffold Program”とベンは説明しているが、日本語の訳語に当たる”足場”というよりは、骨組みや構造設計をしっかり理解したうえで、専門的な知識を確かな思考力をもって分析し、適切なコミュニケーション力を武器に発展させていくプログラムということか。

ば、風雪にも耐え、素晴らしいものができる」とたとえている。

一生涯使える「実践的な知恵」とは

ミネルバ大学のカリキュラムの中で最も重要で、かつユニークな点こそ、1年次に徹底的に学ぶ「実践的な知恵」だ。ミネルバ大学は、これを「社会のどんな専門分野にも活用でき、キャリア育成においても有効な汎用的技能」と定義しており、これを体得することは、単純に専門的知識やコンセプトを記憶するよりも大きな価値がある。

カリキュラム設計の責任者であるコスリン教授は、次のようにコメントし、1年目の学習内容は4年間を通じて核となるもの、さらには卒業してからもずっと進化させつづけられる重要なものであると位置づけている。

「今日の社会では、情報は容易に入手でき、知識そのものは陳腐化している。教育に求められる役割は知識を伝えることから、情報を解釈し、自分の直面している課題に応用できる思考技能と、自分の考えを効果的に周りの人々に伝え、よりよい結果を導けるようにするコミュニケーション能力の養成にシフトしている。『学習の科学』の研究によれば、人が学んだことを流

図表10｜ミネルバ大学が考える「実践的な知恵」の概略図

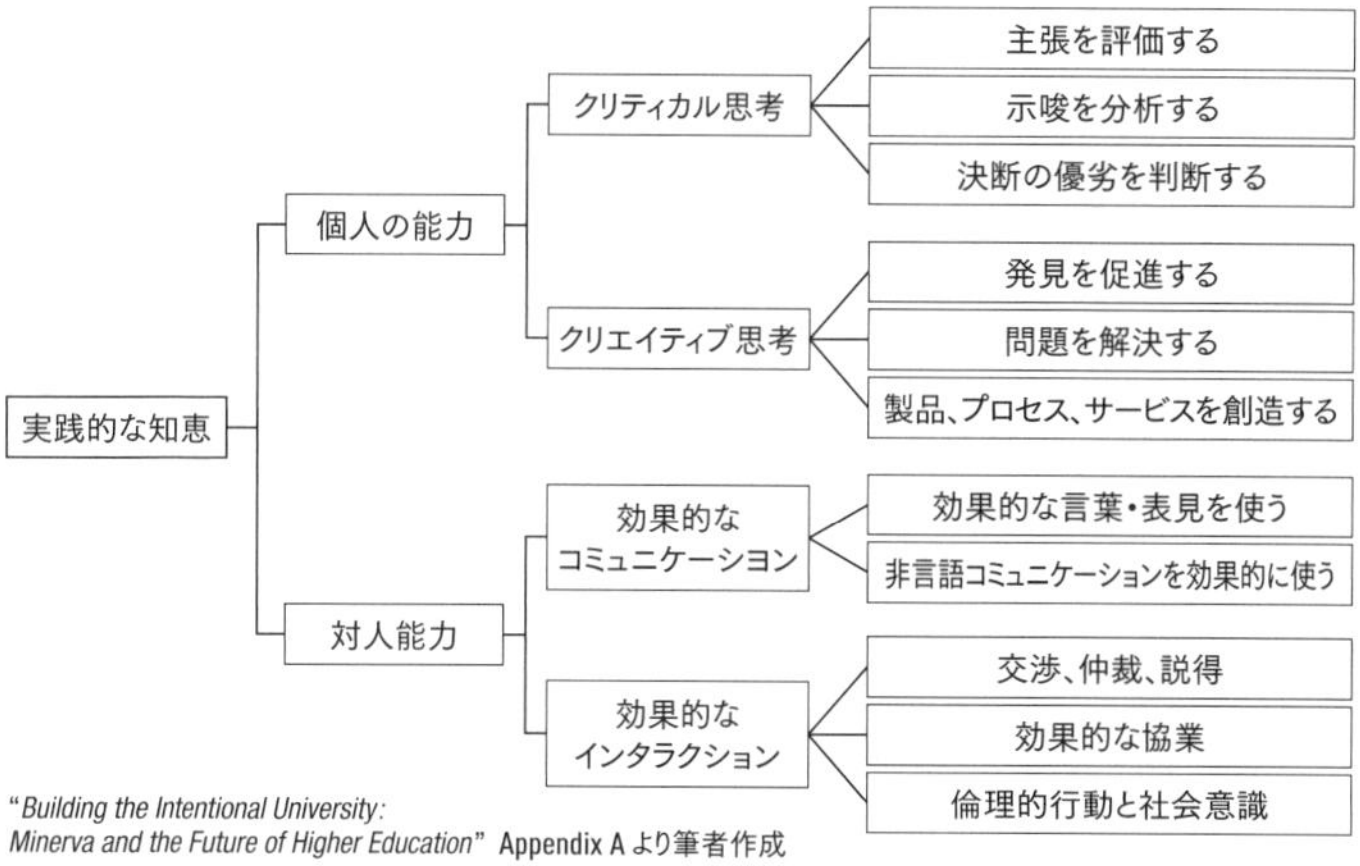

"*Building the Intentional University: Minerva and the Future of Higher Education*" Appendix Aより筆者作成

暢に使いこなせるようになるには、学んだ内容をさまざまな異なる状況で意識して使うことが最も有効だ。そこでミネルバ大学では1年目に学んだコンセプトについては、2年目以降に専攻科目の授業でも、常に成績評価の対象にしている。学生は異なる場面、状況で自分の思考・コミュニケーション能力が進化しているか確認しながら過ごすことができる[＊15]」

ミネルバ大学が考える「実践的な知恵」は、個人の思考技能と集団におけるコミュニケーション技能に分類される。思考技能は、クリティカル思考（Thinking Critically）、クリエイティブ思考（Thinking Creatively）、コミュニケーション技能は、効果的なコミュニケーション[＊16]（Communicating Effectively）、効果的なインタラクション（Interact Effectively）に分けられ、それぞれが、さらに2つ、ないし3つの具体的な技能に分類

＊15 https://www.minerva.kgi.edu/academics/philosophy-pedagogy/

＊16 ミネルバ大学が定義する"Effective Communication"はこれに紐づいているコンセプトの要素から考えて、対話、文章作成、講演など1対1または複数の人に自分のメッセージを伝えるためのプレゼンテーション能力と解釈するのが適切だ。

図表11 ｜「クリティカル思考」の分類、概要例

分類	概要
Evaluating Claims （主張を評価する）	• 複雑な主張を分解し、論点を導出する • 統計と確率から主張の確からしさを評価する
Analyzing Inferences （示唆を分析する）	• 論理的な誤りを見つける • 思考の偏りに気づく • システムの相互関係を理解する
Weighing Decisions （決断の優劣を判断する）	• 費用対効果の判断 • リスクと不確実性を理解する

されている。

ミネルバ大学による「実践的な知恵」の体系化は、これまでバラバラに学んでいたデータ分析、研究手法、論理的思考、文章作成・表現技術、スピーチ・交渉・ディベート技法などがどのようにつながっているか、「見える化」したことに大きな価値がある。

たとえばミネルバ大学で考えるクリティカル思考とは、ある主張と対峙した際、どのように相手の主張を評価し、その意味することを解釈し、どのように自分の意思を伝えるか、といった一連の思考・コミュニケーション作業において、判断の拠り所とすべき要素・要件を身につけていることを意味する。主張を評価するには、「何が論点なのか」を導き出せること、その論点は統計的、確率的な観点から確からしいもの

図表12 ｜「クリエイティブ思考」の分類、概要例

分類	概要
Facilitating Discovery （発見を促進する）	• 仮説と推測の導き方を学ぶ • 研究手法のコンセプトから問題発見のヒントを得る
Solving Problem （問題を解決する）	• 問題の本質を理解する • 制約事項と現実的な打ち手を見つける • 問題解決の思考テクニックを用いる （分解・ヒューリスティック的アプローチ・逆張り思考等） • フレームワークを定義・運用する • アルゴリズムを設計・運用する • 間違いを発見・修正するテクニックを学ぶ
Creating Products, Processes and Service （製品、プロセス、 サービスを創造する）	• 創造性が必要とされる点を特定する • デザイン思考を用いる • 知覚・認知理論をデザイン・プレゼンテーションに用いる • リバース・エンジニアリング手法を学ぶ

なのか判断する必要がある。

論点を把握した後もチェックリストは続く。その論理は間違った前提・データ解釈に基づいていないか、あるいは個人の思想・経験によって事実が歪められている可能性はないか、についても考慮すべきだ。またこの論点に対して有効な同意、反論、質問を投げ返すには、対象となっている事象がどのようなシステムに組み込まれたものであるかを理解しなければいけない。

こうした思考プロセスを経て、自分の答えを出していくわけだが、それを相手に伝える前にも確認することはまだ残っている。それは、自分がこれから伝えることの労力と得られるリターンが理にかなっているか、予想外の反応が起きたときの次善策はどうあるべきか、という視点だ。

ミネルバ大学が考える「クリエイティブ思考」は、ベンによれば、「芸術作品や突飛もないことをしながら、突然アイデアが閃く方法」ではなく、「体系化され、教えることのできる一連のロジカルな思考プロセス」だ。創造的な発想や問題解決法は、直面している問題を理解するために適切な問いを設定すること、その問いと現状のギャップを「解決する意味のあるもの」と「解決に大きな影響のないもの」に分解し、解決できる要素に分解していく。この過程でもさまざまな仮説・検証を行い、データを蓄積していくことだ。

バーバラ・ミントが『考える技術・書く技術』（ダイヤモンド社、1999年）で紹介したMECE（Mutually Exclusive and Collectively Exhaustive：もれなく、ダブりなく問題を要素分解する思考法）や、世界的デザインファームIDEOのトム・ケリーとデイビッド・ケリー、スタンフォード大学で開発されたデザイン思考といったさまざまな思考・分析ツールを実際のプロジェクトで利用してみることで、こうしたコンセプトがどのような場面で有効に使えるのか習得できる。

効果的なコミュニケーションを行うには、そのプレゼンテーションの形式や読み手や聞き手が誰かを理解して作業に取り掛かることが重要だ。大きなカンファレンスでの発表と少人数のビジネスミーティングでは話し方も用意する資料も異なる。

同様に専門誌に論文掲載する際とSNSでプロジェクト協力者とチャットするときとでは、表現のトーンを変える必要がある。

図表13 ｜「効果的なコミュニケーション」の分類、概要例

分類	概要
Using Language Effectively （効果的な言葉を使う）	• 明解な文章作成・発言をする • 文脈や聴衆に合わせ文章・発言を調整する
Using Nonverbal Language Effectively （非言語コミュニケーションを効果的に使う）	• 表情を分析・読み取る • ボディ・ランゲージを正しく解釈し、用いる

さらに、バックグラウンドや文化の異なるチームメイトと協業する際、会話相手の何気ない仕草や表情から、「言外の意味を感じ取る」といったコンセプトを理解することも、国際的な規模のプロジェクトを遂行するうえでは重要なスキルとなる。

こうした口頭、文章、非言語コミュニケーション能力は、専用のオンライン・プラットフォーム上での自分のクラスでのやり取りを復習することや、豊富なプロジェクト学習の機会によってはじめて会う学外の社会人と協業、インターンをすることを通じ、適切に身についているか、確認できる。

「効果的なコミュニケーション」が自分の思考を効果的に表現するものであるのに対し、「効果的なインタラクション」は交渉や協業、倫理

図表14 「効果的なインタラクション」の分類、概要例

分類	概要
Negotiating, Mediating and Persuading （交渉、仲裁、説得）	• 交渉の技法を学ぶ（BATNA他） • ディベートの技法を用いる • 説得のテクニックを理解し、用いる
Working Effectively With Others （効果的な協業）	• 効果的なリーダーシップの原則を用いる • チーム・ワークを理解する • 自分の強みと弱みを発見・評価する
Resolving Ethical Dilemmas and Having Social Consciousness （倫理的行動と社会意識）	• 倫理ジレンマを認識する • 解決可能な規範を設定する • 倫理に則り、不公正な行動を改める • 自分のコミットメントに従う

的ジレンマを乗り越えるために必要なコンセプトを取り扱う。

大きな組織で働く際には、部分最適と全体最適の調整といった要素も出てくる。将来、世界規模の組織をリードできる人材の養成を目指しているミネルバ大学では、リーダーシップと同時にフォロワーシップの重要性についても学ぶ。また、集団と個人の行動原理を理解し、倫理的な問題を建設的に解決するためのフレームワークを学ぶ。

技能に関する分類、概要例を見てもわかる通り、こうした一連の思考・コミュニケーションプロセスを流暢に、幅広い分野に適用できるようになるには、専門知識を個別に記憶するのはかなり効率が悪いし、その関連性を意識して用いるのはほぼ不可能であることが想像できる。

図表15｜1年次の履修科目

Formal Analysis（形式分析） Focus: Critical Thinking 論理力、合理的思考、統計、計算的思考、形式体系を学ぶ	**Multimodal Communication**（マルチモーダル・コミュニケーション） Focus: Effective Communication 効果的な読解、文書の作成、視覚的コミュニケーション、パブリック・スピーチ、芸術と音楽のコミュニケーションにおける役割等について学ぶ
Empirical Analysis（実証分析） Focus: Creative Thinking 問題に科学的手法を適用する能力、仮説検証や推論を導く力を学ぶ	**Complex Systems**（複雑系） Focus: Effective Interactions 複数の因果関係、複数要因の相互作用、グループプロジェクトにおける協業、交渉、リーダーシップやディベートの技法を学ぶ

たとえれば、野球のイチローや松井選手の打撃理論、サッカーの長谷部選手の試合中の心得などをいくら読んでも、自分が野球やサッカーの試合で、こうしたプロフェッショナルのようにプレーできる訳ではないことは、誰でもわかるはずだ。iPS細胞の山中教授と同じ本を読んで、同じような生活をしてみても、自分がノーベル賞を受賞するような研究ができないのと同じで、「実践的な知恵」は、統計学、生物学、心理学、経済学、法学の専門知識を頭に叩き込めば、ある日、魔法のように、あるいは天の啓示のような奇跡が起きて、身につくものではない。

では、どのようにすれば効果的に身につけることができるのか。

ミネルバ大学では、各技能を効果的に理解し、

図表16｜「思考習慣」と「基礎コンセプト」

思考習慣（Habit of Mind）	基礎コンセプト（Foundational Concept）
• 訓練することで無意識に使いこなせるようになる思考法 • 事例 －主張の論理的な誤りに気づく －聴衆や読者に合わせ、自分の表現方法を調整する －（ディベート等で）相手の表情や反応を観察しながら、表現を調整する	• さまざまな分野に応用できる思考・コミュニケーションのフレームワーク • 事例 －費用対効果分析 －BATNA（Best Alternative To Negotiated Agreement） －（デザインやプレゼンテーションにおける）知覚・認知理論

運用するために約115項目のコンセプトを作成した。こうしたコンセプトは当初200項目以上あったが、その中から模擬授業等を通じて学習効果を検証できる約115項目に絞り込まれている。1年次の授業の目的は、こうしたコンセプトを習得することに置かれている。従来の大学と決定的に異なるのは、知識を伝えるための講義ではなく、さまざまな学術分野をコンテンツ（題材）として、学生同士がコンセプトを意識的に使用し、効果的な用い方を学べることである。

1年次の履修科目は形式分析（Formal Analysis：クリティカル思考力の養成）、実証分析（Empirical Analysis：クリエイティブ思考力の養成）、マルチモーダル・コミュニケーション（Multimodal Communication：効果的なコミュニケーション力の養成）、複雑系（Complex Systems：効果的なインタラクション力の養成）というコースとして提供される。

こうした4つのコースを通じ、それぞれの思考・コミュニケーション技法を構成しているコンセプトを習得することが、ミネルバ大学の第1学年の学習目的となる。

約115項目あるコンセプトは「思考習慣」（Habit of Mind：訓練することで無意識に使こなせるようになる思考法）と「基礎コンセプト」（Foundational Concept：さまざまな分野に応用できる思考・コミュニケーションのフレームワーク）の2つに分類される。いずれも特定の専門分野だけでなく、未知の分野でも応用が利く「ファー・トランスファー（Far Transfer）」と呼ばれる概念を満たしている。

「ファー・トランスファー（Far Transfer）」という概念

「ファー・トランスファー」とは、「ある分野における事象から抽出された有効な要件を、時間も分野も異なる別の事象に応用すること」と定義される[*17]。

この概念を理解するためには、実際に体験してみるのが手っ取り早い。

クイズ形式で解説してみよう。

＊17 より詳しいFar Transferとその分類に関する議論は（Barnett & Ceci, 2002）を参考にされたい。https://rapunselshair.pbworks.com/f/barnett_2002.pdf

図表17｜「ファー・トランスファー（Far Transfer）」の概念

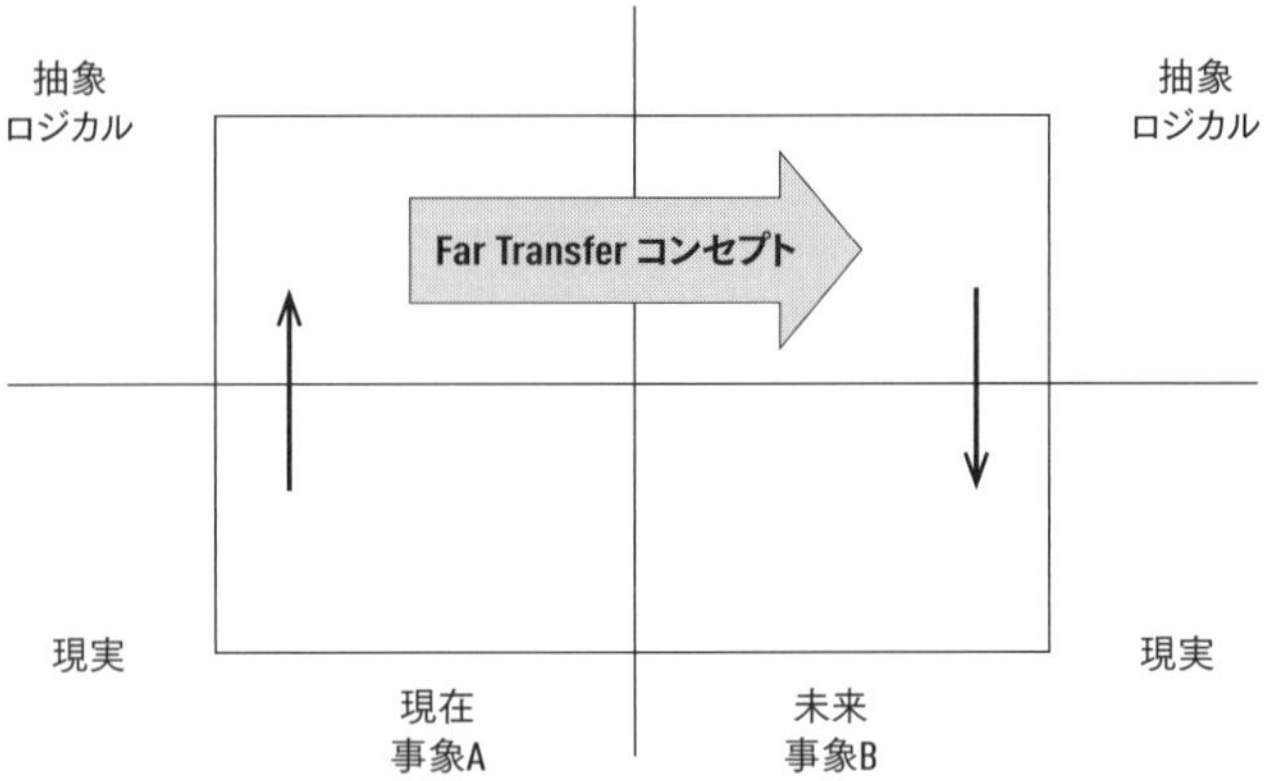

"concept diagram of the logical and functional system modelling tool" -Nicolai Andler（2008）より筆者作成

次のクイズは、「**直接的影響と複合的影響**」というコンセプトを理解するための簡単な設問である。

Q1．あなたは医師である。診断を終え、これから患者に薬を処方する。処方する前に必ず聞かなければいけない2つの質問がある。それは何か？

これは医師であれば100％正解できる問いである。また、医師から処方箋をもらう際に、どの国の人でも必ず聞かれていることなので、ぜひ答えに進む前に挑戦してみてほしい。

1つ目にすべき質問は、

「どんなアレルギーがありますか？」

この問いの答えによって、仮に5つあるとした薬の候補から3つまで絞り込めたとしよう。2つ目にすべき質問は次のものだ。

「今飲んでいる薬は何ですか？」

これは絞り込んだ候補の薬のうち、**現在、患者が飲んでいる薬と併用することで、アレルギー反応を引き起こす可能性がある薬を選別する**ために必ず聞かなければいけない。

この事例から学べるのは意思決定をする際には、**「直接的影響と複合的影響」について考慮しなければならないケースがある**、ということだ。

それでは、今から、医療現場から**場面を変えても、このコンセプトが応用できるか**試してみよう。

Q2. あなたはある国の大臣である。着任早々、部下が新しい法案を国会に提出する許可を求めてきた。大臣として必ず聞くべき2つの問いとは何か？

ベンによれば、このように場面が変わった途端、多くの人が答えに迷うという。最初のクイズに正解した医師たちも、２番目の質問には半数程度が答えられなかったという。

もし、コンセプトを忠実に運用する習慣が身についていれば、以下のような回答が自然に導かれる。

１つ目の質問は直接的な悪影響なので、

「その法案の懸念点（デメリット）は何か？」

２つ目の質問は、複合的な影響なので、

「既に施行されている法律と併用した際に、発生する懸念点は何か？」

細かい表現の方法は違っていてもかまわないが、「直接的影響と複合的影響」というコンセプトをチェックすることが必要だ、という意思決定プロセスを無意識に行えるようになる感覚がつかめただろうか。このコンセプトは、企業におけるマーケティング・キャンペーンの企画決裁、部活動での練習法の採用等々、さまざまな場面で使える。ぜひ読者の皆さんも活用してみてほしい。

社会との接続を重視する2年目以降のカリキュラム

図表18 | ミネルバ大学における学部・専攻一覧(2016年時点)

学部	専攻	
AH 人文科学部 (Arts and Humanities)	人類学の分析 人類学の文脈化 人類学における歴史的傾向	芸術と商業の関係 哲学、倫理と法 コミュニケーションと説得技法
CS 計算科学部 (Computational Sciences)	計算理論と分析 現代の知識発見論 問題解決の応用	コンピューター・サイエンスと人工知能 数学とオペレーション研究 データ・サイエンスと統計学
NS 自然科学部 (Natural Sciences)	自然科学の基礎理論 自然科学における研究分析 問題解決法の設計	分子と原子 細胞と組織 地球のシステム
SS 社会科学部 (Social Sciences)	社会科学における理論と分析 社会科学における実証的アプローチ 社会の設計方法	心と感情 市場経済 グローバル・ガバナンス
B 経営学部 (Business)	起業論 事業成長の管理 組織マネジメント	ブランドの創造と管理 戦略的財務 複雑なオペレーションの管理

1年次に「学び方を学ぶ」カリキュラムを通じ、高等教育レベルの知識を習得する基礎を身につけたあと、2年生の後期になって学生は学部と専攻科目を選択する。学部は社会科学部(Social Sciences)、計算科学部(Computational Sciences)、自然科学部(Natural Sciences)、人文科学部(Arts and Humanities)、経営学部(Business)といった伝統的なリベラルアーツ・カレッジと同じ学部形式を採用している。

従来の大学と異なるのは専攻内容で、ここでも「知識(What)」だけではなく「活用法(How)」との組み合わせで提供されている。たとえば、人文科学部における「人類学(Humanities)」においては、「人類学における歴史的傾向(Historical Trends in the Humanities)」といった、分野と分析を組み合わせることによって、1年次に習得した「実践的な知恵」が活かされるように

図表19｜既存大学とミネルバ大学の履修設計の比較

	第1、2学年	第3、4学年
既存の大学	**一般教養** 異なる分野から要件を満たす科目を履修 履修自由度（大）	**専門＋選択科目、研究活動** 師事する教授の専門分野の科目と研究活動を履修 履修自由度（小）
ミネルバ大学	**「実践的な知恵」** 全員が同じ科目を履修 履修自由度（無し）	**専門＋選択科目、研究活動、チュートリアル** 学生の専攻分野・研究活動を教員・学外メンターが支援 履修自由度（大）

設計されている。

　また、コスリン教授はあくまで専門知識は「実践的な知恵」を発展させるための材料に過ぎないので、時代の要請に合わせて、どんどん更新されていくべきだ、と考えている。そのため、ミネルバ大学では〝専攻〟は常に時代に沿った最新のテーマになるだろう、とコメントしている。

　専攻科目の知識を批判的に思考できる力を習得した学生は3、4年次にキャップストーン（Capstone）と呼ばれる専攻分野で得た知識や知恵を実社会に応用するための長期研究テーマを自ら企画し、指導教授と必要に応じて学外の専門家のメンタリング、サポートを受けながら遂行していく。この活動は、学生が実社会に出て活躍するための基盤づくりともなる。

さらに4年次には、キャップストーンと並行し、シニア・チュートリアル（Senior Tutorial）と呼ばれる学生3名と教授1名からなるセミナーが行われる。これは、専門分野における知恵をさらに高めるためのものだ。チュートリアルとは、英国のケンブリッジ大学やオックスフォード大学で行われている少人数セミナーで、教授と学生の濃密な対話により、学生が取り組んでいる課題に対し、より深い分析や示唆を導き出すための仕組みである。ミネルバ大学では学生同士が共同でテーマを企画し、指導教官に依頼、承認を得て、チュートリアルの設計にも主体的に関与する。

2年目以降のミネルバ大学のカリキュラムは総じて、既存の大学と比べて、新しいことを行ってはいないように見える。4年間を通したカリキュラムは、一般教養→専門科目→専門研究と既存の大学と同じようだ。

しかし、従来の大学と大きく異なるのは、学びの主体性と自由度と言える。既存の大学では、1、2年次にさまざまな一般教養科目を履修し、3、4年次に師事する教授の専門研究室で少人数制のセミナーを受講する。これに対し、ミネルバ大学では、履修選択権はないものの、1、2年次は多くの時間を全員が共通の思考・コミュニケーション技法の習得にあて、3、4年目になると学生が興味のある分野をピックアップする。しかも、その分野の学習をサポートできる教員と、必要に応じて外部の専門家を手配する、という「学生主体」の学びの自由度が増す仕組みになっている。

ミネルバ大学のカリキュラムは学生が社会に出る際に、よりスムーズに自分の興味を持った分野へ接続できるように設計されているのだ。

あるべき授業——究極のアクティブ・ラーニングの実現

ここまで、「何を教えているか」ということを解説してきたが、ここからは、「どのように学習しているか」、という点について解説しよう。

ミネルバ大学では、すべての授業を**「完全なアクティブ・ラーニング（Fully Active Learning）」**で行うという原則を適用し、授業における講義を禁止するなど、学生主体の学びを厳格に適用している。

コスリン教授の定義によれば、すべての学生が授業中の最低でも75％の時間をグループワークや議論に参加するといった能動的な作業を行っている必要がある。[*18] 通常の反転授業は、授業前の予習を学生に課し、講義とグループワークとQ＆Aを軸に授業を進めるが、ミネルバ大学のセミナーでは学生は使用する教材の基礎知識とコンセプトを予習し、授業ではクラスメイトたちとのディスカッションやディベートの中で予習してきたコンセプトを用いることに注力する。クラスメイトや授業後の教員からルーブリック[*19]に基づいたフィードバックを受けることで、

＊18 *"Building the Intentional University: Minerva and the Future of Higher Education"* P.166

コンセプトに対する自分の理解度を確認し、強みと弱み、改善すべき点を効率的に把握することができる。

こうした効果的なインプットに加え、ミネルバ大学では学生が身につけたコンセプトを**「はじめての場所で、初体験のプロジェクトで、はじめて一緒に働く人に、学んだコンセプトが実際に有効に使えるか試すための機会」**を用意している。

学外団体とのプロジェクト学習を行い、自分がコンセプトをきちんと理解しているだけでなく、実社会で応用できるか確認することができるアウトプットを組み合わせている。このインプットとアウトプットの組み合わせを繰り返すことで、学生たちの「実践的な知恵」は鍛えられていく。

効果的なインプットを実現する少人数セミナー

ミネルバ大学は、思考・コミュニケーション技能はそれぞれの技能を構成しているコンセプトを意識しながら、繰り返し実践を積み重ねることでのみ習得できると考えている。少人数によるセミナー形式の反転授業と、実社会での経験学習を組み合わせて学習する方法を採用していることは述べた。さらに、このセミナー形式の授業には、

＊19 学生の学習の習熟度を評価するための基準。通常4～5段階の評価となっていることが多い。ミネルバ大学では大まかに次の5段階評価となっている（1. コンセプトを理解できていないか、間違った用い方をしている、2. コンセプトを理解しているが、適切に用いることができていない、3. コンセプトを正確に理解し、適切な場面で用いることができている、4. コンセプトを深く理解し、適切な場面で効果的な事例を用いて説明することができる、5. コンセプトを深く理解し、創造的な使い方、新しい角度から物事を捉える際に用いることができる）。詳細は以下を参照。*"Building the Intentional University: Minerva and the Future of Higher Education"* P.58-59

最新技術の活用によって、従来の大学の授業では実現できなかった学生たちが能動的に授業に参加できるさまざまな仕掛けと、教員が一人一人の学生の特徴を知ることのできるサポート・システムが組み込まれている。

ミネルバ大学のカリキュラムや教授法を設計したコスリン教授は、心理学、脳科学、認知科学の分野における長年の研究から、人が最も効率よく学習できるのは以下の3つの条件が揃ったときだと主張する。

①脳を通常より負荷をかけた状態で稼働させる
②繰り返し練習が行える環境で学ぶ
③能動的に授業に参加できる状態

これはスポーツ選手が筋肉を鍛えるときと似ており、実際にプレーしているときをイメージしながら、自分が体のどの部分を鍛えるか意識しながら集中してトレーニングを行うことと通じるものがある。

コスリン教授が講義形式の授業を「最も学習効果の低い授業形式」と考える根拠は、講義形式では脳の一部しか使わず、積極的な参加が難しいため、徐々に集中力が途切れてしまうからだ。

「少人数、約12～20人以下のセミナー形式が最も議論が活性化すると言われている」とコスリン教授は解説する。

こうしたアクティブ・ラーニングの効果について、コスリン教授は次のように述べている。

過去に行われた実証研究の多くで、アクティブ・ラーニングが講義に対して優れていることが証明されてきた。有名なのは、ワシントン大学生物学部のスコット・フリーマン教授がアクティブ・ラーニング形式と講義形式を学習効果を比較して行った検証[*20]だろう。ＳＴＥＭ（科学、テクノロジー、エンジニアリング、数学）分野における２２５の事例で、講義形式の授業を受けた学生はアクティブ・ラーニング形式の授業を受けた学生に対して55％も落第しやすいことがわかっている。

スコット自身も、少なくともＳＴＥＭ分野の教員は、講義をやめてアクティブ・ラーニングを導入すべきではないかと提言しているが、自分の経験からは、これらの分野以外でも、講義よりもアクティブ・ラーニングが有効だと言い切れる。

それでも、多くの大学で教授たちが講義を止めない理由は、「学習の科学（人はどのようなときに効果的に学べるかを研究したもの）」について知らないか、無関心であることにある。そこでミネルバ大学では究極のアクティブ・ラーニング環境を実践してみようと考えた。

＊20 "Active learning increases student performance in science, engineering, and mathematics," *PNAS*, 2014/4, http://www.pnas.org/content/111/23/ 8410

「アクティブ・ラーニング・フォーラム」という技術

ミネルバ大学は、参加者全員が集中し、学習効果を最大限に高めることが可能な独自のプラットフォームを採用した。アクティブ・ラーニング・フォーラム（Active Learning Forum™。以下、TMを省略[*21]）と呼ばれるセミナー形式の授業を運営するために最適化されたもので、従来の教室で行う授業では実現が不可能なさまざまな機能が実装されている。

すべての授業は教員を含め20人以下のセミナー形式で行われる。基礎科目や講義形式の授業は存在しない。授業には事前課題を提出した学生のみが参加でき、学生同士のディスカッションを中心に授業を進行させるため、90分間のうち、教員が話せる時間は合計10分と定められている。

これだけでも既存の教室で行われるものとは様相が異なることが予想できるだろう。

通常、大学で行われる授業は、教員と学生が教室という同じ空間でやり取りをする。黒板かホワイトボードがあり、教員が講義、学生がプレゼンテーションやディスカッションを行うような形が一般的だ。多くの授業は、教員が半分以上の時間を講義、解説や発表のフィードバック・コメントに費やし、学生の発言・グループ討論といった時間に授業の8割以上が当てられるようなことはほとんどない。

＊21 Active Learning Forum™についてはすでにさまざまな解説動画があるが、本書と合わせて見るのであれば、こちらが最も理解しやすいだろう。https://youtu.be/Gk5iiXqh7Tg また、実際に授業を受けた学生の感想については以下のブログを参考にされたい。https://harunabutterflyeffect.wordpress.com/2017/10/21/edtech-minerva/、http://college.nikkei.co.jp/article/105681811.html

ミネルバ大学の授業は、学生と教員は〝教室〟という同じ空間にはおらず、学生同士も必ずしも同じ部屋にいる必要はない。授業はコンピューター画面を通じ、その場にいない教員のファシリテーションによって進められる。

しかし、同じ空間を共有していないにもかかわらず、ミネルバ大学では「既存の教室での授業よりもはるかに学生と教員の心理的な距離が近く、適切なサポートができる」といえる。こう主張できる根拠とはいったい何なのか。解説していこう。

「教員と学生が同じ空間に存在しない」授業について、学校関係者や学生から必ず聞かれるのは以下のような質問だ。

- 実際の教室で行わないのに、教員が学生の状況を観察するのは困難では？
- 学生がどのような点で悩んでいるのか、教員はどう把握できるのか？
- 学生が先生に質問するタイミングや時間が限られるのでは？
- 他の学生の反応やクラスの雰囲気を感じるのが難しいのでは？

これらの疑問は既存の教室での授業に慣れている教員にとってはもっともな疑問に思える。自分の話を聞くように注意を促さなければ、学生たちは授業とは別のこと、ツイッターをしたり、インターネットでフェイスブックを始めたり、友達とおしゃべりでも始めるのではないか……。だって、教室の授業でさえ、そうなのだ。教員の目が届かないのであれば、授業に参加するわけがない……。

そうした疑問を頭に入れたまま、ミネルバ大学での授業を疑似体験してみよう。

授業が始まる5~10分くらい前から、学生がログイン（授業を行うオンライン・プラットフォームに接続）しはじめる。

教員はログインしてきた学生たちとちょっとした雑談を行う。授業前の緊張をほぐすと同時に通信状況の確認もできる。3、4時間程度を要する事前課題を提出した学生だけが参加できる仕組みなので、自分たちの発見や意見をディスカッションする気は旺盛だ。授業が始まる前から、教員に事前課題の感想や質問を始める学生も珍しくない。

授業中の画面は左図のようになっている。

特徴的なのは、**授業に参加している全員の顔が見える点だ。従来の教室での授業のように、「2列目」は存在しない。**通常、人は自分に視線を感じるほど、集中できるものだが、アクティブ・ラーニング・フォーラムはその状態を自然につくり出している。こうした環境で授業を行うことで、授業中に他の作業をする、という学生の行動は大幅に抑制できる。

教室での授業で、たとえ円形に椅子を配置しても全員の顔が自分を見ており、かつ自分も全

図表20｜授業中のデフォルト画面。上段に参加者全員の顔が表示される

員の表情や反応を確認できる環境をつくるのは困難だ。一方、このプラットフォームでは、全員が〝最前列〟に並び、お互いの表情を確認することができる。

授業が始まると、教授はその日の授業で行う議論のテーマや学習目的となるコンセプトの確認、注意すべき点について解説する。授業開始からわずか数分で、ディベートを行うための最初の選択型の質問が画面に表示され、数秒以内にすべての学生が投票を完了する。*22

ここで出される質問は「ビッグ・クエスチョン」と呼ばれ、ディスカッションを活性化させるように以下の条件を満たしていることが原則だ。

1．既存の大学の履修目録に存在していること

*22 必ずしも毎回が、このような進め方ではないにしろ、ミネルバ大学ではディベートやディスカッションを主体に授業を進めていくため、学生に立場を選択させるPoll（投票行動）は多用される。

図表21｜授業の開始。最初の投票問題の例

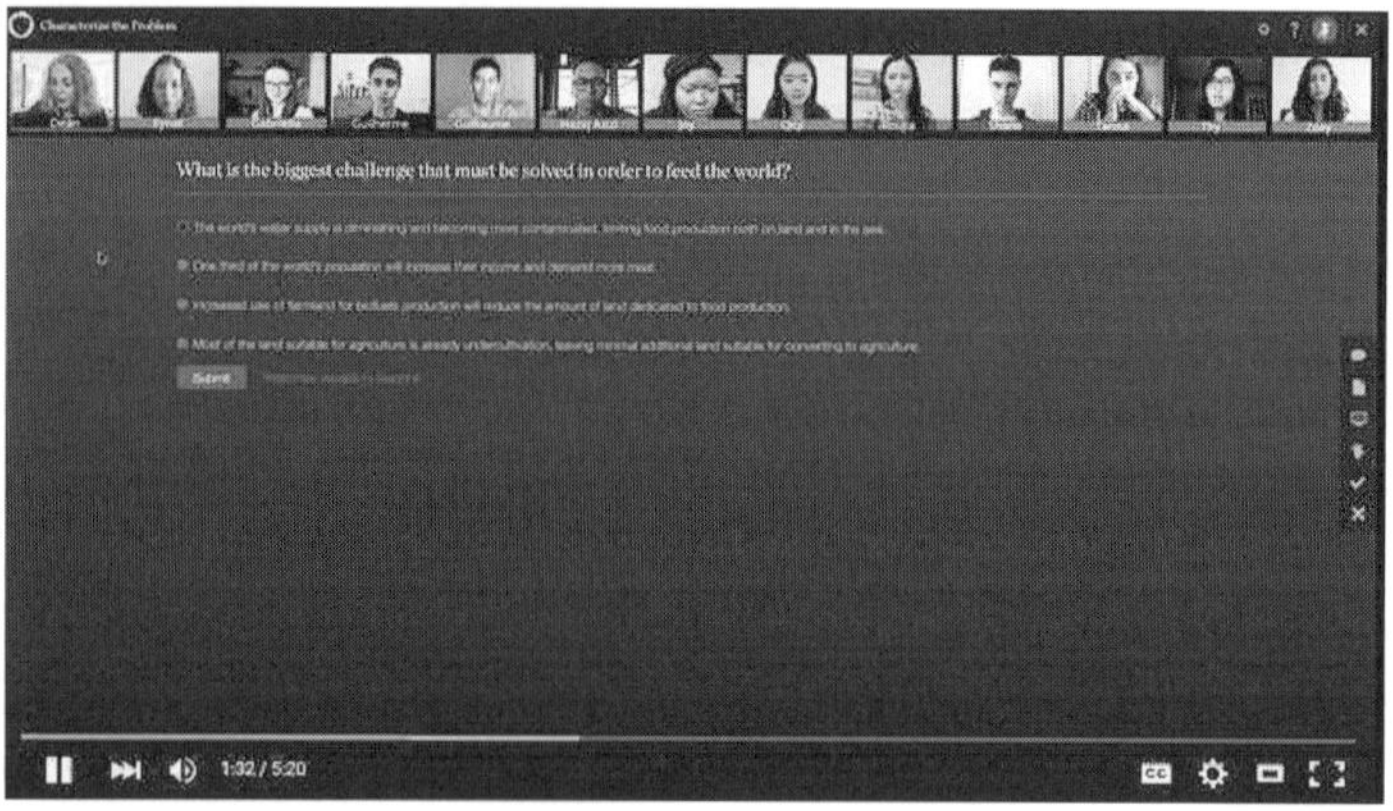

2. 最低でも3つの異なる国に関連していること

3. 全員が同意できる唯一の解が存在しないこと

4. 答えを模索する過程で、現代社会に対する示唆が引き出せること

参考までに、こうした質問の実例としては以下のようなものがある。

- 人はなぜ罪を犯すのか？
- 機械は考えることができるか？
- 世界の食糧供給を満たすことはできるか？
- 誰が情報の所有者なのか？
- 戦争は避けられるか？

学生たちの投票結果は、リアルタイムで円グ

図表22｜投票結果。各学生が選んだ立場が全員に共有される

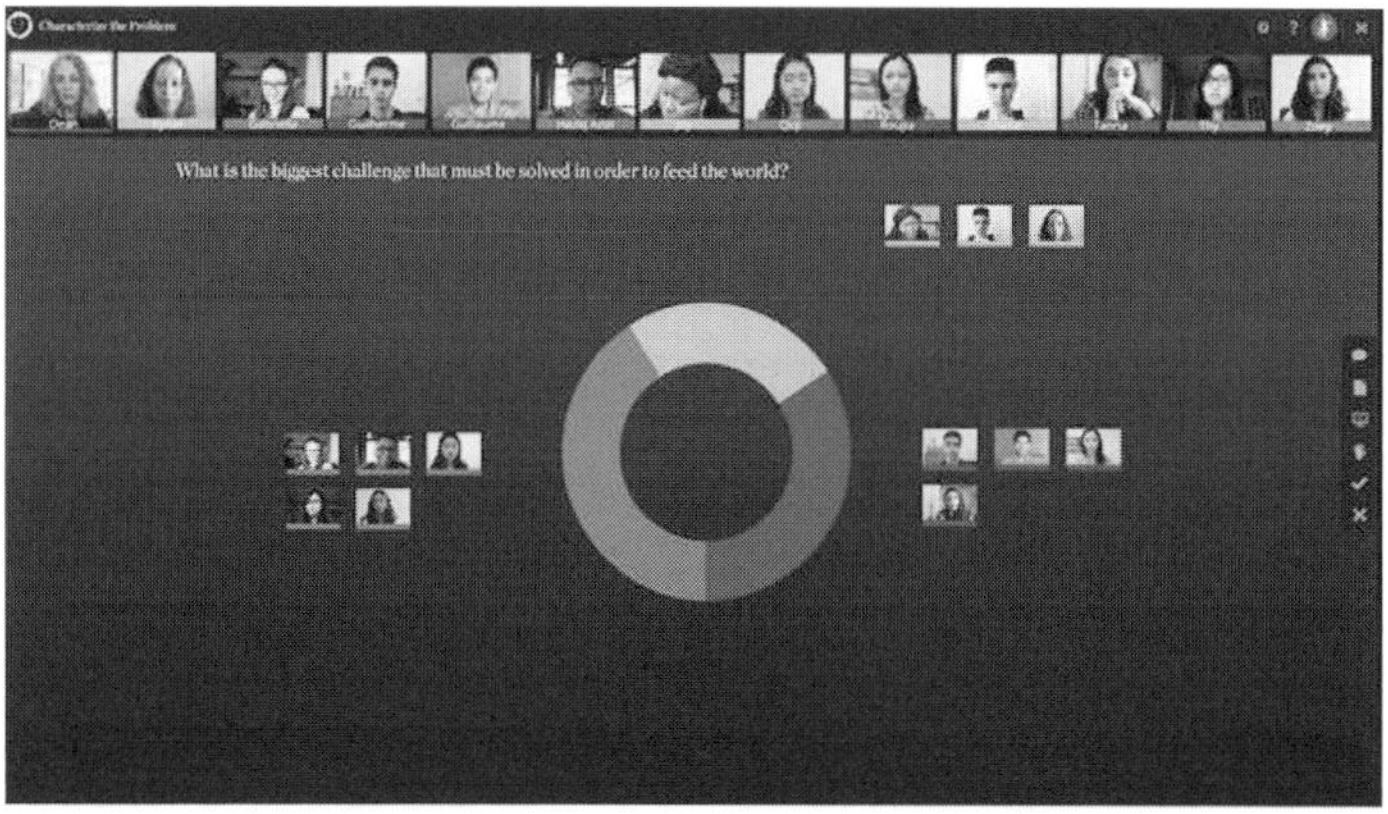

ラフや棒グラフのように可視化され、授業に参加している全員に共有される。どの学生がどの立場を選択したのか全員が把握できる。**従来の教室では、手を挙げていない人の把握に時間がかかるため、教員は一部の人の意見をもとに議論を展開してしまいがちだが、ミネルバ大学の授業では、そのような事態は発生しない。**

この段階で、教授は異なる主張を選んだ個別の学生を指名して、それぞれが選んだ内容について理由を問いながらディベートを促すこともできるし、同じ内容を選んだ学生たちにグループワークを課し、グループ・ディベートの準備を指示することもできる。

一部の学生がディベートを行っている間、教員は他の学生に、ディベート中の学生が用いている思考・コミュニケーション技法をルーブリックを用いて評価する課題を与えることもでき

図表23　投票結果から学生同士のディベートが始まる：発言している学生や注目したい学生の画面を拡大表示することもできる

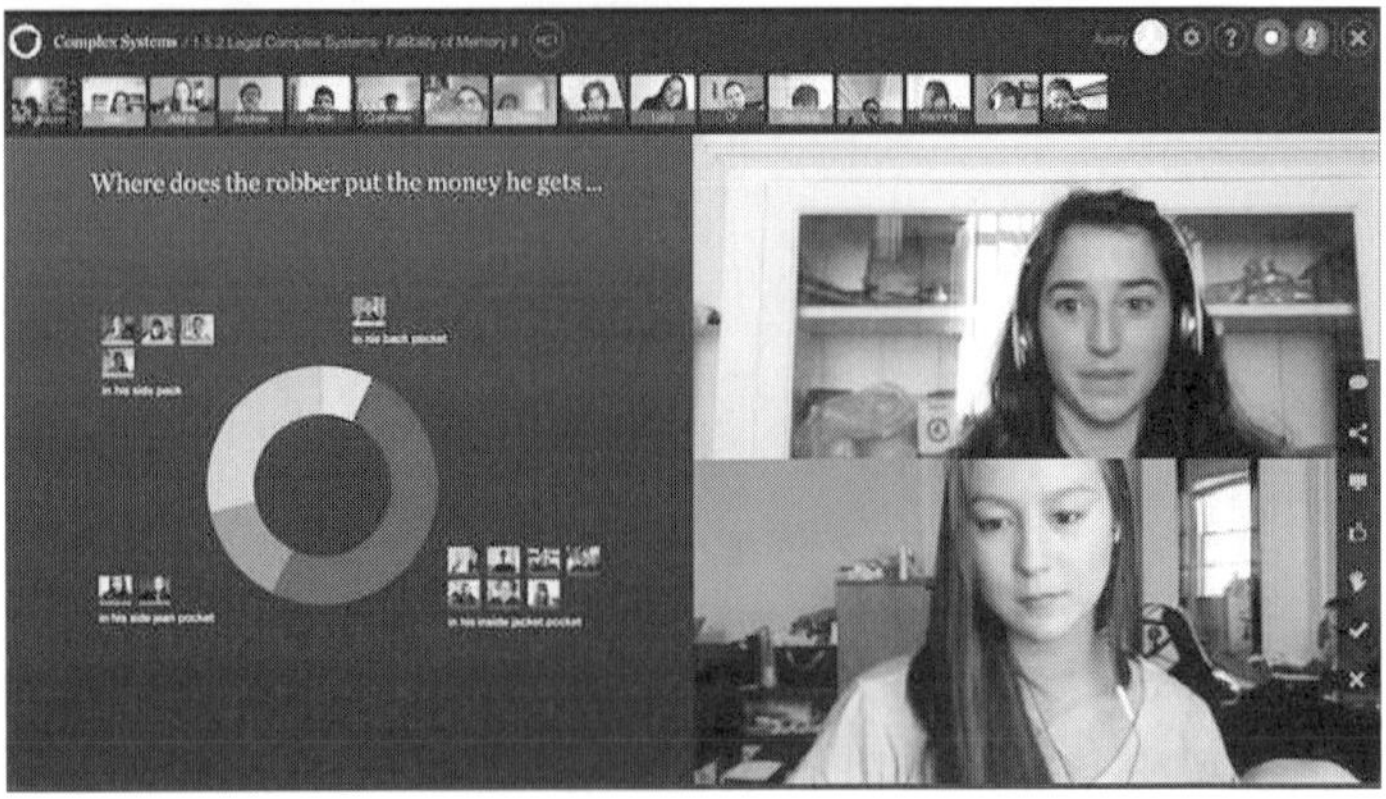

る。この評価結果についてもディベート終了後に各学生の評価を共有することで、高評価をつけた学生と低評価をつけた学生から意見を共有させることで、全員が異なる視点に気がつく機会が得られる。

また、特定の学生同士が議論している際に、自分が同意するコメントに対して、SNSでみられるような「いいね」マークを表示させることができるリアルタイム投票機能もあり、議論を盛り上げる工夫が組み込まれている。

こうすることで直接議論に参加していない学生が能動的に参加する状況をつくり出せる。こうした学生の能動的参加を教室型授業で実現することは不可能ではないが、実際には難しい。とくに特定の学生同士をディベートさせ、その学生同士の意見を他の学生が集中して聞ける環境をつくり出すには、席の移動が必要になる。

図表24 | グループ・ディスカッションの作業状況。画面が瞬時にグループ用に入れ替わり、席替えなどのタイムロスが生じない

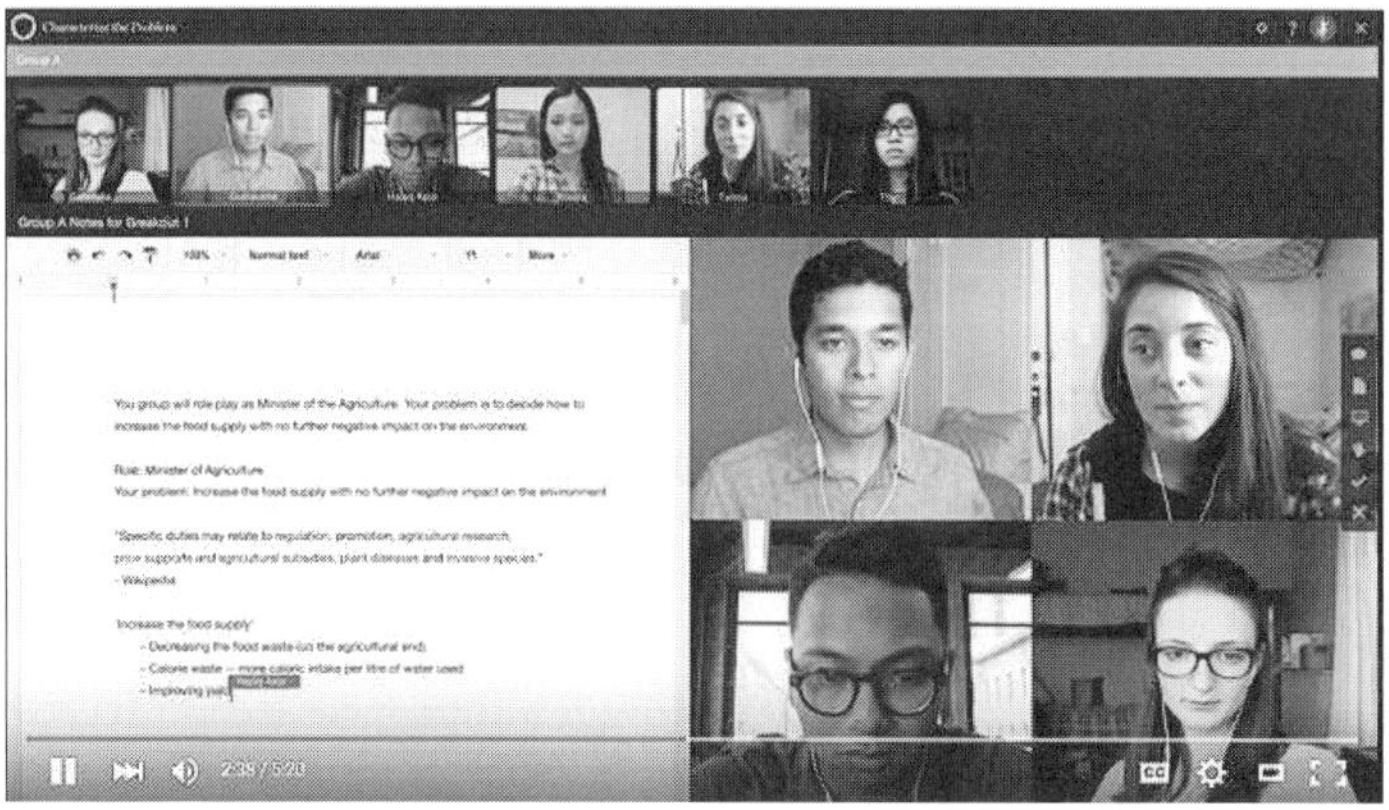

またディベートを行っている学生が傍聴している学生の同意や「いいね」をリアルタイムで見ることも現実的ではないだろう。

グループワークを行う場合においては、オンライン・プラットフォームを使うメリットがよりわかりやすい。

従来の教室での授業でグループ・ディベートをするために、複数の異なる主張を学生に選択させた後に続く場面を想像してみよう。

学生は同じ主張を選んだ者同士で集まるために席の移動が必要になる。授業はその間、中断せざるを得ない。場がざわつき、学生が席について作業に移行するまで、しばし雑談が起こり、集中力は途切れる……。

アクティブ・ラーニング・フォーラムでは、グループワークを指示した場合、各学生の画面

図表25｜教員は複数のグループワークの状況を同時に把握・共有できる

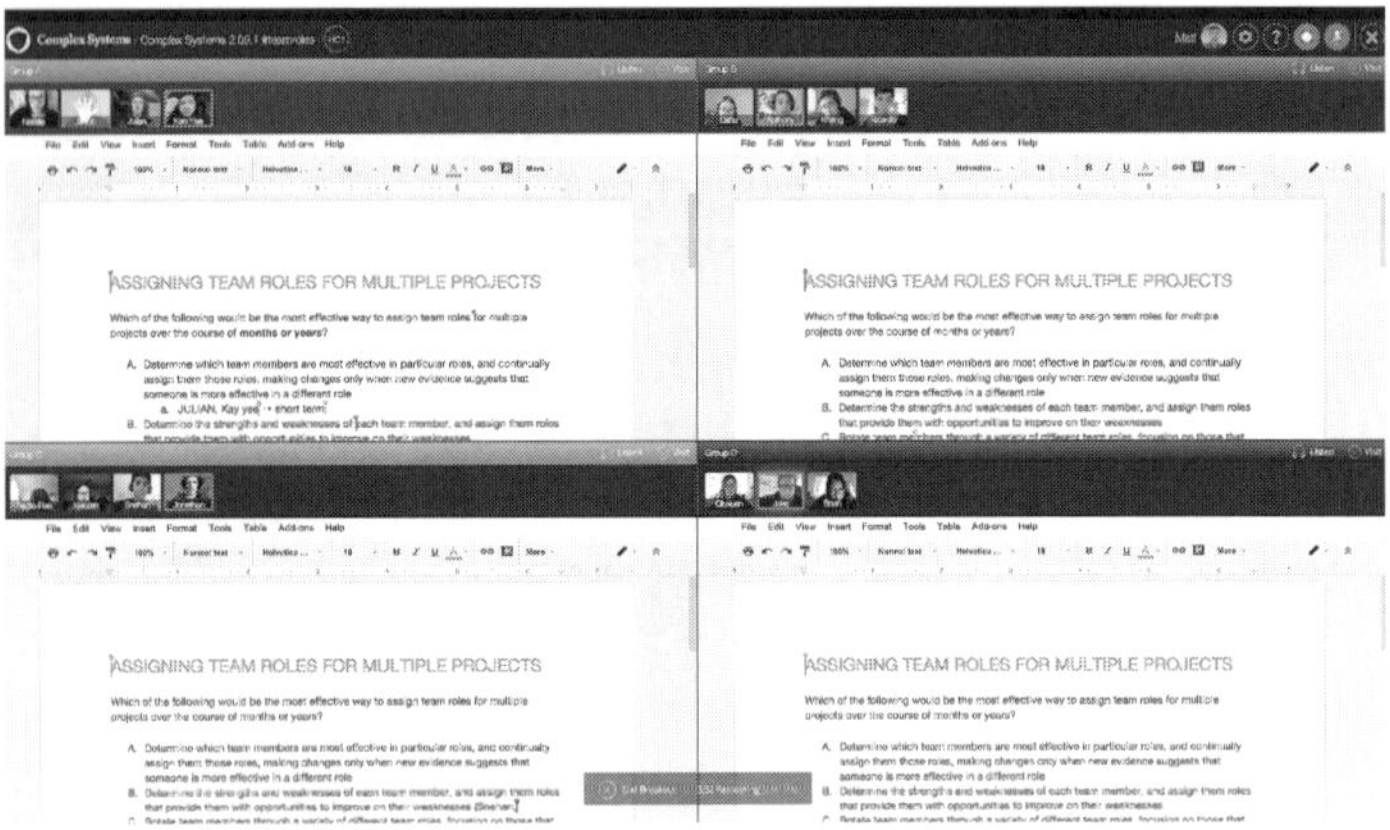

は同じ主張を選んだクラスメイトだけが表示される**グループ作業画面に瞬時に移行するため、思考が途切れる時間がなく、集中力を維持しつづけることができる。**

移行後の画面には議論を深めるために、教員が予め用意した質問が表示される場合もあれば、ディスカッション用ワークシートが表示される場合もある。

また、オンラインならではの利点は、**教員が複数のグループの進捗状況を、教室を歩き回りながら確認する必要はない点だ。自分の席から、各グループの進捗状況を簡単に把握できるのだ。**学生も同様に、教室型授業のように、グループ別に設置されたホワイボードの前に移動して、各グループの主張を確認する必要はなく、全グループの主張とその根拠の書かれた作業シ

図表26｜学生の発言量を把握する。発言量の多寡が色で判別できる

ートを比較しながら自分の意見を共有できる。

オンライン・プラットフォームだからこそ実現できることもある。

たとえば、**すべての学生になるべく均等な発言機会を与える**ことは、教室型の授業では、教授の記憶力に依存するところが大きい。しかし、アクティブ・ラーニング・フォーラムの発言時間を確認する機能を使えば、どの学生がどれだけ発言しているか瞬時に表示され、教授は誰に発言を促せばよいのか容易に把握できる。

コロンビア大学が行った調査によれば、一般的にクラスでの発言機会は男子に偏る傾向があるとされている[*23]が、この機能を使用すれば是正することも容易だ。

既存大学でも、授業参加を成績評価に反映するという教員は少なくない。たとえばケース・

＊23 授業でのGender Equalityについてはさまざまな研究がなされているが、"Failing at fairness: How America's schools cheat females" Sadker M., Sadker D. (1994). が最も有名だと思われる。なお、Active Learning Forum™はあくまで学生の発言量を把握するうえで有益な機能を備えているが、それ自体が、性別による発言機会の平等を保証するものではない。

メソッドを採用しているハーバード・ビジネス・スクールでは成績の50％は授業への参加（発言）によって評価される。このため、授業中に教員以外の専門スタッフが授業中に発言した学生を確認し、どの学生がより発言しているか、学生全員と教員が共有するイントラネットで共有している。しかし、これは参加者がリアルタイムに把握できず、発言機会の平等性を担保するためではなく、あくまで成績評価にしか使用できない。

ミネルバ大学では、**学生と教授の親密度を上げるには、1対数百人の講義を聞く時間に同じ空間にいることよりも、自分の担当している学生が思考・コミュニケーション技能でどんな強み・弱みやどのような思考の癖を持っているかを、教授が適切に把握していることのほうが重要だ**と考えている。アクティブ・ラーニング・フォーラムはこうした思想に基づき、既存の教室型授業では実現できなかったフォローアップ方法を可能にしている。

ミネルバ大学では教授は90分の授業中、合計で10分程度しか発言できない。しかし、授業前には学生一人一人の思考・コミュニケーション技法について、どのコンセプトを得意・不得意とするのか、どのような癖があるのかを把握し、綿密な授業計画を立てて、授業に臨む。また、授業後にすべての学生の発言を確認し、その学生の技能習熟度をルーブリックを用いて採点し、コメントとともにフィードバックを行う。こうした密度の高い学生のフォローアップは授業を録画できるオンライン形式だからこそ実現できる。

こうした教授からのフィードバックは毎授業終了後に行われ、学生は自分の弱点や強みを把

図表27 録画された授業を教員が見返し、学生の技能習熟度を採点している画面

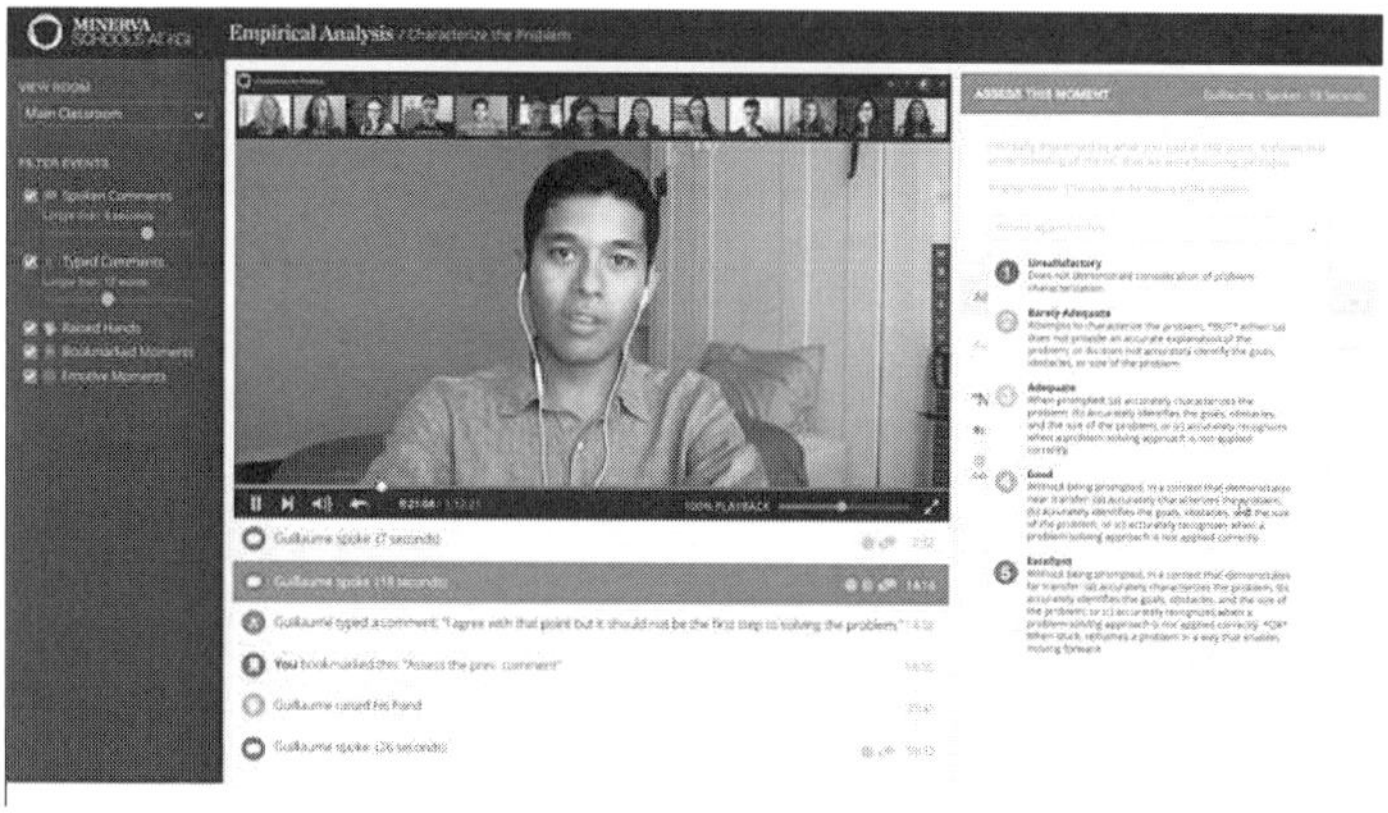

握しながら、次回の授業に臨むことが可能になる。

この機能には以下の大きなメリットがある。

①事実に基づいたタイムリーなフィードバックを受けられる

学生は自分や教員の記憶に基づいた判断ではなく、実際の授業を振り返りながら、自分が指摘された内容を把握することができる。改善点に関する誤解が生じにくい。

②教授は学生の技能習熟度を把握しながら、次の授業の準備ができる

学生の技能習熟度に関するデータはリアルタイムに共有されるため、教授はある技能について、習熟度の高い学生と低い学生を一緒に組ませることで、学生の共同作業を通じた学びを引き出す、といった事前の授業設計が可能になる。

③客観的事実に基づいた教員の授業スキル把握、改善アドバイスができる

既存の大学において教員の授業パフォーマンス評価は学生からのフィードバックと教授会による評価という客観性の低いものに頼らざるを得なかったが、実際の授業がすべて記録されていることで、授業の品質評価が客観的に把握できるようになった。

アクティブ・ラーニング・フォーラムによって、こうした機能が提供されたことによって、学生・教員双方にとって、授業の品質・パフォーマンスを改善していくモチベーションが保たれている。実際に同じ空間にいるよりも、高いレベルでの教授と学生のやり取り、学生の授業への能動的参加、学生と教員双方への効果的なフィードバックによって心理的な距離はむしろ近くなるのである。

こうしたアクティブ・ラーニング・フォーラムでの新しい授業体験について、中国でも有数のエリート高校である北京第四高校を優等な成績で卒業した李一格は次のようにコメントしている。

「はじめて経験したときは、従来の授業に比べて3倍疲れました。実際の時間は(90分間でも)とても短く感じますが、とにかく集中していないといけないのです。高校での授業は先生が板

書している間は、しばしば「今日は何食べようかな」とか授業とは別のところに意識がいってしまったりしていましたが、ミネルバ大学の授業ではそういう余裕は全然ないのです」
「私は、対面コミュニケーションに自分の強みがあると自覚していて、相手の表情やちょっとした仕草から臨機応変にコミュニケーションを変えるのが得意で、オンラインでの授業には苦手意識がありました。ただ、オンライン会議などの新しいコミュニケーション手段は今後どんどん増えてくるので、これは私が慣れていかなければいけないことだ、強みに変えていくべきスキルなのだ、という意識で取り組んでいます」

また学生が「同じ空間を共有する」という点では、ミネルバ大学は全寮制の大学であり、学生同士は日々顔を合わせているので、お互いをまったく知らない者同士ではない。1学年200名弱のサイズは数千人同級生がいる既存の大学と比べコミュニティは濃密になる。複数の学生にインタビューしたが、授業で盛り上がった議論はそのままオフラインで続いていくこともしばしばあり、それがまた楽しいという。

さらに、オフラインとオンラインの使い分けについて、ケニアから留学したニジェリ・チェリモは次のようにコメントしている。
「普段から、他の学生と一緒にオフラインでグループワークをしたり、キッチンや談話室での会話をしたりすることを心がけています。その人の考え方や文化的な背景を知ることで、授業でもよりよい示唆を引き出せると思うからです」

学生同士だけでなく、教員と学生の対面コミュニケーションに関しては、ミネルバ大学では各学期のはじめに教員・スタッフと学生の交流イベントを開催し、実際に授業を担当する教員と学生が一緒に行う作業を用意するなど対策をとっており、オンラインではじめて会う人から教わる、という状況はほとんど生じないという。

また、学生は既存の大学同様、オフィス・アワー（教授が学生からの質問を受け付けるために研究室を開放している時間）を利用して1対1の面談を予約することができるので、教員と学生との間のコミュニケーションに関する心配は、既存の大学よりも少ない。

効果的なアウトプット――豊富な学外連携活動

アクティブ・ラーニング・フォーラムを使用することで、従来の教室での授業より学生が学習効果を高められる仕組みについて説明してきたが、ミネルバ大学のアクティブ・ラーニングはさらに進んでいる。

効率よくコンセプトを学習したとしても、**頭の中にインプットされているだけでは〝流暢に**

図表28 サンフランシスコでの経験学習例：クラウドファンディングから演劇まで

使いこなせる〟レベルには達しない。学生の能力を〝流暢に使いこなせる〟レベルに引き上げるには、**はじめて会う人たちとプロジェクト作業を通して学んだコンセプトを実践し、出てきた結果について内省を繰り返す**ことが必要だ。こうした効果的なインプットとアウトプットを繰り返し、自分に合ったコンセプトの使い方を体得できるようにするのである。

こうした経験学習は、外部団体の協力を得て提供される。こうしたアクティビティは、

①授業で学ぶコンセプトとセットになった、必須のもの
②自分の弱みを補うために参加するもの
③学生が自発的に企画するもの

図表29｜サンフランシスコとブエノスアイレスにおける「市民パートナー」の例

都市	組織名	業界
サンフランシスコ	サンフランシスコ市 市長室　都市イノベーション課 サンフランシスコ・オペラ Gensler The Boston Consulting Group IDEO California Academy of Sciences Facebook 500 Startups	行政 芸術 都市設計コンサルティング 経営コンサルティング デザインコンサルティング 自然科学系研究所 ITサービス 起業家支援団体
ブエノスアイレス	教育省 文化省 Telefonica Microsoft Aerolab CHICLEMAG Mercado libre	行政 行政 通信 ソフトウェア UXデザイン メディア・出版 オンライン通販

という具合に3種類に分類される。

たとえば、サンフランシスコ市との共同アクティビティでは、ホームレスの福祉政策について市長室の担当者を訪問し、自分たちの調査結果に基づく提案を行うもの（必須）、ホームレス経験者へのインタビュー方法を学ぶワークショップへの参加（任意）、炊き出しサービスでのボランティア実習（自主企画）が実施された。こうした経験学習の機会は毎週平均して10～20の選択肢が用意されている。

協力団体は当初は教員やスタッフの個人的な関係やベンチャー・キャピタルからの紹介によるものが起点であったが、ミネルバ大学の知名度向上と学生のパフォーマンスに関する評価が拡がるにつれ、さまざまな公的機関、企業、NPO、芸術家、個人の活動家などが積極的に協力を申し出てくれるようになった。また、各都

図表30｜CIVITASで語りあう学生、スタッフ、市民パートナー

市で主要なプロジェクトを提供する協力団体は「市民パートナー（Civic Partners）」と呼ばれ、ミネルバ大学が定期的に主催するイベントでは積極的に学生・スタッフ・教員と交流し、コミュニティを形成している。

「CIVITAS（ラテン語で市民を意味する）[*24]」と呼ばれるイベントには、ミネルバ大学の教員、スタッフ、学生やミネルバ・プロジェクトへの出資者、協力企業・団体・個人協力者が一堂に会し、大学の近況報告やワークショップ、ディスカッションを行う。ホストにはコスリン学長やスペースXのCOO、ベンチマーク・キャピタルのパートナーや、カーネーギー財団、ビル＆メリンダ・ゲイツ財団（ビル・ゲイツが創立した教育分野の革新的な改革をサポートする財団）関係者らが名を連ねている。

＊24 ミネルバ大学の学生、プロジェクト学習に協力している企業、行政機関、NPOをはじめとしたコミュニティ・メンバーが集い、各自の取り組みについて共有、ディスカッションするイベント。毎年1月頃に実施される。

連続起業家で、現在はミスルトウ（Mistletoe）株式会社で海外における教育分野の先鋭的な起業家や教育事業などを紹介・支援する活動を行っている竹村詠美氏はCIVITASの様子について次のようにコメントしている。

「合格率2・8%の難関を通過した学生たちですが、謙虚な学生が多いことに驚きました。また、普段から全員発言を求められる授業を経験していることもあって、20人規模のオープン・ディスカッションでも多様な国籍、文化的背景、ジェンダー的視点を含め、さまざまな角度から意見を述べることができ、1時間があっという間でした。学生が大人に積極的に声を掛け、CIVITASでの出会いを自分の活動につなげたいという思いを強く感じました。年齢も社会的地位も高い大人と臆せず交流する学生の姿は頼もしく見えました」[*25]

また学年度末には「シンポジウム（Symposium）」と呼ばれる、学生たちが学期末プロジェクトとして取り組んださまざまなテーマについての発表会が行われる。ここにも市民パートナーが招待され、学生はプロジェクトについて実社会で活躍する専門家たちから直接フィードバックされる機会を得ることができる。学生は実社会で活躍するさまざまな分野の社会人と接点を持ち、自分の興味や将来進みたい方向についてメンターとなってくれる人物と出会う機会を与えられている。

＊25 FutureEdu Tokyoの竹村詠美氏は、ミネルバ大学の日本での認知活動を強力にサポートし、在籍者の日本でのインターンシップや孫泰蔵氏とミネルバ・プロジェクトのベン・ネルソン氏を結びつけるために尽力いただいた。CIVITASに参加した竹村氏のレポートは、こちらを参照。http://www.futureedu.tokyo/education-news-blog/2017/2/1/minerva-schools-kgi-civitas

こうした機会は、経験学習だけでなく、自ら発案したプロジェクトを未来のスポンサー、雇用者となり得る大人に売り込む絶好の場にもなっている。

ミネルバ大学では、こうしたアウトプットの場が用意され、従来の大学と比べ、大学と外の社会との垣根は限りなく低い。学生は積極的に学んだスキルを使用しようとするし、さまざまな国で才能を求める企業や組織が、学生たちとの交流を通じ、彼らが活躍できる機会を提供できないかと、ミネルバ大学の学生に接触したがる、という好循環を生んでいる。

2-3 世界7都市をキャンパスにする

――「当たり前」を捨てたことで得た可能性

学生の異文化体験が圧倒的に不足していること、留学先が西洋文化圏に偏っていることに関してはすでに述べた通りだ。しかしミネルバ大学は、すべての授業はオンラインで行う、という大胆な意思決定によって、この課題についても画期的な解決策を実現した。

ベンが授業をオンライン形式で行うアイデアを着想したのは２０１０年で、当時の発想は、科学的に証明されている学習効果の高い授業を最新の情報技術を活用して適切なコストで実現できることを示す目的でスタートした。

ところが、実際にオンライン・プラットフォームが完成してみると、教員がオフィスや教室にいなくとも授業が問題なく受けられることが実証された。安定した通信状況が確保できれば、学生と教員の両者が世界中のどこにいてもよい、という事実の発見につながったのである。

この発見が、４年間で世界の主要都市を巡るという構想につながっていくのである。

図表31｜ミネルバ大学の滞在都市（2017年9月時点）

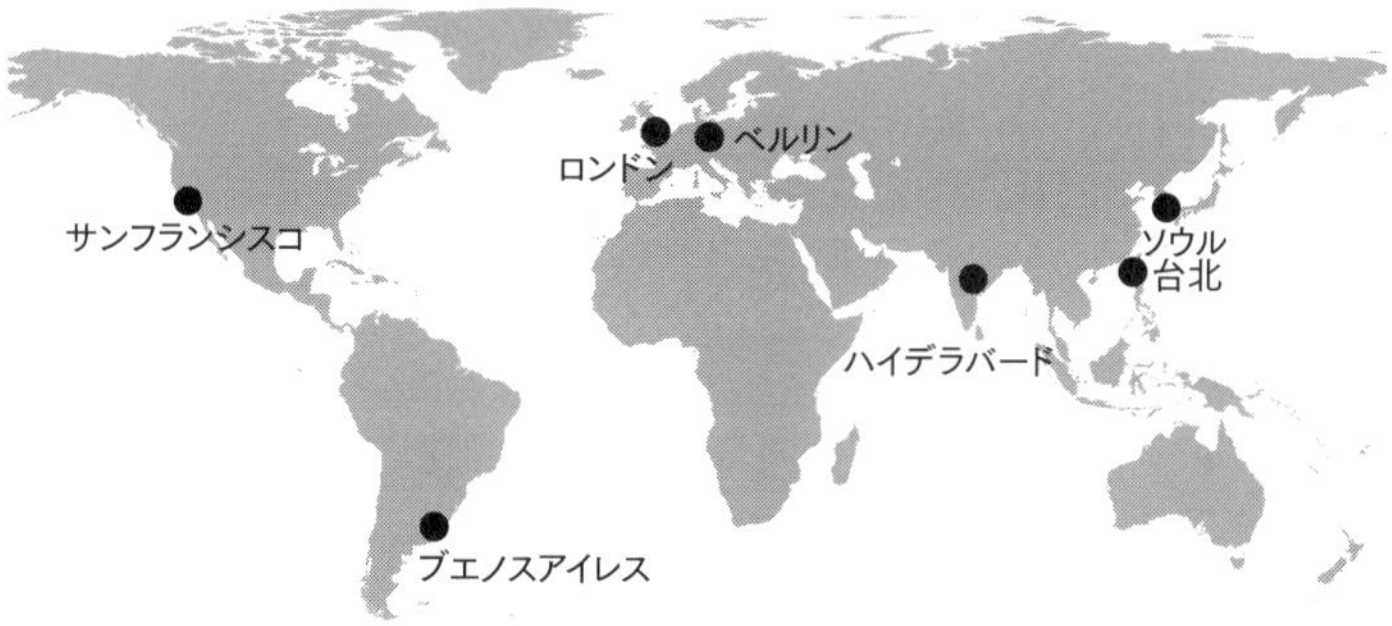

1年目 サンフランシスコ、2年目 ソウル→ハイデラバード、
3年目 ベルリン→ブエノスアイレス、4年目 ロンドン→台北

ベンによれば、さまざまな都市に実際に住んでみることは、文献や短期間の旅行で外国を経験するよりもはるかに価値があるという。

「自分が学生のときのサマー・インターンで、『ディズニーランドを海外につくろうと思うが、最適な候補地を探してくれ』という課題があり、夏の間、アジア中心に複数の都市に滞在した。その夏に経験したことは、学生時代に経験した他の旅行や異文化体験セミナーよりも大きな学びがあった。実際に生活してみないとわからないことはたくさんある。そのときの気づきから、都市の中にキャンパスをつくって、外の世界と学生を切り離すのはよくない、むしろ都市にある施設をキャンパスとして活用すべきだと信じていた」

滞在都市の選定基準

ミネルバ大学の滞在都市を決めるうえで、重要な選考ポイントになったのは以下の5点だ。

①安全で都市インフラ（衛生・交通・通信環境）が確保できること
②質の高いプロジェクト学習の機会を用意できること
③世界中の学生に対してスムーズに滞在ビザを発給できること
④滞在都市間で比較文化的な学びが得られること
⑤4年間を通じた滞在費用が高くなりすぎないこと

初期の候補地は約50都市ほどあったが、何度かの変更を経て、2017年9月時点で、以下の都市に滞在することが決まっている。

1年目（通年）：サンフランシスコ

サンフランシスコは米国の都市の主要経済都市の中では人口が少なく、コンパクトな都市の中に必要なインフラが充実している。イノベーションを歓迎するサンフランシスコの文化は新しい挑戦のために世界中から集まった学生たちにはこれ以上ない環境だ。この街には新参者を受け入れるだけでなく、野心を持つ若者を歓迎する空気がある。1年目のプロジェクト学習を提供してくれる心強いパートナー企業、NPO、スタッフのネットワークを通じたサポートも得やすい。人口約85万人。

2年目は過去の歴史的な困難や今なお続く民族分断という難題を抱えつつ、大きく経済成長をしているアジアの都市に滞在する。

2年目（前期）：ソウル

ソウルは、中国と日本という強大な国家に挟まれ、かつてこれらの国に朝貢したり植民地として支配された受難の歴史を持つ朝鮮半島にある。同じ民族であるにもかかわらず、異なる政治思想によって対立している北朝鮮と休戦状態にある韓国の首都である。50年ほど前はインドとほとんど変わらない国民1人当たりGDP（国内総生産）だった韓国が歴史的、地理的にも不利な立地にありながら、世界有数の経済都市となった背景を考える（現在、韓国の国民1人当たりGDPはインドの約15倍である）。人口約990万人。

2年目（後期）：バンガロール→ハイデラバードへ変更

ハイデラバードは、人口約770万人。イスラム文化が色濃く残るGNP寄与度ではインド5番目の都市である。さまざまな宗教・民族が住み、近年ではIT産業の発展により、経済発展が著しい一方で、環境規制や貧富の拡大といった社会問題が顕在化している。バンガロールから変更された理由は、4年目に滞在予定であった、トルコの首都イスタンブールが治安と政府による教育への干渉が懸念されたことで、キャンセルとなったことが影響している。他の都市でイスラム文化に触れられる機会を与えたいとの意向を反映し、かつ安全面から中東を避けた結果、選択された。

3年目は欧州と南米の都市に滞在する。

3年目（前期）：ベルリン

欧州連合の中心都市の1つで、移民に最も寛容な国の首都。幾たびも戦火に晒《さら》され、一時は徹底的に破壊された都市でもある。民族分断の象徴である「ベルリンの壁」がつくられ、民衆の力によってそれが平和的に解決された歴史的な都市。世界の政治経済の中心となる都市の1つで、さまざまなNGO、NPOも活動している。人口約352万人。

3年目（後期）：ブエノスアイレス

南米を代表する経済都市の1つ。約100年前は、ベルリンとブエノスアイレスは同じような人口・経済規模の都市だった。ベルリンが戦禍で徹底的に破壊されたのに対して、ブエノスアイレスは戦禍を免れた。それにもかかわらず、なぜブエノスアイレスは世界の中心的な経済都市にならなかったのか、という問いも学生たちが都市や滞在国であるアルゼンチンについて探索する際には有効だろう、というベンの考えもあって選ばれた。広大な国土を持ち、ミネルバ大学で提供されている新しい高等教育モデルをアルゼンチン教育省・文化省と企画・実行していくアクティビティが用意されている。人口約289万人。

4年目は世界を代表する異文化がひしめき合う巨大都市、かつての巨大帝国の首都に滞在する予定が組まれていたが、安全上の理由から、イスタンブールがキャンセルされ、中華文化を経験でき、安全な通信環境が確保できる台北が代替地として決まった。

4年目（前期）：ロンドン

人口約980万人。かつての大英帝国の時代からの首都であり、今日でも文化・歴史の面でも、政治経済の面でも、中心都市の1つである。個人プロジェクトを行っている4年生にとって豊富なリソースにアクセスできるだけでなく、さまざまな国籍・人種の融合したエネルギーにあふれた、世界をリードしつづける都市の魅力を体験できる。

4年目（後期）：イスタンブール→台北へ変更

イスタンブールはオスマン帝国の首都、さらに遡れば東ローマ帝国の首都であり、東と西の文化が交わる都市として多くの歴史家を魅了してきた。人口約１４００万人の巨大都市は、世界中から集まった次世代のリーダー人材が最後の学期に体験するにはもってこいの複雑さを備えた都市で、イスラム文化に深く触れることのできる貴重な機会だったが、治安情勢の悪化とトルコ政府の教育機関に対する監視強化等の理由から状況が改善するまでキャンセルとなった。

台北は情報技術産業の発展により大きく成長した台湾の中心都市。人口２７０万人。当初は滞在予定都市ではなかったが、イスタンブールのキャンセル、学生の中華文化圏の体験がほしい、という要望から滞在先として選定された。

非常に興味深いことに、滞在都市は、都市間で比較文化的な学びが得られることを重視していたり、滞在都市が比較的小規模な都市から、人口も文化も複雑なものへと移動していくようデザインされていたりする。また、キャンセルにはなったが、最後の滞在都市にイスタンブールという東と西の文明が時に衝突し、時に融合した巨大な都市を選択したのは、ミネルバ大学の異文化相互理解やブランド方針を体現するうえで、象徴的である。

運営面から見ると、さまざまな要因で滞在都市の変更を余儀なくされているものの、地域の治安・政治情勢の変化に柔軟に対応できる機動力があるという点は、新しい大学の形として、大いに参考になる。これも、ミネルバ大学が学生寮のみを賃貸契約する、固定資産を持たない方針のため、可能なのだ。

日本が拠点として選ばれなかった理由

ミネルバ大学が当初、滞在候補地として検討した53の都市の中には、東京、京都、福岡があったが、いずれも実現しなかった。

筆者は2年間の日本での認知活動中、ミネルバ大学のアジアでの滞在地として日本が選ばれなかった理由について、複数の企業や教育関係者から問い合わせを受けてきた。

また筆者自身、ミネルバ大学に興味を持ったきっかけは日本に滞在拠点を誘致し、企業や大学との連携が実現すれば、停滞している教育や企業における外国人人材の活用に役立てたいというだけでなく、将来、世界のリーダーとして活躍するだろう学生の中に日本のファンを増やしたいという思惑があったことだった。それだけに、まずソウルが選ばれ、その後イスタンブールの代替地として日本の都市ではなく、台北が選ばれたことについて、正直なところ、残念な思いがある。日本が選ばれなかったいくつかの理由について考察したい。

1. 学生にハイレベルなプロジェクトを提供できる環境

日本では、大学が日本人の学生ですら在学中にインターンすることをよしとしない風潮がある。このため、企業と大学のインターン・プログラムにおける協業関係はほとんど期待できない。このため、ミネルバ大学の学生が大手の日系企業にインターンを希望する場合、皮肉なことに、日本よりも海外支社でインターンをするほうが現実的である。またインターンに限らず、現地での協働プロジェクトを企画する際に、協力できる公的機関や大学研究施設の中に受け入れ体制がないだけでなく、英語での円滑なコミュニケーション、プロジェクトを推進できる提携先を見つけることが極めて難しい。企業と大学の距離が遠く、一部の企業にはトップクラスの学生にコンサルティング・プロジェクトを提供する経験があるのかもしれないが、実際に筆者が活動した経験からも、ミネルバ大学の学生が取り組めるレベル（フィランソロピー活動ではなく、企業や組織にとって重要なリサーチ・プロジェクト）で企画・受け入れができる企業はほとんど存在していないといえる。

2. 寮費・生活費

ミネルバ大学は滞在都市の中心部に寮を賃貸する。ソウルでは江南（カンナム）地区に寮があり、企業や都市の文化を体感するのに、徒歩圏内で対応できる便利さだ。

日本でも、都市中心部には学生寮は存在するが、いずれも日本人向けの長期賃貸を前提としたもので設備も過剰に豪華である。ミネルバ大学では、1年目と4年目に賃料の高いサンフランシスコ、ロンドンでの滞在があるため、アジア地域では約6万円/月の寮費が期待されている。東京、あるいは京都の中心部にこの金額で300~500名が滞在できる学生寮を確保することは難しい。

また、生活環境も在留外国人に優しいとは言い難い。公営図書館は滞在する外国人には開放されておらず、(2014年当時は)公共の場でのフリーWi-Fiも整備されていなかった。電車やバスといった公共交通機関も会社ごとに初乗り運賃が必要で、タクシーの料金も他のアジア諸国に比べ、非常に高いうえ、ウーバー(Uber)のようなサービスも普及していない。

3. ビザの発給

日本のパスポートは世界でも広く受け入れられているが、日本が世界の人々に同じような待遇を与えているか、という点については疑問だ。4か月の滞在に対し、複雑なビザ発行手続きが必要となるからだ。また個人でプロジェクトを運営している学生でマルチエントリー(日本滞在期間中、複数回の出入国ができる)ビザを必要とする学生へのビザ発給手続きは専門のエージェントのサポートを得ないと実現が難しいという煩雑で不透明な手続きが存在する。

寮費やビザ発給に関する課題は、ミネルバ大学側の誤解もあるが、結局、日本の発信力と営業力のなさによるところが大きい。国内市場が小さく、最初から海外市場や人材獲得を視野に入れて行動している韓国と一定規模の国内市場を持ち、「まず日本で基礎固めをしてから海外へ」という意識の強い日本の海外市場に対するスタンスがそのまま誘致力の差に現れている。これは、ミネルバ大学の誘致に限らず、日本のアジアにおける経済的地位が相対的に低下していく中で地方自治体が積極的に改善に取り組むべき課題だろう。

こうした「選ばれなかった理由」の中でも、最も深刻なのは「日本は才能ある人材を積極的に活用する意識が低い国」と見られていることだろう。国境を越えて優秀な人材を求めることはすでに世界をリードする企業や国際組織では常識になっている。ミネルバ大学が日本を選べなかったのは、企業や公的機関で才能ある国際人が活躍しにくい組織体制があるからだ。日本型雇用慣行を色濃く残した不透明な能力主義は、国際水準から見れば「年齢差別」でしかなく、非正規と正規社員が同じ労働を行っているにもかかわらず、待遇が異なる組織は、研究対象としては興味深いかもしれないが、才能を活かしたい学生にとってはまったく魅力的ではない。

さらに、より直接的な理由は、英語でのコミュニケーション能力の低さだろう。英語によるコミュニケーション能力も国際社会ではもはや必須で、日本人だから相手が配慮してくれる、という時代は日本の経済力が華やかりし1980～90年代で、とうの昔に終わった。国際社会に追いつくためには、日本の「英語から日本語への和訳」を軸に組み立てられた英語教育から脱却し、プレゼンテーションやスピーチ、ディベートといった自己表現・作文・表現力を鍛えるものに刷新する必要がある。こうした改革の遅さが、滞在候補地としての魅力を下げているといえる。

こうした課題を除けば、学生たちの日本に対する関心は非常に強く、経済的な不都合を除けば、日本に滞在してみたい、という者も多い。

実は、日本企業でミネルバ大学を高く評価している会社はある。富士通は約8週間のインターンを受け入れた実績を持つ。[*26] また起業家として成功した後、国内外のスタートアップ事業支援を手がけている孫泰蔵氏や森田正康氏のように実際に学生をサマー・インターンとして受け入れた会社経営者もいる。候補地となった東京や京都には海外留学生も多く、公的機関や文化面で魅力的なプロジェクト学習の機会がより多く提供できるようになったり、学生寮の賃料負担支援を行える支援者が現れたりすれば、日本が滞在都市となる可能性も高まるだろう。

ミネルバ大学の「都市をキャンパスにする」方式では、いったん決めた候補地を変更することはそれほど難しくはない。日本の実社会と教育機関との断絶が緩和され、海外の学生にも門戸が大きく開かれる日が来れば、将来、日本で300〜500人程度のミネルバ大学の学生たちが4か月を過ごす日が実現するだろう。

＊26 日本での企業との取り組みについては、第5章を参照。

他大学のグローバル体験プログラムとの比較

こうした異文化を経験するために海外の複数の都市に滞在するプログラムは、ミネルバ大学が始めたものではない。

米国ではクエーカー教徒のために開設され、１９９２年にロング・アイランド大学が吸収した「Long Island University Global」[*27]が１９６５年から存在し、世界のさまざまな地域に滞在しながら、文化論を学ぶプログラムを提供してきた。同プログラムは滞在拠点を世界15～20か所に拡大していったが、拠点での安全性の確保や現地での有力な課外活動ができなくなり、現在ではコスタリカ、米国、中国の拠点のみが稼働している。ミネルバ大学がベルリンやアルゼンチンで政府系機関やトップ企業、ＮＰＯとコネクションを形成できたのに対し、同プログラムは、注力する学生像と滞在拠点の選定を失敗したと言えるだろう。

また、カナダのマギル大学で社会人向けの修士コースとして提供されている、経営学の世界的な権威として知られるヘンリー・ミンツバーグ教授が提唱したＩＭＰＭ（International Masters Program for Managers）[*28]も、ミネルバ大学に先駆けて行われている多都市滞在型カリキュラムだ。ミンツバーグ教授は、米国のＭＢＡ（Master of Business

＊27 LIU Global Programは4年間に複数の都市に滞在しながら、現地の施設（主に提携している大学のキャンパス）を利用しながら異文化理解を深めるプログラム。現在は約70名が在籍している。もともとFriends World Collegeとして設立されたが、後にLong Island大学が吸収。1年目はコスタリカ、2年目はスペイン、イタリア、3年目は中国、4年目は学生が自分のリサーチ・プロジェクトに基づき、滞在国を選択し、最後は米国（ニューヨーク）で卒論を仕上げる、という内容。過去には日本に滞在するプログラムもあった。1980年代にケニアで学生が死亡するなど、学生管理の面等で問題が多発し、財政危機に陥り、プログラムはLong Island大学に売却された。詳しくはこちら。http://liu.edu/Global

＊28 マギル大学のIMPMは約20年の歴史があり、派遣元の企業からは非常に高く評価されているマネージャー向け研修である。詳しくはこちらを参照。https://impm.org/

Administration：経営管理学修士）教育に批判的で『ＭＢＡが会社を滅ぼす』（日経ＢＰ社、２００６年）の中で、ハーバード大学のケース・スタディに代表される擬似経営体験は実際の企業経営において求められる意思決定、組織運営能力にほとんど役に立たないとした。かわりに提唱したのが、さまざまな国の企業から派遣された幹部候補生が、チームを組み、18か月のプログラム期間中に5つの国（英国、カナダ、中国、ブラジル、インド――それぞれのプログラムを提供する大学のキャンパスを利用）に滞在し、自己管理（Managing Self: 内省の時間）、組織管理（Managing Organization：組織分析）、関係管理（Managing Relationship：協業精神）、変革の管理（Managing Change：行動する精神）、コンテキスト（文脈）の管理（Managing Context：地球市民としての精神）の5つのテーマに則った学習モジュールを消化するプログラムだ。このプログラムは20年間の実績があり、多国籍企業から高く評価されている。

ＩＭＰＭとミネルバ大学の共通点は、学生の入学時点での成績・プロジェクト遂行能力が高いこと、学生の国籍の多様性と豊富なプロジェクト学習に個人ではなく、グループとして取り組むこと、現地に滞在し、現地の文化に浸《つ》かることでより深い国際経験が積めるという点にある。

ミネルバ大学が7つの都市を滞在するプログラムを設計した際に、ＩＭＰＭを参考にしたかは定かではないが、こうした高額な社会人の企業幹部候補生向けのトレーニングと共通の要素をミネルバ大学が学部教育と自分たちのミッションにそった形で実施していることは興味深い。

多様性を実現する仕組み――世界中の才能を惹きつける入試制度

多くの米国大学がリクルーティングに使用する宣伝文句に、「国際性と多様性」がある。結論から先に言うと、ミネルバ大学の留学生比率は75％だ。一方、ハーバード大学をはじめとする米国トップ大学における留学生比率は、10～15％程度である。

この事実を見ると、これは本当に「米国の大学」なのだろうか、と考えさせられる。もちろんミネルバ大学は米国の学位認定組織の1つであるＷＡＳＣに加盟しているので、卒業時に授与される学位は「米国の大学」のものとして発行される。

だが、1学年２００人未満の規模で出身者の国籍が約50か国もあるミネルバ大学は、米国の白人が半数以上を占める既存のエリート大学とは雰囲気が大きく異なる。たとえば、「70か国出身の留学生が２００名在籍している1学年１７００人の大学」で、仮に２００人を収容する講義を考えてみると、そこに参加している留学生は25名程度だ。一方、ミネルバ大学に所属する米国籍の学生はこの逆になる。1学年２００名程度で自分たちと同じ国籍の学生は全体で25名しかいない（それでも国籍別出身者で分類すると一番多い）のだ。

しかもミネルバ大学は、こうした実績をもってしても米国籍の学生は多いと考えており、将来的には米国の世界に占める人口割合からすると、米国籍の学生の比率は10％未満になることが理想だとコメントしている。

ベンはミネルバ大学で学ぶ学生が「多様性」に関して持つ覚悟として、次のようにコメントしている。

「ミネルバ大学は、他のエリート大学と同様、〝万人向けの大学〟ではない。自分たちがマイノリティだという環境で学ぶことができるか、世界を旅しながらハードなカリキュラムをこなしていく覚悟が自分にあるか、こういった問いに真摯に向き合うことが求められる[*29]」

ミネルバ大学が、卒業生もいない新設大学にもかかわらず、開校直後から世界中のトップクラスの学生を集めることができたのには理由がある。それは既存のトップ・エリート大学が「在籍学生の多様性を確保するために、国籍・性別・出身家庭の財務状況を考慮する」という公平らしく聞こえる方法とは真逆の方法を採っているからだ。

ミネルバ大学は一般的に実施されている大学入試制度を採用していない。独自の選考方法を用いているのだ。

まず、既存の大学が用いている①優先枠、②受験料、③SAT、TOEFL等の外部試験、④事前課題エッセイといった評価方法を採用しなかった。その理由を順に述べていこう。

＊29 "Minerva: The Founding Class," Minerva, 2014/11/19, https://youtu.be/PcCNyBv2I7U

①優先枠

米国の大学入試はさまざまな優先枠が設けられている。人種、性別、国籍、スポーツ、経済力、親族に卒業生がいるかどうか等が主なものだ。人種、性別の優先枠が設けられているのは主にマイノリティを優先するための施策といえるが、実際のところ、こうした優先枠はその背後に優先枠を大きく超える入学希望者がいると考えられている。

制度が設けられた時代から米国の多様化は進み、「白人対その他の人種」という構図は時代遅れになっている。とくにアジア系の入学希望者が人種優先枠の制限のために入学できない、という不満は近年目立っている。

また、学部教育の多くは自国民が優先され、米英のトップ大学もこの例外ではない。ハーバード大学の学部留学生比率は10%に過ぎず、世界に開かれているとは言い難い。さらに、学費+寮費等で1年間の必要経費が最低でも約6万9600ドル（約770万円）する大学のうち、何らかの財務支援を受けているのは55%で、およそ半数近くの学生は、人口のわずか1%程度の、経済的に富裕層と呼ばれる社会階層出身者の子弟で構成されている。学部入試において、留学生を含む全受験生に対し、入学審査で家庭の経済力に応じて合格基準を変えない受験制度を採用している米国大学は、ミネルバ大学以外には、ハーバード、イェール、プリンストン、マサチューセッツ工科大学、ダートマス、アマーストの6校しか存在しない。これらの学校には非公式に同窓生の親族を優先する枠があることは広く知られている。

②受験料

受験料は合格率の低い大学にとっては収入源の1つであるが、ミネルバ大学は受験料を取らない。これは受験料すら支払うことが厳しい家庭の学生にも門戸を開くだけでなく、既存のエリート大学の在籍者や併願者が受験する際の心理的なハードルを大きく下げることに寄与している。

③SAT、TOEFL等の外部試験

ミネルバ大学では、初回の入試からSAT（大学能力評価試験）を採用せず、2回目の入試からは、英語圏の高校修了学位や英語で授業をするインターナショナル・スクールの学位を持たない受験生に課していた英語力を審査する試験（TOEFL、IELTS）の提出も不要とした。

入試審査の責任者であるナギーン・ホマイファーによれば、こうした試験は何度でも受験できるため、結果として学生本来の英語コミュニケーション能力よりも家庭の経済力との相関のほうが強いという。ミネルバ大学が採用している独自の試験は、受験生の思考力、コミュニケーション能力を測るうえで有効で、すべて英語で行われる。このことからナギーンは、英語力を審査する試験を採用しなくとも大学が求める基準の審査は可能と判断した。

④事前課題エッセイ

事前課題エッセイは、文章表現力だけでなく受験生の志望動機と自己PR（なぜ自分が合格すべきか、なぜその志望校でなければいけないか、どのようにクラスに貢献できるか等々）を受験生自身が書くことから、米国大学では合否判断に大きなウエィトを占める審査過程だが、ミネルバ大学ではこれも採用していない。理由は外部試験同様に「準備ができる」ためだ。事実、国内外の受験予備校にとってエッセイ対策は大きな収入源になっている。

日本でもAO入試対策塾は脚光を浴びているが、米国では有名大学進学のために高校時代からどのような課題に取り組み、どのように成果を表現していくかアドバイスする富裕層向け家庭教師サービスから、単純にエッセイの表現添削まで幅広いサービスが展開されている。こうしたサービスは、受験生の表現力や社会問題への関心、課題解決意識の育成につながることが期待される一方で、「受験のための課外活動」を文章表現に優れた大学院生が添削し、「社会活動に主体的に取り組んでいる」ように変換するなど、実質的にゴーストライターが書いているケースが多い。

ミネルバ大学の〝入学試験〟とは？

では、ミネルバ大学はどのようにして学生を選考するのか。ここでも情報技術をフル活用して公平で効率的、そして効果的な審査を実施している。入試はすべてオンライン・プラットフォームで行われ、以下の3つのセクションに別れる。

1. あなたは何者か？
2. どのように思考するのか？
3. 何を成し遂げてきたか？

「あなたは何者か？」のセクションでは、個人情報（学校名・氏名・学年・学校での成績・英語力の評価（これは任意））と連絡先（電話・メール）の記入という極めて簡単なもので、親の職業や年収などは不問だ。

このセクションで最も注目されているのは、学校での成績だ。ミネルバ大学は世界中から学生を受け入れており、特定の国の制度に則った成績の優劣はつけない。中国や日本の進学校から、「自分の学校の学生は、他の学校であればトップクラスの成績を収められるが、この学校にいることで真ん中よりも下なのだ」という訴えを受けることもあるが、「どのような組織の中でどのような教育を受けていようと、トップクラスの成績を収める学生とミネルバ大学でうまく伸びる学生との間には関連性がある」とベンはコメントしている。

「どのように思考するのか?」のセクションでは、創造性、計算、読解、推論、文章表現、口語表現の試験を通じて、潜在的な思考・コミュニケーション能力の評価を行う。

各セクションは短時間で複数の問題を解くことが求められ、実際に筆者が体験してみた感想としては、頭の回転の速さに加え、普段からどれだけ創造的な活動や社会問題に関心を持っているか、ミネルバ大学について調べ、なぜ自分に向いているか、など実績に基づいて話せる能力が求められる。各設問は知識を問うものではなく、例題等で得た情報をどのように解釈できるか、情報処理能力と応用力を審査しているもので、暗記力はそれほど必要とされない。

「何を成し遂げてきたか?」のセクションでは過去4年間に自分が学校の課題以外で実施したプロジェクトとその活動成果を記入する。いわゆる事前課題エッセイと異なるのは、その活動の社会的重要度、認知度や個人の創造性、問題解決力に対しての寄与度を評価する点で、客観的な数字や創造物の提示が求められる。具体的には数学オリンピックや模擬国連等の学外機関での優秀な成績、本の執筆やプロフェッショナルとしてのキャリア、芸術・創作活動、ボランティア、ファンドレイズなどが挙げられる。

ミネルバ大学では、このセクションをとりわけ正確に書くことを重視しており、場合によっては提出後でも、入試担当者から事実確認と書き方についてアドバイスがなされ、締め切り後の訂正が許可される場合もある。既存の大学では事前課題エッセイやAO入試願書に予備校などの進路カウンセラーが添削を行うこともしばしばあるが、ミネルバ大学は必要であれば入学審査担当者自ら、「その学生が、何を成し遂げてきたか？」を正確に知ろうとするのだ。

ミネルバ大学の入学審査は非常に狭き門（過去の合格率は1・9〜2・8％）だが、試験に対するテクニックではなく、その学生本来の「実力」と自分たちの提供する教育内容との相性を見極めるものだ。それゆえ、「落とすための入試ではない」点が既存の大学とは最も異なる点だ。

難関だが、誰も排除しない——学費・財務支援制度

ミネルバ大学は、受験時の学生負担を抑えるだけでなく、実力はあってもトップ大学が採用できない留学生や社会階層に門戸を開いている。

学費は年間1万2500ドル（約138万円）で、日本の私立大学とほぼ同じである。これは米国のトップ私立大学と比較すると、およそ4分の1から3分の1の価格になる。しかし、ベンは学費について独自の見解を持っている。

「ミネルバ大学を〝学費の安い〟大学と捉えるのは間違っている。学びに関係のない経費を大量に使用し、学部の費用に転嫁している既存大学とは異なり、ミネルバ大学は〝学び〟に直結

する投資を多く行っている。このため、我々はより〝適切な〟学費を設定しているに過ぎない。多くのアイビーリーグの１９７０~80年代の学費はおよそ1万ドルで、当時からのインフレ率を考慮すると、我々の設定した価格は理にかなっている」

そしてミネルバ大学は、世界でおそらく唯一の、合格した全学生に対して、経済力に応じた公平な財務支援制度を実施している大学である。財務能力に応じた給付金制度（Need-Based Financial Aid）と呼ばれるこの仕組みは、学校の学費・寮費・教科書その他の費用について、各家庭の経済力に応じて、その年の学生が支払う費用を請求するものだ。極端なことを言えば、同じクラスに全額負担している学生もいれば、1円も負担していない学生もいる。

こうした財務支援制度のもと、ミネルバ大学は実に80%の学生に対し、何らかの財務支援を提供している。ハーバード大学の4分の1の学費で、より多くの割合の学生が財務支援を受けている事実は、設立準備委員会の議長を務めたラリー・サマーズがミネルバ大学に期待した「アイビーリーグのさまざまな事情で席を与えられない学生たちに門戸を開く大学」を実現したと言って間違いないだろう。

21世紀型キャリア支援の実現——大学の投資対効果とは？

「ミネルバ大学には卒業生がいないので、本当の価値はわからない」という声は日本での認知活動中もよく耳にした言葉だ。

こうした評価の方法では、「新しい大学」ほど、価値は低くなる。だが実際には、大学の投資対効果を学生が予測する方法には「大学の歴史」よりもさまざまな方法がある。

ミネルバ大学では、自分たちの大学としての評価を測る指標として以下の3点を重視している。

①授業ごとに学生の思考・コミュニケーション能力を評価し、フィードバックする仕組み、及び教員のパフォーマンスをモニタリングして、適切な教育レベルを担保すること
②外部の審査機関による学生の思考力やコミュニケーション力の評価を行い、公表すること
③学外のさまざまな企業・NPO・公的機関等の協業組織からのプロジェクト、インターン結果に対する評価

①に関しては、アクティブ・ラーニング・フォーラムによって実現されている。現在、既存のどのトップ・エリート大学においてもミネルバ大学と同レベルのフィードバックを受けられるところは存在しない。

②に関しては、1つの結果が出ている。CAE（Council for Aid to Education）という組織が開

発した大学生の思考力習熟度を測る評価テスト（ＣＬＡ＋）において、ミネルバ大学は全米で1位の成績を収めたのだ。ミネルバ大学の学生は入学段階ですでに他大学の4年生と比較して、上位22％に位置していたが、1年生のカリキュラムを修了した8か月後には他大学の4年生と比較してトップ1％まで向上した、という素晴らしい教育効果が検証されている[*30]（なお、ＣＬＡ＋はアイビーリーグをはじめとする多くのトップ大学の学生も受験しているが、その成績は公表されていない）。

だが、大学選択時に学生やその親が最も気にするのは③だろう。

ミネルバ大学は、既存の大学で起きているキャリア教育と学問の断絶を解決することにも積極的に取り組んでいる。

大学関係者の間では「大学は企業の就職予備校ではない」という主張がとても人気だ。確かに社会が大学に期待している役割は企業や公的機関が求めている人材を育成することだけではない。しかし、多くの学部卒業生が4年間の学生生活を過ごしたあとにキャリアの次のステップとして選ぶのは「仕事に就くこと」である。

とはいえ、これからの変化の速い社会において、特定の職業の寿命は学生の労働期間よりも短くなることが予測されており、日本で行われているような就職対策塾のようなサービスを大学が提供することは、教育機関の理念からも遠いのも事実である。

＊30 "Minerva Delivers More Effective Learning. Test Results Prove It.," *Minerva Medium*, 2017/10/10, https://medium.com/minerva-schools/minerva-delivers-more-effective-learning-test-results-prove-it-dfdbec6e04a6

ミネルバ大学では、特定の企業や団体への就職対策のようなものは実施しない。

行っているのは、**自分はどのように生き、どのような形で社会をよりよくする活動を実現していくか、という問いに基づくキャリア・コーチング**である。そして、その実現に向けて、**どのような場所で、どのような形で、必要なリソースにアクセスすればよいかをサポートし、自分のネットワークや学校のブランドを活用し、信用を付与することである。**

ミネルバ大学では、プロフェッショナルスポーツ産業における代理人制度のような仕組みを採用していることから、この学生のキャリア支援を担当するチームはプロフェッショナル・ディベロップメント・エージェンシー（Professional Development Agency、通称ＰＤＡ）と命名されている。[*31]

このチームは学期中や夏休み中のインターンを企業から募集したり、条件面の調整をしたりするだけでなく、学生が卒業後に活躍するためにどのような経験をしておくべきか、トップクラスの企業や団体からアドバイスを受け、それをプロジェクト学習の機会として提供できるよう、アカデミックチームと調整する役割も担っている。インターンシップの内容も、公募案件だけでなく、学生のキャリア面からみて成長につながるレベルのものを企業側に提案・調整することも行う。企業から事前課題をもらい、実際の学生の能力を確認してもらったうえで、受け入れる学生を選考してもらうという徹底ぶりで、実際の受け入れ先からの満足度も非常に高い。

＊31 Professional Development Agencyについてはこちらを参照。https://www.minerva.kgi.edu/career-development/

2016年夏のサマー・インターンに対するフィードバックは、実に90%の受け入れ先が、ミネルバ大学の1年生のインターンは既存大学の3〜4年生と比較してもより高いパフォーマンスだったという評価だった。

受け入れ先は、アマゾン・ドットコムやアップルといったハイテク企業や、スタンフォード大学デザイン・スクールやカリフォルニア工科大学のような人気大学の修士コース、サンタフェ研究所[*32]のようなシンクタンクだった。またラボや実験施設を持たない大学にもかかわらず、世界的な製薬会社であるノバルティスのバイオ医薬研究所でのインターンを獲得するなど、世間の疑問も実績で跳ね返してみせている。

PDAを率いるアンヌ・コースはこうコメントしている。[*33]

「既存の大学において、学生が大学のキャリアサービスに満足していないことは、明確な事実だ。2016年度のギャラップ・パデュー報告[*34]によれば自分の大学のキャリアサービスに満足している、と答えた学生はわずか16%だった」

また、大学のキャリアサービスはどれだけの学生を企業に送り込めたか、企業側はその学生の定着率をもって大学のキャリアサービスがよい仕事をしたと判断する傾向がある。コンサルティング会社のデロイトが行った調査によれば、米国は64%の卒業生が5年以内に会社を辞める。これは調査した先進国の中では英国の71%に次いで大きな数字だ。[*35] ちなみに、同資料によ

*32 サンタフェ研究所（Santa Fe Institute）は複雑系科学に関する最先端の研究・教育資料の作成を行っているシンクタンク。独立資本のNPO。https://www.santafe.edu

*33 "Why I am Helping Build a New Approach to Career Services," *Minerva Medium*, 2017/2/9, https://medium.com/minerva-schools/why-i-am-helping-build-a-new-approach-to-career-services-630edc06b150

れば日本の5年以内の離職率は52%となっており、かつて終身雇用制とも呼ばれた長期雇用制度が完全に過去のものになっていることを示している。

「現在米国の大学のキャリア・オフィスは主に3～4年生向けのレジュメ添削、就職情報の提供、模擬インタビュー程度のサービスしか行えていない。定期的に自校の卒業生を採用した企業からのフィードバックを取り、インターンシップのあり方やニーズに対して学内にフィードバックをしている学校はほとんどない。これは、慢性的なスタッフ不足によるもので、２０１１～12年の全米大学及び雇用者協会（National Association of Colleges and Employers）の調査によれば米国の大学でキャリア・オフィス担当者1名が対応する学生の数で最も多かったのは８５０名だった[*36]」

一方、アンヌはミネルバ大学のＰＤＡの位置づけについて、次のように述べている。

「ミネルバ大学では、アカデミックチームとキャリアチームは対立するものではない。自分たちの提供している教育が実社会に役立っているかフィードバックを行うコミュニケーション・ループを構築していくことが求められている」

＊34 Gallup-Purdue Index Report 2016, http://news.gallup.com/reports/199172/6.aspx?g_source=GALLUP_PURDUE_INDEX&g_medium=topic&g_campaign= tiles

＊35 "The 2016 Deloitte Millennial Survey Winning over the next generation of leaders," https://www2.deloitte.com/content/dam/Deloitte/global/Documents/About-Deloitte/gx-millenial-survey-2016-exec-summary.pdf

＊36 "CAREER SERVICES BENCHMARK SURVEY 2016-2017," *National Association of Colleges and Employers*, 2017/4, http://www.naceweb.org/store/2017/career-services-benchmark-report/

ゼロからつくることで得たメリット

既存の大学を取り巻く課題に対するミネルバ大学の回答、解決のアプローチは、新しい大学だからこそ実現できたと指摘する声は多い。初代学長のコスリン教授も、「ミネルバ大学が素晴らしいのは、既存の大学が気づいていてもなかなか改善できない〝負の遺産〟を持たないことだ。既存の大学ではカリキュラムの大幅な変更や、新しい学習方法を採用するにはとても長い時間がかかり、取り組む人も報われない。ゼロから大学をつくるときには、この〝負の遺産〟を考慮せずに、最初から最高のものを提供することに注力できるのだ」と言っている。

これに対して、ベンはミネルバ大学で教えている思考コンセプトの1つであるサンク・コスト（埋没費用）という概念を用いて既存大学はミネルバ大学の改革事例を参考に「もっとよいもの」に挑戦すべきだ、と促す。

サンク・コストという概念について知らない経済学者や経営学者はいない。機会費用の最もわかりやすい事例は、ある投資活動において、プロジェクトの途中ですでに投資した額よりも、プロジェクトがこれから生み出す金額が少ないかもしれないという試算が出たとき、すでに失った投資額の大きさによって意思決定をするのではなく、これからかかる費用とプロジェクトが生み出す金額の費用対効果を比べて意思決定をしなければいけない、というものだ（なぜなら失った投資は戻ってこない〔埋没費用〕ので、これから生み出される収入と投資コストで費用対効果を試算しなければいけないから）。

さて、「すでにキャンパスがある。テニュアの教員が多いから既存大学を改革できない」という主張は、新しい、既存のものよりもよい教育方法があるのに移行しない理由にはならないはずだ。これは機会費用の概念を知っているだけで、使いこなせていない皮肉な事例だと言えないか。

次章以降は、ミネルバ大学の学生やコミュニティ、高等教育の再創造に賭けた教員たちについて触れたうえで、経営・運営面においてミネルバ大学は既存の大学とどう違うのか探るとともに、「学生の学びを軸にした」大学運営に立ち戻るために既存の大学ができることを述べてみたい。

第3章

なぜ実績ゼロの新設大学に、世界のエリートが集ったのか?

学生、教員、スタッフがミネルバで得たもの

賢さは才能で、親切さは選択だ。才能を得るのは難しくない——実際、才能は与えられるものだ。だが、選択することは難しい。注意していないと、自分の才能に溺れてしまう。そして才能に溺れてしまえば、選択する能力を著しく傷つけてしまうだろう。

ジェフ・ベゾス（アマゾン・ドットコム創立者）

才能を発揮できる場を求めて——どんな学生が学んでいるのか？

ミネルバ大学で学ぶ学生の特徴について、ベンは次のようにコメントしている。

彼らは才能があるだけでなく、努力することができる人たちです。こうした人たちに、お互いから学びあえるチャレンジングな環境を提供することで、才能があり、謙虚な人を育てることができます。

ベンによれば、世界中から入学希望者が殺到する米国トップ大学の合格者には、才能を持つ学生はたくさんいる。人よりも勉強ができる、スポーツで優秀な成績をあげる、音楽や語学、文章やスピーチが抜群にうまい等の特徴を持つ学生を見つけるのは、これらの大学ではそれほど難しくない。しかし、こうした学生たちでも、困難な状況において自分の力で努力して結果を出せる学生は多くない。またトップブランド校に入学したことで目標を見失ってしまう学生も珍しくない。

一方、努力できる人を見つけるのも難しくない。多くの中間所得層の学生は努力することの大切さを教えられて、勤勉に学ぶことを目指している。しかし、多くの場合、「自分の頭で考える」ことができていない。既存の教育を盲目的にこなすことに慣れてしまい、自分独自の強みを活かした取り組みを忘れてしまっている。このため努力の方向がずれてしまっていると、〝教えられたもの〟に依存してしまう傾向がある。「努力の人」は思考の柔軟性を欠くため、変化が速く、複雑に国際化が進む社会でリーダーに求められる資質を身につけることが、歳をとればとるほどに難しくなる。

ミネルバ大学で学ぶ学生数名に実際にインタビューしてみて気づかされたのは、年齢に関係なく、自分の才能を発揮できる場を求め実践してきたこと、そしてそれだけでなく、所属している学校でも優秀な成績を収めてきたことである。

さらにほとんどの学生は、自分の進路や学習について親を説得できる力を持っていることも挙げられる。

何人か事例を紹介しよう。

1期生でジョージタウン大学に奨学金付での合格が決まっていた中国福建省出身の温柔嘉は、中国の情報工学オリンピックのプログラミング部門で3年連続個人優勝をした経験を持つ。8歳からプログラミングを始めた彼女は、気がついたら「ハマっていた」だけで、自分に才能があるとは思っていなかったという。既存の教育に疑問を感じはじめたのは、高校時代に皆と一緒に同じ内容の授業を受けなければいけないことだったという。テスト前の集中講座で、自分のペースで学びたいと感じた温は、あえて学校を休み、独学でテストに臨んだ。その結果、今まで学年15～20番くらいだった成績は一気に2番まで上がった。

「それで、中国の教育に失望しました。学校に行かなくてもよい成績が取れるなら、学校に通う意味はなんなの、と感じました。それで、米国ではもっと学生の創造性を引き出す授業をしていると聞き、米国に交換留学をすることにしたのです」

はじめての海外生活で、温は今までとは異なる生活や考え方に触れ、異国の友人ができたこともとても楽しかったという。ただ、米国での授業については満足できなかった。

「米国での授業は、確かに学生がより多く発言できる機会を与えられ、お互いの意見交換を通して学ぶ、という面白さはありました。ただ一方で、テストは、問題にすでに答えが書かれているかのような内容で、一体これは何の確認なのだろう、という疑問がありました」

「米国の大学に進学できることになり、自分は恵まれていると感じていましたが、どこか自分の将来に不安もありました。ワシントンでの生活はとんでもなく費用がかかるし、奨学金の補助があっても親の負担は大きい。中国では子どもの教育のためなら親は何でもするんです。本当にこれでよいのか、と思い悩んでいたときにミネルバ大学のことを知りました。ディープ・スプリングス・カレッジ[*1]みたいなストイックさを感じ、少し怪しいなと思ったのですが、どうせ合格しないだろうと思って受験したのです」

ミネルバ大学への進学は、温の不安を一掃しただけに留まらなかった。

「ミネルバ大学で学ぶようになってから、はじめて〝学ぶことの楽しさ〟を知ったと思います。クラスメイトが素晴らしいだけでなく、お互いから示唆に富んだフィードバックをもらえるので、自分もがんばらなきゃ、という感じで事前課題もどんどん深く調べて、気がついたら午前1時になっていたりもします。でも全然平気です」

温はプログラミングの才能を認められ、1年生の夏にはスタンフォード大学医学部の認知・脳科学研究所[*2]に、リサーチ・インターンとして招聘された。人工知能と認知科学の両方に関心を持つ彼女は各界に豊富なネットワークを持つミネルバ大学教授陣の紹介により、チャレンジングな課外活動に従事している。

2年次には複雑系行動科学分野の第一人者でミネルバ大学の計算科学部長を務めていたエリック・ボナボー教授の推薦で、サンタフェ研究所でのインターンに参加した。

*1 ディープ・スプリングス・カレッジ（Deep Springs College）は、ネバダ州の砂漠の中にある全寮制の大学で、学費は無料。学生は勉学だけでなく、家畜の世話や生活に必要な自炊やコミュニティへのサービス活動が必須で、禁欲的な生活を送る。長らく男子校だったが、2018年より女子も応募可能になった。https://www.deepsprings.edu/

*2 スタンフォード大学 認知・脳科学研究所（Stanford Cognitive & Systems Neuroscience Laboratory）は脳科学、統計学、工学、コンピューター・サイエンス、心理学、臨床医学、神経学等の研究者が分野横断的に協業しながら、最先端の映像、コンピューター・グラフィックスの技術を利用して脳の働きを解き明かす研究を行っている。それらを通じ、さまざまな脳疾患の解決方法を探るための研究施設。通常、学部生のインターンは受け入れておらず、修士の学生でも所属することは難しいと言われる。http://med.stanford.edu/scsnl.html

この研究所は今まで学士課程の学生にはインターンを提供せず、かつ米国籍を持たない学生にはインターンが許されていなかった民間シンクタンクだが、温の才能に惚れ込んだ同研究所は彼女を受け入れるために運営方針を変えた。

温は「女子はＳＴＥＭ教育に向かない。女子は家の近くで学ぶことが望ましい」というアジアに根強いステレオタイプな思惑から飛び出し、才能を引き伸ばす環境を高校時代に自ら選択したことで、自分の可能性を大きく開いた。

スウェーデン人と中国人の親を持つアリーシャ・フリードリクソンはカナダで育ち、その生まれながらにしてマイノリティで多様性の申し子である人生は、努力と独創性を育んできたといえる。ＵＷＣ[*3]のインド校に進んだアリーシャは当時まだ実験的な試みだったＰＢＤ（Project Based Diploma）[*4]を選択する。これはインド校が独自に設計したカリキュラムで、国際バカロレア[*5]やケンブリッジ大学のCambridge University Pre-U Diploma[*6]といった既存の国際的なカリキュラムの一部を受講するのに加え、独自のリサーチ・プロジェクトを行う実践的なものだ。

アリーシャはこのＰＢＤの一貫として、幼少の頃から取り組んできたジュエリー・デザインとインドの集落における貧困解決を結びつけたプロジェクトを実施した。シーマ・サークル（Seema Circle）[*7]と名づけられた彼女のプロジェクトは、ＵＷＣインド校の学生が教育にアクセスできない集落の女子をジュエリー・デザイナー、制作者と

＊3 United World College は、世界各国から選抜された高校生を受け入れ、教育を通じて国際感覚豊かな人材を養成することを目的とする国際的な民間教育機関。現在までに、イギリス、カナダ、シンガポール、イタリア、アメリカ、香港、ノルウェー、インド、オランダ等に17カレッジ（高校）が開校されている。http://www.uwc.org/

＊4 UWC Mahindra College（インド校）が独自に開設しているプログラム。国際バカロレアやケンブリッジ-A Levelといった国際標準の科目と学校周辺のコミュニティにおける社会活動を評価する独自カリキュラム。http://uwcmahindracollege.org/uwc-learning/academics/project-based-diploma

図表32｜SXSW Eduにパネリストとして参加しているアリーシャ(右端)

して育成し、世界中から集まった学生のネットワークを通じて販売していくというビジネスモデルを実現している。

温と同様、アリーシャも高校卒業時には全額奨学金を支給するという条件でニューヨーク大学からオファーを受けていた。同級生は彼女がハーバードやイェールへの進学を選ぶものと思っていたし、両親も伝統的な大学への進学を期待していた。彼女がミネルバ大学を選ぶことにした理由は、大学がSATのスコアを要求しないことでも、21世紀に合った教授法を提供している、といったPRでもなく、「新しいことに挑戦する勇気」に共感したからだという。*8

「この大学がやろうとしていること、その姿勢は、〝なりたい自分〟そのものだった」

両親は彼女の決断を積極的に支持した訳ではなかったが、ミネルバ大学の財務支援制度や1

*5 国際バカロレアとは、国際バカロレア機構（本部ジュネーブ）が提供する国際的な教育プログラム。1968年、チャレンジに満ちた総合的な教育プログラムとして設置された。これは、世界の複雑さを理解して、そのことに対処できる学生を育成し、学生に対し、未来へ責任ある行動をとるための態度とスキルを身につけさせるとともに、国際的に通用する大学入学資格（国際バカロレア資格）を与え、大学進学へのルートを確保することを目的としている。現在、認定校に対する共通カリキュラムの作成や、世界共通の国際バカロレア試験、国際バカロレア資格の授与等を実施。http://www.ibo.org/

期生に与えられた特典（4年間の学費免除と1年目の寮費免除）や彼女が取り組みたいと考えているさまざまなプロジェクトへの準備期間が得られるメリットの説明を受け、合意したのだった。

アリーシャはアショカ財団やスタンフォード大学デザイン・スクールでの小中学生向けカリキュラム開発のインターンを皮切りに、ブリッジ・インターナショナル（Bridge International）[*9]やマッキンゼー・ソーシャル・イニシアティブ（Mckinsey Social Initiative）[*10]で教育プログラムの開発を行ってきた。

米国最大の教育カンファレンスの1つであるSXSW Edu[*11]ではアドバイザリーメンバーの1人としてカンファレンス・プログラムのあり方を議論する役割も任されている。教育を通じて社会問題の解決に取り組みたいと考える彼女は今のところ、ハーバードやイェールの上級生ですら獲得することが難しいキャリアを歩んでいる。

日本人学生がミネルバ大学を選んだ理由

２０１７年にミネルバ大学に入学した片山晴菜も、ＵＷＣ出身だ。17年間、北海道で育った片山は、６歳から始めたガールスカウトの活動を通じ、まず北海道の外の世界を知った。高校

*6 Cambridge University Pre-U DiplomaはA Levelと同じく英国の大学入試資格を得るためのカリキュラム。

*7 Seema Circleの概要についてはこちらを参照。https://youtu.be/dvTRcAncgYE

*8 "What Matters Most?," Minerva Medium, 2016/10/21, https://medium.com/minerva-schools/what-matters-most-bbdb73c134ce

1年の秋に模擬国連を通じて知り合った東京の同級生が国際問題への関心や自ら団体を運営している姿に感化されたこと、偏差値教育への疑問などから、外国の教育制度について調べ、UWCの存在を知り、応募した。

「英語に自信があったから」ではなく「世界を知りたかったから」という素朴な動機によってUWCへ進学した片山は留学2年目にOne Young World[*12]という若者版ダボス会議に参加し、同年代の若者がプロジェクトを運営し、その活動成果を報告する姿に再び衝撃を受ける。自分でもプロジェクトを立ち上げたことはあったが、どれも1回限りだった。近い将来、長期に渡って実際に社会に影響を及ぼすプロジェクトを手掛けたいと思うようになった、という。

片山はミネルバ大学での自分の新しい挑戦を記録することにした。日本でのミネルバ大学の情報はまだまだ少なく、かつ現役生による定期的な発信は初の試みとなる。

ミネルバ大学への進学理由について、以下のようにコメントしている。

「今まで小中高と、同じような教室に閉じ込められて、一方的な授業で睡魔と戦い、試験のための暗記ばかりを強いられてきました。でも12年間もやれば、十分じゃないか。それよりも、次の4年間は、今まで学んだ知識を実際の社会問題の解決に活かすための実践的なスキルを学びたいと思うようになりました[*13]」

片山は、まだ温やアリーシャのような誰もが注目するような実績をあげている訳で

*9 Bridge Internationalは途上国を中心に活動する教育NGO。教育の投資対効果をモニタリングしながらインド、ケニア、リベリア、ナイジェリア、ウガンダ等で政府、地域コミュニティ、学校と家庭を結ぶ支援活動を展開している。http://www.bridgeinternationalacademies.com/approach/model/

*10 Mckinsey Social Initiativeは世界的な経営戦略コンサルティング・ファームであるマッキンゼーによって創設された慈善団体で、さまざまな社会課題の解決に取り組む社会活動家のコミュニティと問題解決ツールを提供している。https://www.mckinseysocialinitiative.org/

*11 SXSW Eduは世界最大の技術展示会＋セミナーイベントの1つであるSXSW（サウス・バイ・サウスウェスト）の教育版で、学校、政府、NPO、企業が「教育×テクノロジー」をテーマに最新情報を共有する世界最大のイベント。https://www.sxswedu.com/about/

はない。

しかし、ミネルバ大学に注目する企業や財団は、その才能を支援することをすでに始めている。孫正義育英財団は、ミネルバ大学に進学する片山ともう1人の日本人同級生である日原翔を、応募者約1000名から選ばれた96人の支援対象者に選出した。『高い志』と『異能』を持つ若者が才能を開花できる環境を提供し、未来をつくる人材を支援する」とする財団の設立趣旨にこれから片山や日原がどのように貢献していくのか、期待は膨らむ。

ミネルバ大学に進学した学生の5人に1人は、既存の大学から再入学した学生だ。シカゴ大学、ノースウェスタン大学、カリフォルニア大学バークレー校などの2年、3年修了後、時には大学4年生在籍時にミネルバ大学を知り、再入学した学生もいる。ミネルバ大学は他校にはない独特のカリキュラムを採用しているため、編入ができない。そのため、大学4年生でも再度1年生からやり直すことになる。こうした条件でも、ミネルバ大学への転校を希望する学生は少なくない。

＊12 One Young Worldはイギリスに本部を置くチャリティ団体で、18～30歳までの世界中の若者から企業の社会活動、政府活動の透明性、気象・環境変動に対するアクティビティ、健康や貧困問題解決に向けたイニシアティブを発揮した活動家を選出し、アイデアの共有やディスカッションを行うイベント主催している。https://www.oneyoungworld.com/about-us

＊13 片山のブログ（https://harunabutterflyeffect.wordpress.com/）より。同期の日本人、日原のブログも合わせて参照されたい。http://college.nikkei.co.jp/article/105681811.html

謙虚さを育む環境

ミネルバ大学の公平な入試制度と財務支援制度は類い稀な才能を持ちながら、経済的事情で世界最高峰の教育にアクセスできなかった学生にとっても大きな希望を与えている。

フィリピン大学で工業エンジニアリングを専攻していたパトリシア・ユニース・ミラフォーレはフィリピンの中流階級の家庭で育った。パトリシアの両親は子どもによい教育を受けさせることがより経済的な成功へとつながる鍵であると信じ、娘を小中高と富裕層の通う学校に所得を上回る学費を納めながら通わせた。[*14] パトリシアはこの期待に応え、所属した学校では常にトップクラスの成績を収めていた。

転機が訪れたのは、日本政府が実施している「第41回東南アジア青年の船」にマニラ代表として選出されたことだった。6か月間にわたり、東南アジアや日本を旅し、この地域における政治家やさまざまな組織のリーダーに会い、各国の同世代の若者たちと濃密な時間を過ごした。すると帰国後に、大学に戻り教授の一方通行の講義を聞く学生生活では、卒業後の進路についてイメージすることができなかった。もっと世界の仕組みを知り、自分の可能性を世界に広げたくなったという。

しかし、現実にフィリピン・ペソの力と自分の経済力では、海外の大学への進学は絶望的だ

＊14 "Education is the Great Escape From the Inequality of Wealth," *The Huffingtonpost*, 2016/2/16, https://www.huffingtonpost.com/patricia-eunice-c-miraflores/education-is-the-great-es_b_9238732.html

った。パトリシアがミネルバ大学を知り、とくにその入学審査方法や財務支援制度を確認したときに感じたのは「真実だと思うには、素晴らしすぎる」ということだった。ミネルバ大学は国籍、性別、人種、経済力、同窓生の有無を一切問わずに合格審査を行う米国には7つしか存在しない大学の1つであり、かつ留学生にも家庭の経済事情に応じた財務支援制度を実施している大学だ。こうした制度が海外から才能ある学生を集めることができる大きな理由の1つでもある。

ミネルバ大学の学生は学ぶことに対して貪欲である一方、自分自身の実績には驚くほど謙虚で、他人と比較することはしない。

「なぜ自分が合格できたのかわからないが、とにかくクラスメイトが合格している理由についてはいくらでも説明できる」

という学生のコメントはとても興味深い。

現役生の李一格は自分のクラスメイトをこう表現している。

私たちは天才ではありません。いつもお互いに学べることがある存在ですが……。特徴は……皆、すごく親切です。時々「やりすぎじゃないか」と思うくらいです。家族や友人だけでなく、知らない人にもとても親切です。謙虚で親切。ブリアナ、ケイラ、ギャビー、シェーン、ギオーム、皆そうです。一緒にいると温かい気持ちにさせてくれる、とても居心地の

よいコミュニティ。その一員であることを誇りに思います。

皆、異なるバックグラウンドを持っているのに、どこか共通点があるんです。旅行を通して異文化に触れることが好きだったり、学ぶことが好きだったり、新しいことを実現するのに情熱を持って取り組んだりするところが似ています。性格は全然違うし、目指しているところもさまざまですが、模範にできる人たちですね。

あと……お互いを理解しあおうという姿勢が素晴らしいですね。**クラスメイトと話していると、文化的な壁を越えて共感できるときがあるんです。**私は以前、自分のエッセイで文化の違いは過去の紛争が与える影響が大きな構成要素の1つで、1000年くらいの世界的な平和が続かない限り、文化の壁を乗り越えることは難しいと感じる、ということを書いたことがありますが、**クラスメイトと話していると、一生懸命、理解しあおうとする姿勢やアプローチが歴史より大切なんだな、ということに気づかされます。**

李自身、高校在籍時から中国の国営放送（CCTV）で教育番組でレギュラー出演者を務めるなど、「大人の世界」に早くから慣れてきた。中国でも有数の進学校に所属し、富裕層とも交流のある彼女がミネルバのような新設大学を選んだことは周りから見れば不思議な選択に思えるかもしれない。

しかし、「自分の教育は自分で選択してきた」という彼女の発言を勘案すれば、自分をどのようにプロモーションしていくか、という視点がすでに備わっている彼女が、自ら21世紀の新しい教育を体験し、リポートしていく役割を担うことはむしろ自然な流れだったのではないか、と筆者は感じる。

ミネルバ大学の学生生活は大都市の中心部にある簡素な寮施設にルームメイトと一緒に住むという、なかなかタフな環境だ。レクリエーション施設や学生用のカフェテリアといった贅沢さはない。**ミネルバ大学の学生は、「自分たちは特別に選ばれた存在だ」と感じさせてもらえるような物理的な施設は持っていない。**

「実社会に出たときと変わらない環境だ」とベンは言う。

「もし、ひとりになりたければ、街に出て居心地のよい場所を見つければいい。運動がしたければ、ジムを探せばいい。市場にいき、買い物をしながらどんな料理をつくるか考えればいい。そうやって都市に溶け込むことで、慣れない土地でも自分の生活スタイルを構築していく方法を見つけていくことが、異文化理解への近道になる」

簡素な学生寮は、生活のために半ば強制的に学生を街に出させる役割も担っている。

ティ・ニュグエンはベトナムでもトップクラスの優秀な高校を成績上位で卒業し、ミネルバ大学へ進学した。想像していたよりもずっと勉強が難しく、しかもはじめての外国生活で最初の数週間は携帯電話の契約すらできず、部屋で塞ぎ込みがちだったと言う。転機になったのは、休日に気分転換のために散策に出た街で道に迷い当惑していたときにホームレスに助けられた経験だった。

「ホームレスの人が近づいてきたとき、襲われるのではないか、と怖くなったのです。でも、実際には私のことを心配してくれ、道案内までして安全な場所まで連れていってくれたのです。お礼も受け取らずに去ったホームレスの人を怖いと思った自分を恥じました。そして、自分は部屋に閉じこもって勉強についていくためにここに来たのではない。世界をこの身で感じるためにこの学校を選んだのだ、と開き直ることができたのです」

ミネルバ大学に来た学生の多くは、過去に所属した学校でトップクラスの成績を収めているため、ミネルバ大学が採用している評価システムを理解しても、実際にその評価を受け入れるのは決して容易ではない。ケイ・ヒ・チャンは最初の数週間の授業の事前課題の理解度テストで0点と評価された際、「荷物をまとめて、マレーシアへ帰らなければいけない日もそう遠くない」とショックを受けた。[*15]

ケイ・ヒのメンターを務めたミシェル・グリーン教授は、これは典型的なインポスター・シ

*15 "Feeling like an Impostor at University," *Minerva Medium*, 2017/9/7, https://medium.com/minerva-schools/feeling-like-an-impostor-at-university-91f9d93622de

ンドローム（新入生病。周りのクラスメイトと比べて自分が劣っているのではないかという自己暗示にかかること。成績トップクラスの学生が新しい環境に慣れるまでに陥りやすい思い込みとして知られている）であることを彼女に伝えた。

教授の助言もあり、ケイ・ヒは自分を開放するために、意図的にクラスでの発言回数を増やし、グループワークでも積極的に参加することでクラスメイトからポジティブなフィードバックをもらい、自己肯定感を高めることに成功した。その過程で、〝A〟を取ることよりも、クラスメイトにどれだけ貢献できるかのほうがずっと自分の価値を上げられること、自分自身の精神状態を良好に保つことができることに気がついた、という。

学生間の交流が相互理解を生む

オンラインで授業を行う大学と聞くと、学生同士の交流はほとんどないのでは、と考えてしまう人もいるが、ミネルバ大学は全寮制の大学で、コミュニティは既存の大学、少人数制で学生同士の距離が近いとされるリベラルアーツ・カレッジと比べてもずっと密接な交流が得られる。

それは、先述したような豪華さとは無縁の施設の相部屋に住む質素な暮らし、授業後も続く

図表33｜夜な夜なグループ課題は続く……

オフラインの議論、グループ・コンサルティング・プロジェクトの数々を通じた学生同士のやり取りから生まれる。そして、学生は文字通り生活をともにしているので、学業以外の面でも文化的な交流を通じ、相互理解を深めあうのだ。

ミネルバ大学には既存の大学における大学を代表するスポーツチームや部活動はないが、サークルのようなコミュニティは存在する。これはミネルバ・コミュニティ（Minerva Community：MiCo）と呼ばれ、学生なら誰でもつくる権利がある。不定期な活動でも学生が主体となって企画することも珍しくない。２０１５～16年度には実に34個ものアクティビティが学生主導で行われている。ミネルバ大学の学期が前後期合わせて8か月であることを考えると、ほぼ毎週、何らかのアクティビティが行われていた計算になる。

メンタルケアで個性を伸ばす

ミネルバ大学の寮は質素であるが、寮の管理人や学生のメンタル・ケアをサポートする専任担当者がいる。

ノリアン・カポラール・ベルコビッツはミネルバ大学で学生のメンタルケアを担当するマネジャーで、この分野でもミネルバ大学が既存の高等教育によい影響を与えられる事例をつくりたいという野心を持っている。[*16]

ノリアンによれば、学生のメンタルケアに対する学校の対応は中等教育と高等教育の双方でますます重要になっている。慣れない環境と高額な学費、よい成績へのプレッシャーから精神疾患に陥ったり、薬物の過剰摂取による事故にあったりすることが報告されている。70％の患者が精神疾患を最初に経験するのは25歳以下であることを考えると、高等教育機関における対策は準備されておくべきと考えるのが自然だ。

ところが実態は異なる。医療系のニュースを独自に配信するＳＴＡＴ[*17]がこうした状況に対して、大学の対策を確認するために行ったアンケート調査と追跡取材では、98校への調査協力依頼に対し、有効な回答が得られたのは約50の大学に留まる。ジョージタウンやダートマス、グリネル・カレッジといった名門校は取材を受けつけず、ハ

＊16 "Social-Emotional Learning Is the Rage in K-12. So Why Not in College?," *Edsurge*, 2017/5/4, https://www.edsurge.com/news/2017-05-04-social-emotional-learning-is-the-rage-in-k-12-so-why-not-in-college?utm_content=buffer3bd16&utm_medium=social&utm_source=twitter.com&utm_campaign=buffer

＊17 STATは米国の医療、バイオ、科学研究に特化した独立系ジャーナリズム。独自調査に基づくインタビューで、主要メディアがカバーしていない課題を見つけ、当事者にインタビューを行い社会に問題提起をしていくことをミッションに掲げている。https://www.statnews.com/about/

ーバードやプリンストン大学はスタッフ数に関する回答を拒否した。
また、回答のあった大学でもメンタルケアを担当するスタッフの数が不足していて、面会を予約しても平均で3週間も待たなければいけないインディアナ大学やワシントン大学シアトル校のようなケースもあった。インディアナ大学でフルタイムのカウンセラー1名が担当する学生の数は1500人だ。6000名の学生を抱えるコロンビア大学は41名のカウンセラーを抱えているが、これでも1人当たり140名を担当する計算になる。そしてSTATの調査によれば、これは他の大学に比べればかなりよい数字だという。少人数制のリベラルアーツ・カレッジの名門として知られるカールトン大学でも、面談まで10日もかかるケースがあるという。[*18]
ノリアンは不定期に発生し、かつ症状の改善をモニタリングすることが困難な精神疾患に対し、スタッフの増員で対応することの有効性には懐疑的で、むしろ有効な予防策を講じることが重要だと考えている。ノリアンが根拠にしているのはバレリー・シャピオ教授やCASEL（Collaborative for Academic, Social, and Emotional Learning）[*19]によって中等教育課程で行われた「社会性と情動の学習」（Social Emotional Learning）の効果検証結果だ。約213種のSELプログラムが幼稚園から高校までの約27万校で行われ、プログラムに参加した子どもたちには社会行動や学力評価等において顕著な改善が報告されている。[*20]

*18 "Surging Demand for Mental Health Care Jams College Services- Students may wait weeks for a basic consultation; sometimes even longer to see a psychiatrist," *Scientific American*, 2017/2/8, https://www.scientificamerican.com/article/surging-demand-for-mental-health-care-jams-college-services/

*19 Collaborative for Academic, Social, and Emotional Learning (CASEL)は、Social Emotional Learning（SEL）の幼児から高校まで研究活動を行っているシンクタンク。http://www.casel.org/about-2/

*20 "The impact of enhancing students' social and emotional learning: A meta-analysis of school-based universal interventions," *Child Development*, 2011/1-2, https://www.casel.org/wp-content/uploads/2016/06/meta-analysis-child-development-1.pdf

図表34 | 10:01。学生とスタッフでそれぞれのご当地料理を振る舞う日曜日のイベント

ミネルバ大学では、こうした中等教育におけるSELのプログラムと従来のカウンセリングを組み合わせ、学生の個性を伸ばす教育とコミュニティのデザインに活用している。

学生は隔週ごとに個性開発（Character Development）ワークショップに参加する。ここで7つの特徴である好奇心（Curiosity）や共感（Empathy）、回復力（Resilience）、集中力（Focus）、協働性（Collaboration）、自発性（Initiative）、尊敬（Respect）について学ぶ。こうしたセッションは学生の間に共通言語を創りコミュニケーションを円滑に進めるための授業形式や、学生のみで互いにフィードバックや対話を行う形式のものもある。

そして、学生たちはこれらのワークショップで学んだことを実際に使ってみる機会が与えられている。

図表35｜Talksの例

日曜日に開催される食事会「10:01」はその1つの事例だ。これは翌週の事前課題の締切が午後10時（10:00、後に9時に変更された）であることにちなみ、課題提出を祝い、学生が各週持ち回りでそれぞれの地元料理を振る舞う、というものだ。食べ物にはどんな国の人でも話が弾む魔法を生む力があり、あまり知られていない国の出身者は世界中から集まった学生に自分たちの文化を知ってもらうまたとない機会となる。一緒にはじめて料理を手伝うプロセスを通じ、好奇心や協働性を養うことができる。

毎週行われる「Talks」というイベントでは、希望する学生が約1時間、自分の生い立ちなどを他の学生に自己開示する機会がある。仲間のバックグラウンドを理解するセッションを通じ集中力や尊敬心を養える。

さらに、春ごとに再度オリエンテーションを行い、アウトドア・アクティビティや運動イベントを通じ、リフレッシュする。こうした過程で自発性や回復力を養う。

こうした定期的なイベントの他にもフィッシュボール形式の議論やStudent Support Network[*21]という団体が提供するBystander Training Program（困難に陥った同級生に寄り添うスキルを養う研修）を受講するなど、学生自らメンタルヘルスの問題やコミュニティの改善活動に気軽に関われるような取り組みを行っている。

ミネルバ大学は、思考・コミュニケーション能力に関しては論理的なフレームワークで整理されたコンセプトを、最新技術を用いて効率的に学ぶことを徹底するが、エモーショナル・インテリジェンス（Emotional Intelligence）には関してはオフラインでの対話と内省を重視している。

一部のメディアや既存大学による「オンライン大学」のイメージとは異なる実像が見えてきたのではないだろうか。この大学は教員、スタッフ、そして学生も、高等教育をあるべき姿である「学生の学びを軸とした成長の場」にするためのプロジェクトの一員なのだ。

ミネルバ大学で学ぶことは決して楽なことではないが、コミュニティの密度やＳＥＬをはじめとする既存の大学に勝るとも劣らないメンタルケアが用意されている。

カイラ・コーエンはミネルバ大学の学生としてこのプロジェクトに参画していることを次のように述べている。

「世界が変わっていくのに合わせて自分たちも変わっていくのであれば、私たちこそが、〝ど

*21 Student Support Networkはウースター工科大学（Worcester Polytechnic Institute）のカウンセリングチームが開発したワークショップで同級生の自殺の兆候を予知、予防するためのツールを学生に提供している。http://www.sprc.org/resources-programs/student-support-network

う変わっていくべきか〟を発信していくべきです。私たちこそ次世代であり、従来の世代とは異なった世界を体験でき、感じることができるのですから」

「高等教育の再創造」に共感した教員たち

想像してみてほしい。

あなたが米国のトップ大学、あるいは多くの人から世界最高峰と称される大学で学部長を務め、自分の名前のついた研究室を持ち、同僚からも自分の業績を評価されている自負があり、全国的にも有名な学会で知られている存在だとしよう。そこに30代半ばの教員経験も博士号も持っていない起業家が「高等教育の再創造」を掲げ、まだ存在もしていない大学で働かないかと提案する。

「テニュアも提供せず、キャンパスも、講堂も、研究室さえも与えず、給与は原則、学生に授業を実施した時間分のみ。教材開発に協力する場合は、ストックオプションを提供する」

あなたは、こんなことは起こり得ない、というかもしれない。

しかし、これはミネルバ大学の現学長であるコスリン教授の身に実際に起きた出来事なのだ。

2011年にミネルバ大学の創立者であるベン・ネルソンは、ナパ・バレーで開かれたカンファレンスでロビン・ローゼンバーグ教授と偶然知り合い、自分の構想している新しい大学について彼女に説明した。会話が終わる頃に、ローゼンバーグ教授はベンに夫婦でランチをしないか、と誘った。

コスリン教授はローゼンバーグ教授の夫で、ハーバード大学で社会科学部長を務めたあと、2年前にスタンフォード大学の行動科学先端研究所の所長として故郷であるカリフォルニアに帰ってきていた。ランチの席で、コスリン教授はベンの新しい大学の構想について興味を持ち、ディナーにベンを誘った。

ベンはそのランチとディナーの間に、ハーバード大学の前学長を務めたラリー・サマーズ教授に、コスリン教授についてどう思うか聞いたという。答えは次のようなものだった。

「ステファン・コスリンほど、君のプロジェクトに相応しい人物はいない。ただ、彼を得ることは、まず不可能だ[*22]」

次のディナーが終わる頃、コスリン教授は、もう一度ベン夫妻をランチに誘った。そこで、ベンはコスリン教授に「ミネルバ・プロジェクトになんらかの形で関わりたいか」と決断を迫った。

答えは「イエス」だった。

それから、ほどなくコスリン教授はミネルバ・プロジェクトのアカデミック部門を統括する取締役を引き受け、ミネルバ大学の学長となる。

＊22 *"Building the Intentional University: Minerva and the Future of Higher Education"*のprefaceを参照。

この奇跡のような話は、コスリン教授にだけ起こったのではない。ミネルバ大学が採用した教員は、いずれも素晴らしい実績と実力を持った人たちだった。

計算科学部（Computer Science）の初代学部長を務めたエリック・ボナボー教授は複雑系行動科学の分野では名の知れた存在だ。

『*Swarm Intelligence*』（オックスフォード大学出版、1999年）という群知能[*23]に関する研究書は、後に『ジュラシック・パーク』や『スフィア』を書いた小説家であるマイケル・クライトンの『プレイ――獲物』（ハヤカワ文庫、2006年）のヒントとなったことで知られている。採用された研究論文は140本以上を数え、ハーバード・ビジネス・レビューにも度々登場する。

フランスの中でも最も権威のあるグランゼコールの1つ、エコール・ポリテクニック（Ecole Polytechnique）を卒業後、欧州と米国で複数の企業の代表取締役を務めたボナボー教授が、ミネルバ大学の初期メンバーとなった理由は「学習の科学に基づいた授業を実施した大学は今まで存在しなかった。教授法も学生の体験も完全に未体験のもので、とても興奮した[*24]」からだ。

自然科学部の学部長に就任したビッキー・チャンドラー教授は誰もが目をみはる経歴の持ち主だ。チャンドラー教授は、ゴードン&ベティ・ムーア財団（Gordon and Betty Moore Foundation）[*25]で、さまざまな分野における先端科学の発見・革新を支援するための助成基金、1億ドル（約110億円）の責任者を務めてきた。

生物学、生命科学、遺伝子や分子生物学で豊富な学部、大学院における教授経験を持ち、米

*23 蟻や蜂のように個体が集団行動する際に、1つの生命体のように複雑な連携をこなす要因を解明した研究。

*24 "Minerva Schools offers online alternative to college," PBS Newshour, 2014/12/24, https://youtu.be/spBx8YnwyzY

国農務省（U.S. Department of Agriculture）や国立衛生研究所（National Instituites of Health）をはじめとするさまざまな公的機関から表彰されている。２００７年から２０１０年は政府の有識者メンバーとして働き、２０１４年にはオバマ元大統領から米国科学委員会のメンバーに任命されている。

だが、チャンドラー教授がミネルバへの参画を決意したのは、彼女がミネルバ大学のプレスリリースにコメントした「再び、学生と直接、一緒に学ぶ機会を得ること、自然科学に革新的なカリキュラムや教授法をデザインすること」だけではないだろう。

チャンドラー教授は、教育熱心な両親のもとで育ち、高校まで成績も優秀だったが、16歳で結婚、高校をドロップアウトし、19歳で2人の子どもを持つシングルマザーとなった。当時親しかったシングルマザー仲間が大学に再入学する準備をするのに触発され、再び学びはじめた彼女は、コミュニティ・カレッジを経てカリフォルニア大学バークレー校に進んだ苦労人としての経歴も持つ。

修士・博士課程を過ごしたカリフォルニア大学サンフランシスコ校の同窓生向けインタビューの中で彼女は、研究職、プロジェクト・リーダー、研究所所長としてのキャリアの中でも常に気をつけていたのは、「自分と一緒に働く学生や研究者が、自分を育ててくれたメンターたちのように、クリティカル思考、クリエイティブ思考、効果的なコミュニケーションを取り、プロジェクトを楽しめるよう導けているか？」ということだったとコメントしている。

＊25 Gordon and Betty Moore Foundationとチャンドラー教授についてはこちらの動画を参照。https://vimeo.com/153135008

ミネルバ大学が提唱する社会階層や性別、国籍を問われず、誰もが平等に挑戦できること、効果的な習得や実践経験を通して思考・コミュニケーションスキルの定着を促せること、そして圧倒的に低コストの学費やグローバル体験の機会を提供すること。チャンドラー教授にとって、これらは、「誰か他の人が提供する教育」ではなく、「自分こそが提供すべき教育」という信念があったのだろう。

チャンドラー教授以外にも、多くの優秀な教員が「ミネルバ大学で教える」挑戦に応募した。こうした教員たちは人気のないポジションに請われて就いたのではない。パイロットクラスを教えるための教員募集8人の枠には、800人近くの応募があったし、その翌年、ミネルバ大学が24名の追加教員を採用した際も、採用率は学生の合格率よりもさらに低かった。[*26]

スタンフォード大学で10年以上教えていたカラ・ガードナー教授や現在ミネルバ大学の修士コースのプログラム・リーダーを務めているヨシュア・フォスト教授は、いずれも「ミネルバ大学で大学教育をゼロから再構築という、とてつもなく難度が高く、かつエキサイティングな機会に参画することができて幸せだ」と語る。[*27]

優秀な教員が集まる理由

*26 "Can Startup College Minerva Reinvent The Ivy League Model For The Digital Age? The new institution's flexible, work-from-anywhere policy is attracting accomplished faculty eager to teach high-achieving students," *Fast Company*, 2016/8/31

*27 "Faculty Focus: Student-Centric Learning," Minerva, 2015/12/1, https://youtu.be/l3eRtygoNH8

ガードナー教授によれば、ミネルバ大学の教員募集に多くの応募があるのは、ミネルバ大学の独自の授業方法や教員の居住地に関する柔軟性も関係があるという。2008年にスタンフォード大学が行った調査[*28]によれば、900名の総合大学に勤務する教員の72%が共働きで、そのうちの半数が夫婦ともに教員であるという結果が出た。一方で、パートナーが同じ場所で働き口を見つけることはとても難しいという実態も判明した。

こうした事情を抱えるカップルにとってオンラインで授業を行い、常時、同じキャンパスに通勤する必要のないミネルバ大学の仕組みはとても魅力的だ。

ミネルバ大学の教員は、ラップトップと安定した通信環境さえ用意できれば、家族やパートナーとの時間が確保でき、自分が研究活動をしたい場所から授業を行うことができる。

フロリダ大学で国際開発学を教えていたレヴィ・オデラ教授は、妻が念願の博士課程研究をペンシルベニア州立大学で行える許可を得たことをとても喜んだが、同時に1歳8か月の息子との家庭生活をどのように両立させるか、悩ましい課題を抱えることになった。ケニアの貧しい家庭に育ったオデラ教授は、苦学して国際政治学の博士号を取得した。そんな彼が2014年にミネルバ大学について書かれたアトランティック誌の記事を読んだ際に注目したのは、テクノロジーよりも、従来の大学に近い選考方法やカリキュラム、そして何より、圧倒的に安価で世界に開かれた大学という点だったという。

オデラ教授は、意を決してミネルバ大学の教員募集に応募したときの思いをこう語る。

＊28 Londa L. Schiebinger, et al., "*Dual-Career Academic Couples: What Universities Need to Know*," Stanford University, 2008

「家で息子と過ごしながら教えることで、ワークライフバランスを実現できると思った」

この選択は正解だった。サンフランシスコでの数週間のトレーニングの後、オデラ教授は妻と息子とともにペンシルベニア州へ引っ越した。

ハーバード大学メディカル・スクールで教えていたアブハ・アユージャ教授にとってもミネルバ大学の教職を得ることは理想的だった。

「私は、教えるのは好きですが、講義をするのが大嫌いでした。ミネルバ大学への就職を躊躇する理由はありませんでした」

彼女と同じく生命科学の研究者だった夫はバイオテクノロジーの会社に職を見つけ、夫婦はサンディエゴに引っ越すことができた。引っ越しからほどなくして、夫婦ははじめての子どもを授かった。アユージャ教授は出産後も自宅から授業が可能な環境を次のようにコメントしている。

「多くの家族が関係を維持するためにさまざまな妥協を受け入れるべきだろうと思えるような状況でも、私たちはほとんど妥協することなく乗り越えることができました」

ミネルバ大学は2016年に4か国、20の異なる都市に滞在する教員を雇用した。その後も採用拡大は続き、2017年9月時点で、50名の教員で構成されている。[*29]

＊29 ミネルバ大学では教員は継続的に採用を続けている。現在在籍中の教員の略歴はミネルバ大学のウェブサイトから確認できる。
https://www.minerva.kgi.edu/people/

遠隔地でも教員を孤立させない仕組み

ミーガン・ガー教授はアラスカにある自宅から授業を行う。エコロジストであるガー教授は、自然研究を行える実験場と自宅を行き来する生活をしており、自宅から世界中から集まった才能ある学生を教えられるのは素晴らしい経験だという。

一方、ミネルバ大学で教えることは容易ではない面もある、と指摘する。従来の職場環境と比べ、当初は他の多くのテレワーカーが経験する孤独感を意識せざるをえなかったという。

「多くのことを自分でする必要があります。学生に気軽にキャンパスですれ違って、声をかけるということを懐かしく思うこともありました。ミネルバ大学の授業では、学生とのつながりをつくる一手間の努力が必要です」

授業以外の時間にスカイプやスラックといったコミュニケーション・アプリを使用することで、学生と接する時間を増やすことが重要だとガー教授はコメントしている。

ランディ・ドイル教授は、カナダのプリンス・エドワード島にある小さな村から授業を行う。彼女の夫はこの地で小学校の教員として勤務している。自分が生まれ育ったコミュニティで家族と過ごしながら、世界的な権威を持つ素晴らしい学部長のメンタリングを受けながら高等教

図表36｜ミネルバ大学における年間イベント

イベント名	開催時期	概要
Ascent	12月、3月、5月（各3日間）	• ミネルバ大学の生活を疑似体験する合格者向けイベント
Foundation Week	8月最終週	• 全1年生が参加するオリエンテーション
Friendsgiving Feast	11月	• 感謝祭の集い
Elevation	1月中旬（3日間）	• 2学期の学びやコミュニティをよりよくするための集い
Civitas	1月末	• 各都市における協業パートナーや学校支援者との集い
Quinquatria	3月	• ミネルバ（ローマ神話における知恵の女神）を祝うイベント
Symposium	4月	• 1年を通じた学生のプロジェクト発表会
Employee's day	6月（2~3日間）	• 次年度に向けたミネルバ・プロジェクトのミーティング

育の再創造に関わることは「これが本当だとは思えないくらい素晴らしい経験」だという。学生一人一人の反応をより正確に把握したいので、巨大なディスプレイを購入したという。

ミネルバ大学では、こうした遠隔地にいる教員と学生の物理的なコネクションの弱さを以下のような方法で補おうとしている。

1. リアルなイベント

ミネルバ大学では図のように定期的な学生、教員、スタッフの集いを用意している。年8~10回開催されるこうしたイベントは学生、教員、スタッフを交ぜたワークショップやアクティビティが用意されており、自分がコミュニティの一員であると感じることができる。

2. ミネルバ・プロジェクト全社ミーティング

教員の多くは実際の授業を通じて見つけたアクティブ・ラーニング・フォーラムの課題や改善点や新しい教授法を提言することを求められており、こうした情報をミネルバ・プロジェクト社にフィードバックする権利を持っている。よって、ミネルバ大学の教員は原則として毎月行われるミネルバ・プロジェクトの全社ミーティングに参加できる。

ミーティングはサンフランシスコのオフィスで行われるが、ズーム（Zoom）[*30]という数百人規模の視聴者が同時にライブで参加・発言できるオンライン・プラットフォームでも提供されている。この全社ミーティングでは、ミネルバ・プロジェクトの経営状態全般から、アカデミック、アドミッション、マーケティング等の達成すべき事項の進捗状況やイベント準備、従業員から経営陣への質疑応答などが行われる。

3. チーム・ティーチングとメンタリング

ミネルバ大学における授業は従来の大学での講義形式の授業とは大きく異なるため、授業進行のために行う教育の負担も大きい。ミネルバ大学では教員採用の際に面接だけでなく、実際にアクティブ・ラーニング・フォーラムを使用して、模擬授業を行い、採用したい教員が実際にこうしたアクティブ・ラーニングの授業を遂行できる素質があるかチェックしている。

アクティブ・ラーニングでは、講義をせず、学生間の主体的なやり取りや、学生－教員間の

＊30 Zoomは多人数の会議システムを円滑に実施できるオンライン会議プラットフォーム。日本でもこうしたビデオ会議システムを利用した教育コミュニティを立ち上げ、運営している個人、団体がある。『Zoomオンライン革命！』（田原真人、秀和システム、2017年）はZoomの教育用途への使用法について詳しい。

質疑応答に多くの時間が費やされる。こうした「何が起きるかわからない」形式の授業を担当することに心理的抵抗がある教員は少なくない。

そのため、ミネルバ大学では、同じ科目を担当する教員間で綿密な授業計画が立案され、毎週ミーティングが行われる。授業計画の初期案はミネルバ大学が開校する前から用意されたものをベースに、過去3年以上の実際行ってきた授業において有効だったもの、うまく機能しなかったものなどが記録されている。こうした授業計画は毎週金曜日にレビューされ、次の2週間の授業計画に反映される。すべての授業記録と教員の知見を検証しながら、丁寧に翌週・翌々週の授業計画を作成していく方法は、他の大学では例がないとカリキュラム設計を担当するフォスト教授はコメントしている。

「過去に所属した大学で授業計画のレビューは月次で実施する計画になっていても、実際には、四半期、時には年に1回しか行われなかったこともあるという教員は珍しくない」

教員間の教授法に関するアドバイスやメンタリングも盛んに行われる。同じコースを担当する教員間での授業計画ミーティングが毎週行われる以外にも、月次で全学部の会合が行われベスト・プラクティスの共有が行われる。またこうした公式イベント以外にも、スラック（Slack）[*31]というメッセージ・コミュニケーション・プラットフォームを利用し、ミーティングの議事録や公開Q&Aが共有される。

「異なるタイム・ゾーンで働く同僚がいるため、こうしたアプリはコミュニケーションを円滑

＊31 Slackは一連の業務の拠点となるデジタルワークスペース。人と組織、そしてツールをつなぐことで、作業効率を改善し、組織を活性化できるとされている。ミネルバ大学では教員だけでなく、スタッフもこのプラットフォームを活用して、世界中に散らばっているコミュニティ・メンバーが情報を円滑に共有できるようにするために活用している。https://slack.com/

にすることや必要な情報にアクセスするうえで、非常に便利だ」とフォスト教授は言う。

また、ミネルバ大学で用いる思考・コミュニケーション技能のコンセプトである思考習慣（Habit of Mind）と基礎コンセプト（Foundational Concept）を理解し、教えることは教員にとって2つの意味で難度の高い仕事である。

最初の難関は、こうしたコンセプトは教員が慣れ親しんできた大学での「知識を伝達する」授業の概念を頭から追い出し、授業中のファシリテーションに徹するアクティブ・ラーニングの授業法を実践することだ。ミネルバ大学の授業では、教員の話せる時間が合計10分以内と定められており、講義が禁止されている。これは、ミネルバ大学が自分たちの授業を「100％アクティブ・ラーニング」にするためであり、このためにはすべての学生が最低75％は能動的に授業に参加している状態で授業を運営する必要がある。

教員は皆、それぞれの専門分野で博士号を持つ研究者であり、知識面では担当する学生よりもはるかに深い知識を有しているが、その知識を直接授業に使うことができないというジレンマを抱えることになる。これは全員が思考・コミュニケーション技法について学ぶ共通の科目を習得する1年生のカリキュラムを担当するときだけでなく、2年生以降のカリキュラムにおいても、教員は基本的に専門知識を教えるのではなく、学生が専攻分野でどれだけ効果的に思考・コミュニケーション技法のコンセプトを適用できているか、という観点から評価することが求められる。

2つ目の難関は「自分の知らない分野のトピックを扱う」という不安を克服することだ。テレーズ・ヒューストン教授の著書『Teaching What you don't know（自分の知らないことを教える方法）』（ハーバード大学出版会、2009年）によれば、現在の米国大学で実際に学生に授業をしている教員のほとんどが、自分の専門外の科目を教えている教員、または過去に教えたことのある教員であると指摘している。その理由は、細分化された大学院の研究テーマ、少なすぎるフルタイムの仕事、幅広い科目を網羅したがる大学の運営方針などにある。

また、多くの大学の教員は、初等・中等教育の教員とは異なり、教育学を専攻するか、選択科目で深く学習しなければ、学生の学びを導くための教育法に関するトレーニングを修士・博士課程で受けずに学位を習得することになる。[*32]

このため、ミネルバ大学の1年目のカリキュラムのように、さまざまな分野のトピックを利用して、思考・コミュニケーション技能のコンセプトを鍛える授業では、多くの教員が自分の専門外の知識やトピックを扱う場面も多く、「自分たちも知らないこと」を教えるため、戸惑うことも多い。

とくにミネルバ大学では、テストではなく事前課題や授業中の学生の各発言や作業記録をルーブリック[*33]を用いて採点し、短期間の間に学生にフィードバックを行う必要があるため、教員の心理的な負担は大きい。

＊32 最近では、大学教員の「教える」スキルを養成するため、Faculty Developmentというトレーニングを受けることが奨励されているが、必須でなかったり、単位を習得したあと、定期的にその能力を検証する仕組みがなかったりするため、教員の「教える技術」を向上させようというインセンティブは低いままである。
＊33 ルーブリックについては第2章の脚注19を参照。

こうした、教員の教育力養成やサポートのために、ミネルバ大学の教員は採用時に最低3週間の教員研修を受講し、ミネルバ大学における教育目標や教授法の理解、アクティブ・ラーニング・フォーラムの各機能を円滑に使用するためのトレーニングを受ける。

また、スラックや教員コミュニティを通じ、専門外の知識が要求されるコンセプト（たとえば、コミュニケーション技能における「#Music（音楽）」のエッセンスを活用する、というコンセプト）についてのルーブリック評価に迷った際のサポートやその分野の知識を有する別学部の教員と学部を超えたコミュニティを用意するなど、支援体制を充実させている。

また、アクティブ・ラーニング・フォーラムは、すべての授業を記録している。そのため、自分の授業運営に不安がある際は、実際の授業を再生しながら、どのようにファシリテーションを改善すべきか、同僚や学部長から事実に基づいたアドバイスやメンタリングを得ることができる。

プロフェッショナル・アスリートは自分の技術向上のために動作を動画に記録し、何度も再生しながら、より精度の高いパフォーマンスを発揮できるように調整していくが、ミネルバ大学の教員たちは授業計画や教材開発にチームで取り組み、コース・ビルダー（Course Builder）というアクティブ・ラーニング・フォーラムの機能を使用し、実際の授業で有効だった手法やうまくいかなかったものを記録しながら、カリキュラムや個別の授業プログラムを改善していく。アクティブ・ラーニング・フォーラムは授業だけではなく、その背後の計画・改善機能を含む教育版ERP（基幹系情報インフラ）となっているのである。

シリコンバレーのスタートアップらしいユニークな取り組みとしては、毎日スラック上に〝HC of the day〟という投稿が行われることだ。これは、あらかじめ設定されたプログラムが毎日約115項目ある思考・コミュニケーションのコンセプトを1つピックアップし、自動投稿する。〝HC of the day〟はコンセプトとその簡単な解説、さらに実際に使用する場面の事例が解説されており、気軽に学ぶことができる。

このように、ミネルバ大学の教員は遠隔地にいても教員同士の緊密なやり取りが可能で、それを通じて新しい教授法についての自信を身につけ、従来にない学生との刺激的なやり取りが常時発生する授業を経験できる。ミネルバ大学は教員にとっても非常にチャレンジングな場所ではあるが、授業計画や授業の進め方、フィードバック方法が教員に任され、教員間の教授法に関するコミュニケーションが著しく制限されていた既存の大学に比べて、教員の授業スキルが向上することは疑いようがない。

オンラインで授業を行うことや、情報技術を活用したコミュニケーションは往々にして非人間的だと非難されることがあったが、ミネルバ大学はむしろこうした技術を活用して、従来実現したくても不可能だった共同学習コミュニティを創造することに成功している。

米国ではトップクラスのリベラルアーツ・カレッジとして知られるウェズリアン大学とライス大学で学部長を務めたジュディス・ブラウン教授はミネルバ大学で教えることについて、サンフランシスコ・クロニクル紙のインタビューで次のように答えている。
「フェイス・トゥ・フェイスの授業が最も大事だと言う教員でさえ、ミネルバ大学以上にそれを重視した授業をしている大学はないと認めざるをえないでしょう。5～10年前には実現不可能だった教授法が最新技術によって可能になっているのです[*34]」

*34 "San Francisco's Minerva: 'perfect university' or student gamble?," *San Francisco Chronicles*, 2015/8/25, http://www.sfchronicle.com/education/article/San-Francisco-s-Minerva-Perfect-6465502.php

第4章

ミネルバ大学は、本当に教育に革命をもたらせるのか？

“学生の学び”を軸とした
教育に立ち返るための提言

……そして、この活動が最初の100日で完了することはない。おそらく1000日でも、この政権が終了しても、もしかしたらこの星が寿命を迎える日まで完了することはないかもしれない。しかし、我々はこれを始めなければならない。

J・F・ケネディ米大統領　就任演説より

4-1 ミネルバ大学は既存の大学とどう違うか？

——ブルー・オーシャン戦略で見えた6つの特徴

ミネルバ大学は、既存の大学が解決できずにいる大学の課題を「ゼロから大学をつくる」ことで解決する方法を提示してみせた。多くの懐疑的な声に反し、世界中から多くの学生が応募し、米国でも有数の教授陣を専任で獲得し、既存の大学の多くが望むような企業・行政・NPO等とのコラボレーションを実現した。筆者が日本での活動を始めた2015年以降、多くの企業、行政関係者、大学教員から「既存の大学が変わるために参考にできることは何か？」という問い合わせを受けてきた。

ミネルバ大学を理解するには、欧州経営大学院（INSEAD《インシアード》）の戦略論の教授であるW・チャン・キム教授とレネ・モボルニュ教授が共同開発した「ブルー・オーシャン戦略」[*1]のFour Action Framework（4つのアクション）を応用して説明するとわかりやすい。

このフレームワークは企業が新規事業を興す際に用いる思考ツールで、主に既存市場における競合（この場合は既存大学）が提供している価値要素を分析し、そこから「捨てる」、「減らす」、

＊1 成熟した価格競争が起きている市場を「レッド・オーシャン」と定義し、そこから新たな価値体系に基づく隣接市場「ブルー・オーシャン」を創造すること、そして新規事業を展開する際に有益な思考ツール、フレームワークを解説した『ブルー・オーシャン戦略』は2005年に出版されると、「マイケル・ポーター以来の本格的な経営戦略論」としてビジネス・スクールでは絶賛され、2人の教授が在籍していたINSEADの評価を高めた。https://www.blueoceanstrategy.com/

図表37 「4つのアクション」でみたミネルバ大学の運営

大学運営の構成要素	アクション			
	捨てる	減らす	増やす	加える
教授法	講義 テスト	教員の発言量	学生の発言機会 個別学生への フィードバック頻度	アクティブ・ラーニング フォーラム*
職員	教員の終身雇用権 研究専門職	施設管理スタッフ	海外スタッフ ITエンジニア	プロフェッショナル・ ディベロップメント・ エージェンシー**
学生・入試制度	優先枠・審査料 外部テスト評価	授業料	多様性/インターン 機会/給付型奨学金	優先審査制度 合格者の体験会
キャンパス	校舎・スポーツ施設 庭園他	娯楽・飲食施設	世界7か国に滞在 できる学生寮	市民パートナー
カリキュラム	基礎知識科目 語学	授業数	学外プロジェクト 個人研究期間	思考習慣 基礎コンセプト***
プロモーション活動	紙媒体のPR資料	広告宣伝費	SNSマーケティング 外部団体との連携	教職協働による 講演活動

* ミネルバ大学が採用した少人数・セミナー形式授業向け教育プラットフォーム
** 学生の技能を伸ばすインターン、学外プロジェクトを支援するキャリア・サポート組織
*** ミネルバ大学の独自開発による思考・コミュニケーション技法を約115項目に体系化したもの

「増やす」、「加える」価値を決め、新たな価値を加え、新しい提供価値を抽出するために使用される。今回は〝市場における提供価値〟という分析対象を〝大学運営の構成要素〟に置き換え、ミネルバ大学が取捨選択したものと新たに加えたものについて、分析してみる。

大学運営の主な構成要素を分類すると、教授法、職員、学生・入試制度、キャンパス、カリキュラム、プロモーション活動といったものになる。

これらの構成要素をミネルバ大学が実際に行ったアクションから遡って、「捨てる」「減らす」「増やす」「加える」のアクションを解説していく。

1. 教授法

教授法は、大学でおなじみの風景である大講堂での講義から、オックスフォード大学、ケンブリッジ大学で採用されている少人数制の対話形式の授業（チュータリング）まで、さまざまな「教え方」の形式が存在する。事前課題を課し、授業では教授による解説とグループワークが行われる「反転授業」と呼ばれる形式は、講義形式の授業に比べ、学生の学習効果が高いと評価されている。ただし、こうした学習効果の高い教授法が必ずしもすぐに大学の運営に取り入れられない実態については、第2章で述べた通りだ。

ミネルバ大学は講義を廃止している。ミネルバ大学が学生に提供する価値は知識ではなく知恵であるという行動指針に基づき、実際に授業中に教員が話せる時間を連続4分、90分の授業時間の中でも合計10分以内と定めている。アクティブ・ラーニング・フォーラムという独自のプラットフォームで行う授業は、教員と学生個人について発言量を計測することが可能だ。そのため、この方針は確実に実行される。

知識を取得するための基礎科目授業はMOOCを無料で利用できるのでミネルバ大学では取り扱わない。学生は授業で使用する教材を見て、ディスカッションのテーマである分野について必要な基礎知識は、自ら調べたうえで授業に臨む。

コスリン教授は、講義を提供しない理由について、次のように述べている。

「講義は教員にとっては**最も効率のよい教え方**だ。1人に教えるのも1000人に教えるのも、同じ内容の知識伝達をするなら、後者のほうがずっと効率がいい。しかし、これは学生の学び方から考えると**最も学習効果が低い**ものだ」

誤解がないように補足すると、ミネルバ大学では「専門知識」をまったく教えないということではなく、2年生以降の専攻分野では、セミナーやチュータリング時に、教授ないしクラスメイトとの対話を通じ必要な専門知識の解釈について学ぶケースもある。

しかし、既存の大学と決定的に異なるのは、ミネルバ大学では**知識そのものを解説するのではなく、その知識をどのように実社会に応用できるのか**を学ぶのだ。

ミネルバ大学は定期テストも廃止した。教員の役割は、学生が知識を効果的に覚えているかどうかのテストで「A」評価を得られるように導くことではなく、担当した授業が終了した数年先でも、身につけた内容を効果的に運用できるように導くことである。この方針に基づき、学生の習熟度は事前課題、授業中の発言内容とプロジェクト学習の完成度によって審査される。

ベンによれば近年、トップ大学では学生の学ぶ時間が減少しているにもかかわらず、成績評価はインフレ傾向にあるという。

「イェール大学を例に取ろう。1963年には「A」は14%の学生にしか与えられていなかった。2015年は実に60%の学生が「A」を取っている」[*2]

*2 京都大学 国際シンポジウム「大学教育の創造的破壊と未来–世界最先端の次世代大学が仕掛けるエリート教育を探る–」対談 "Open Educational Innovation: Creative Destruction or Destructive Creation?" Ben Nelson (Founder, Chairman, and CEO, Minerva Schools at KGI) × 飯吉透(京都大学教育担当理事補・高等教育研究開発推進センター長・教授)、2017年5月30日、https://youtu.be/rtcQpMqQt8U

ミネルバ大学では、1年次には成績は確定しない。実践的な知恵は、はじめて経験する状況でも有効に使えることが実感できないと〝流暢に使いこなせる〟レベルに達したとは考えられない。そのため、2年生以降も学生が1年次に学んだ思考・コミュニケーション技法について評価を継続するのである。そして、その評価は、定期テストではなく、毎回の授業での発言やプロジェクトの成果物（レポートや共同学習者、プロジェクト・スポンサーからのフィードバック）を採点することによって行われる。

このように講義形式の授業と教員の発言量を減らし、テストではなく毎回の授業での発言を成績評価とすることで、ミネルバ大学では**学生が能動的で質のよい発言を増やそうとする。**さらにすべての授業が19人以下の学生で構成され、アクティブ・ラーニング・フォーラムの機能を活用することで、教員はほぼ均等に学生に発言機会を与えることができる。1人当たりの学生の発言回数、発言量ともにミネルバ大学の学生は大教室で講義を受けている既存の学生を大きく上回る。

アクティブ・ラーニング・フォーラムが可能にするのは、授業中の円滑なディベート・ディスカッションのファシリテーション支援だけではない。ミネルバ大学における教員の授業準備、学生の事前課題提出、授業の記録はすべてこのオンライン・プラットフォームを通じて行われるため、従来の教室型授業では実現できなかった学生の学び方、習熟度評価、フィードバック方法を可能にしている。こうした最新の情報技術の活用は、定点的な習熟度テストに代わり、効果的な習熟度の把握、モニタリング、学びのサポートを実現した。

ミネルバ大学はテクノロジーを現在の教授法に合わせようとするのではなく、教員が理想の教授法を実現できるためのテクノロジーを開発した。

2. 職員

職員の雇用に関してミネルバ大学は大胆な打ち手を実現した。

まず**廃止したのは教員のテニュア（終身雇用権）**[*3]だ。

テニュアは、本来、大学にとって功績のあった教授に与えられるもので、成果を得るのに時間がかかる基礎研究に携わる大学職員の雇用の安定性を保証するための制度である。テニュアを得るための審査基準は厳しい一方、テニュア取得後は教授会等の了解を得ないと罷免できないため、しばしば現代社会のニーズに合わない教授が要職に居座り、才能ある若い教授候補のポジションが安定しない、という制度疲労が生じる構造的な問題がある。

たとえば、ハーバード大学で社会科学部長を務めたコスリン教授は、既存大学で教授たちが学生の「学習効果」を高めるための講義方法やカリキュラムの改善に消極的な要因の1つが、テニュア教員の増加にあると指摘している。「学部長時代、何度も同僚に教授法についてのア

＊3　教員の終身雇用権のこと。雇用者である大学は教授会の承認なしでは教員を解雇することができない、という権利。

ドバイスは行った。だが残念なことに、誰も真剣には受け取らなかった。テニュアがあるのだから本気で変わる必要なんてないだろう、という雰囲気だった」

スナップ・フィッシュ時代に財務担当取締役（ＣＦＯ）を経験しているベンは次のように指摘している。

「民間企業では、過去の業績が注目に値するものだから、市場ニーズに対応する努力を怠っていい、などということは起こりえない。教育の世界では、今でもこうした不可解な原理がまかり通っている」

過去の新設大学の経営者は、学生集めに腐心し、親や学生の関心、進学予備校や高校の進路カウンセラーたちの関心を手っ取り早く集めるために、有名大学を定年退職した名の知れた教員を学部長・学長として再雇用する。その人物の行動力も人脈も活かせるとなれば問題は難しくない。実際、ミネルバ大学でも教授陣は、他の大学でテニュアを持っていた教員が少なくない。

問題は、「テニュアをもらえないと来たくない」という人物を雇用すべきかだ。新設大学・学部のように新しい挑戦を行う際、その学部運営の成否にかかわらず、身分が保証されている人たちが運営方針を決める立場にあれば、組織の柔軟性は大きく損なわれるだろう。

だが、多くのスタートアップに見られるように、新しい試みには多くの試行錯誤と組織の柔軟性が不可欠だ。ミネルバ大学はコスリン教授をはじめ、米国では有数の教授陣を揃えることに成功したが、彼らの「高等教育の再創造」に関する強いコミットだけでなく、組織の意思決定に柔軟に対応できる仕組みに合意したうえで招聘に成功したことに大きな価値がある。

ミネルバ大学では、**研究専門職、いわゆる「学生に教えない教員」は雇用していない。**ベンはミネルバ大学を「学部教育を最優先する大学」として位置づけており、いわゆる総合的な研究大学ではない、とコメントしている。そのうえで、大学院や研究機関を持つ総合大学が、「自らのミッションは学部教育にだけあるのではない。だから学部教育は疎かにしてよい。学部から得た資金を研究開発に回して大学として価値が上がればよい」という姿勢を取っているのは問題だ、と指摘している。

「英国では、ケンブリッジ大学のように、学部教育は学部教育の収支で運営し、修士以上の研究機関は独自の予算で運営している大学もある。そのため質の高い教養教育が維持できている」

「自分の出身校であるペンシルベニア大学を含め、米国大学の建学精神は特定の職業だけではなく、どのような職業に就いてもしかるべきリーダーシップを発揮できる市民を育てることを目的にしている。現在のように、〝研究機関に進む博士を育てることは大事だけれど、大学は企業に就職する人、弁護士、医者、その他多くの職業で活躍するためのスキルを提供する場所じゃないんだ〟といった態度は欺瞞に満ちている」

なお、ミネルバ大学に所属する教員は研究活動を実施する機会がないか、といえば、そうでもない。

教員には4か月の夏休み期間に自分の研究に没頭できる時間がある。さらに、アクティブ・ラーニング・フォーラムでは教授がフィールド・リサーチを行っている場所からの授業が可能になるので、「授業のために移動する」時間を研究活動に充てることができる。また、革新的な教育研究について助成金支援を実施する独立したファンドであるミネルバ研究所を通じ、支援を受けられる可能性もある。

そして「授業で教えた時間」に応じて報酬を支払う制度を採用していることのメリットは、優秀な「教えることに情熱を持っている」若い教員からの応募が増えることだ。現在では既存大学でもテニュアの獲得は容易ではなく、かつ将来、他の大学に移動する自由を望む若い教員にとっては、テニュアの相対的な価値は下がっている。それ以上に年功給与が反映された授業料は〝教えるモチベーション〟を下げる要因になっている。ミネルバ大学はこうした教員の不満の受け皿となっている。

今のところ、「テニュアを付与しないような大学に優秀な教員が集まるのだろうか？」というメディアの懸念は、ミネルバ大学のケースでは杞憂だった。

応募してきた教員の主な理由は、オンライン・プラットフォームを使用することで可能になった遠隔地から授業できる利便性、「学習の科学」に基づいた学習効果の進捗、自分の授業評価を高頻度で受けることで、さらに自分の教授法を磨けること、トップクラスの学部長とのコネクション等、テニュアがないという心配を補うだけの魅力はあるようだ。また、テニュアはないが、教材開発に関わる教員にはミネルバ・プロジェクト社のストック・オプションが与えられている。

「キャンパスを持たない」ことでミネルバ大学はスタッフを大幅に減らせている。大学ランキングを取り扱う大学向けコンサルティング会社のQSの調査によれば、イェール大学の2011年度予算に占める費用の63％がスタッフ費用であったと報告されている。[*4]

ミネルバ大学はキャンパスを持たないため、さまざまな施設管理スタッフが不要である。教員以外の職員は、マーケティング、認知活動担当者（ミネルバ大学におけるリクルーティング担当）、入試オフィス、メンタルヘルスケア担当、ITエンジニア、PDAで、すべて学生の学びに関連したサービスを提供する人で構成されている。施設関連のスタッフは各拠点にある学生寮の維持管理をサポートするスタッフのみという徹底ぶりだ。

既存の大学よりも多いのは、ITエンジニアと海外の認知活動担当者だ。

ミネルバ大学における授業は、すべてアクティブ・ラーニング・フォーラムを利用するため、その品質管理、継続的な改善を実現するために、多くのシステム・エンジニアやプログラマーがスタッフとして雇用されている。

多くの米国大学は海外での認知活動は留学予備校やエージェント経由で行うが、ミネルバ大学の認知活動を行うスタッフは、多くが米国の名門大学、大学院を優等な成績で卒業した人た

＊4 "University Budgets: Where Your Fees Go," *QS Top Universities*, 2012/7/25, https://www.topuniversities.com/student-info/student-finance/university-budgets-where-your-fees-go

ちだ。

この「認知活動」という定義もミネルバならではの考え方だ。既存大学のリクルーティングは、高校への学校訪問、進学・留学フェア等への参加が主な活動だ。一方、ミネルバ大学の認知活動担当者がユニークなのは、こうした学校訪問や既存のフェアへの参加はもとより、教育イベントへの登壇、各国で現役生のインターンシップや協業パートナーの獲得、メディアへの露出等、担当することは多岐にわたる。このため認知活動スタッフは既存の大学のリクルーターに比べると、学歴、過去の職業プロフィールも学生、教員、メディア関係者が注目する経歴を持った者が多い。

たとえば、東南アジア担当のジョイス・タガルはイェール大学を優等で卒業後、マレーシア政府、Teach For Malaysiaで働き、世界的な経営戦略コンサルティング会社であるマッキンゼーでシニア・コンサルタントを務めた経歴を持つ。

また、ジョイスの前任者だったリン・ダオはブラウン大学を卒業、ＵＷＣベトナム事務局で同窓会窓口担当を務めただけでなく、複数の教育関連ＮＰＯを立ち上げている。アフリカを担当するファトゥ・バディアン・トゥーレはトゥソン大学のコンピューター・サイエンス学部を優等で卒業後、コロンビア大学のティーチャーズ・カレッジで修士号を取得している。前職では南アフリカのAfrican Leadership Academyでアフリカの女性と若者の次世代リーダー育成事業に従事していた。

国内スタッフも海外に負けず劣らず高学歴、かつ社会活動が経験な人たちだ。北米統括責任者のマイケル・レイはハーバード大学で行政学を学び、上位10％の成績優等生で卒業、オバマ元大統領に謁見した経験もある。入試審査関係の責任者を務めるナギーン・ホマイファーもハーバード大学を卒業している。在学中は学部生の400名が加盟するUndergraduate Women in Businessで、会計、留学生メンター責任者を務めた経験を持つ。

こうした優秀なスタッフを惹きつけたことは、少数精鋭の運営体制を可能にしただけではない。実際に既存のトップ大学を優秀な成績で修了し、一般的にその経歴に文句をつけにくい人々が、ミネルバ大学の目指す理念に共感しているという事実と彼らにしか語れない既存大学の課題を世界に知らしめるきっかけになっている。

スタッフの多くは、既存のトップ大学に対して不満を抱えているが、単なる批評家ではなく、実際にその優れた教育の恩恵を享受した一員でもある。ただその恩恵を受けたことに浸るだけではなく、富裕層クラブ化している自分たちの母校を変えたいという動きに力を貸している、という意識が高い。

さらに重要なのは、既存の大学にはないＰＤＡと呼ばれる外部の企業、公的機関、ＮＰＯ等と連携し、学生のキャリア支援を行う部門を設置したことだ。これは従来の大学では学部ではなく、より高額な学費を請求するＭＢＡのキャリアサービス部門が提供する業務が比較的近いといえるが、それですらミネルバ大学の提供しているものには見劣りする。

多くのMBAにおいて、キャリアサービスの役割は、学生のキャンパス内リクルーティングの誘致、インターン情報収集、職務経歴書の添削、模擬面接といったものであるのに対し、PDAはカリキュラムにそったプロジェクト学習の機会を提供する外部団体（企業・公的機関・NPO等）や個人の投資家、芸術家を学校と結びつけるだけでなく、学生の学びが実際の将来の雇用者にとって実用的で有意義なものかフォロー・アップし、学校が提供するプログラムに反映させていく、「雇用者と大学の対話の循環」をつくり出す役割を担っている。これは、アカデミックとキャリアを明確に分離して運営している既存大学の姿勢とは大きく異なる。

PDAのもう1つの重要な役割は、学生を就職させることではなく、学生個人に「社会に出て何を実現したいか?」「その実現のために学生時代に、どのような場で、どのような形で、何を達成すべきか」という本質的な問いに対し、学生をサポートすることだ。ミネルバ大学は新設校で「学生の成功＝大学価値の向上」という非常にわかりやすい状況にある。PDAは各学生にキャリア・コーチングとプロジェクト学習、インターン等の斡旋、そして学校としての信用を付与するといったタレント・エージェンシーのような役割を果たしている。

こうしたプロモーターとしての役割も担っている担当者も、人事コンサルタントや元グーグルの社内ベンチャー審査員といった、〝その道のプロ〟たちである。

3. 学生・入試制度

ミネルバ大学が実施している入試方法、授業料については第2章ですでに述べているので、ここでは「捨てたもの」、「減らしたもの」、「増やしたもの」、「加えたもの」の結果として得られた多様性について解説する。

ラリー・サマーズは、ミネルバ大学について「現在のアイビーリーグに合格できる資質が十分あっても、学校側の事情で席を用意できない人向けに、新しい大学をつくる」とコメントしたが、ベンはより野心的だ。

「我々がハーバード大学と同じレベルの大学をつくっても、100年後に新規参入したサービス提供者が既存のものよりも悪くては、高等教育の再創造などできない。もっとよいものを目指さなければいけないし、今まで、そうしたパフォーマンスをあげていると自負している」

ベンの目指す、「もっとよいもの」には学習の科学に基づく効果的な教授法やカリキュラムの提供だけでなく、米国に限らず、世界中の才能のある学生が集まる学習環境を実現することも含まれている。

ミネルバ大学の多様性は国籍、出身社会階層、出身校などバラエティに富んでいる。その国を代表するエリート高校出身者もいればホーム・スクール（学校に通わず、通信教育で高校卒業資格を得る学校）出身者もいる。生まれたときから複数の国籍を持ち、さまざまな国に居住した経験を持つ人もいれば、国はおろか自分の州から出たことのない学生もいる。すでにベンチャー企業の役員である学生もいれば、社会活動をしている際に投獄された経験を持つ人もいる。

所属していた学校での成績、過去4年間の課外活動実績、独自の思考・コミュニケーション技能のポテンシャルの3つで選ばれる（ただし、英語を流暢に使えることが前提）。このルールを例外なく厳格に運用すると、驚くほどさまざまなバックグラウンドを持つ母集団から才能を持った学生を選び抜くことができたのだ。ミネルバ大学に合格した学生の特徴について、ベンは次のようにコメントしている。

「才能に恵まれているというだけではなく、思慮深く、努力を惜しまない人だ。こうした人々が集まり、互いに学びあう環境を用意すると、さらに〝謙虚さ〟を持った人が生まれる」

ミネルバ大学はオープン・キャンパス（希望者がキャンパス訪問し、学校施設や授業見学ができるサービス）を実施しない代わりに、合格者を対象にサンフランシスコで3日間、学校・学生寮を体験できるプログラム「Ascent」を実施している。

このイベントはミネルバ大学にとって入学者／合格者比率を上げるためには重要な打ち手だ。合格者は、教員・学生・スタッフ・市民パートナー等との交流イベントに参加し、45分間のアクティブ・ラーニング・フォーラムによるセミナーとプロジェクト学習を経験する。「Ascent」には家族を連れて参加することも可能だ。合格者にとってはミネルバ大学の教授法が今まで自分が受けてきた授業とどう違うか、そして、自分にその学習法がフィットするか確認する機会となる。

4. キャンパス

ミネルバ大学は「都市をキャンパスにする」という方針を打ち出し、自前の資産を可能な限り持たない。

ミネルバ大学で唯一、既存の大学と同じような施設があるとすれば学生寮ということになるが、これも長期賃貸契約によって運営されている。学生寮は都市に存在する一般的なマンションに共有キッチン、シャワー・ルーム、談話室、洗濯室がある極めて簡素な仕様で、娯楽的要素はほぼゼロだ。

「簡素な学生寮」は「都市をキャンパスにする」ための施策でもある。こうすることで、学生は街に出て自分に必要な娯楽サービス、たとえばスポーツ・ジム、美味しいカフェを探す楽しみを自分の意思で選択・購入できる。

既存の大学は、広大な土地にさまざまな施設を建築し、その豪華さを競っている。100年以上の歴史を持つ大学ともなれば、施設の維持・管理だけでなく、近代化も必要だ。近年では大学ランキングの評価項目に学生寮の快適さが加わり、従来の学生スポーツへの投資に加え、アスレチック、娯楽施設まで学生の学びには直結しない投資が盛んに行われ、学部運営費が増加する要因の1つとして取り上げられるようになった。

もはや大学はキャンパス内に都市機能を備え、学生はキャンパスの外に出ることもなく、1か月以上生活することも可能である。

筆者も海外の大学に留学した際、キャンパスの美しさや設備の豪華さに圧倒されたことはあったが、ミネルバ大学の考え方には共感する。筆者が留学したケンブリッジ大学の図書館は「英国で発行されたすべての本が収められている」とまで言われる蔵書数を誇っていたが、実際に図書館に行ったのは卒業生認定証の申し込みをするための1回だけだった。もっぱら大学院の小さな自習室からオンラインで論文検索を行うことで事足りたからだ。

図書館の蔵書数は、必ずしも学生が実際に借りられる本の数を意味しないし、有名な論文は大都市の図書館でも見つけられる。立派な講堂を建てても講義形式の授業を一方的に実施しているだけでは、学生にとって快適な睡眠場所になるだけである。

学生はキャンパスの中にいたほうが安全だ、という考え方も疑問だ。米国の有名大学では、学内レイプの問題が度々スクープされるが[*5]、実際のところ、事なかれ主義の大学が物事を公正に処理することはあまり期待できない。

ミネルバ大学のキャンパスに対する考え方は、ストイックな面も感じる一方で、既存大学に

*5 スタンフォード大学やコロンビア大学のレイプ事件は記憶に新しい。米国のトップ大学ではほぼ毎年、こうした事件が発生している。たとえば、以下など。"Stanford rape case: Read the impact statement of Brock Turner's victim- The case sparked outcry accross the country and a change in Califorinia law," *Independent*, 2016/9/2, http://www.independent.co.uk/news/people/stanford-rape-case-read-the-impact-statement-of-brock-turners-victim-a 7222371.html

はない「卒業後に限りなく近い環境で、世界での生活を体感できる」経験を提供している。

5. カリキュラム

ミネルバ大学のカリキュラムは既存の大学における学士課程に加え、修士課程までをカバーしていると考えると理解しやすい。より正確にいうのであれば、既存の大学で提供されている入門講座や語学は省かれ、逆に修士課程で求められるような2年間にわたる研究論文が要求されている。学校外に専攻分野のメンターを求め、調査活動を奨励されることも既存の大学とは異なる。

入門講座と語学を提供しない理由についてミネルバ大学は、これらのサービスがすでにMOOCを通じて無料で受講できる時代に、こうした知識を習得する授業に学費を徴収するのは非倫理的だから、という立場を主張している。

「MITやハーバード、スタンフォード大学の看板教授の授業が無料で自分の都合のよい時間に視聴できるのに、なぜ高い学費を払わなければいけないのか」という疑問に答えられる大学はほとんどない。MITは人気講座である「サプライ・チェーン・マネジメント」についてオンライン受講者でも所定の金額を納付すれば「単位」として認め、さらに成績優秀者には大学の講義科目の履修を免除する方針を打ち出したが[*6]、他の講座への展開は進んでいない。

語学についてもミネルバ大学は、第二、第三の言語の習得を目指したい学生は、大学外の語学学校で学べばよく、必ずしも大学で提供しなければいけないサービスではないという立場を取っている。

6. プロモーション活動

ミネルバ大学は大学のマーケティング活動においても、既存の大学とは異なるアプローチを実践している。

まず、紙媒体への宣伝広告活動は限りなくゼロである。過去に合同で行う大学説明会に参加した際に、大学が用意するパンフレット、バナーという一連の「お土産」はなかった。ミネルバ大学が紙媒体で業界標準よりも〝投資している〟のは、2014年に入学した第1期生の勇気を称え、それぞれの学生にちなんだ柄を採用している名刺ぐらいだ(次ページの写真参照)。

紙媒体の学校紹介資料をつくらない理由について、アジアを統括しているケン・ロスは、かつて筆者と同行した日本での学校訪問で進路指導担当者に次のように語った。

「高級な紙媒体のパンフレットは読まれることなく、その多くは捨てられる。インターネット

*6 MITはフルキャンパス、オンライン+1学期オンキャンパス、オンラインでの単位認定の3段階でサプライ・チェーン・マネジメントコースを提供している。http://scm.mit.edu/program/blended-masters-degree-supply-chain-management

図表38｜ミネルバ大学の名刺。ほぼ唯一のプロモーション用の紙媒体

で情報が随時更新可能な時代に、パンフレットは学校紹介の適切なツールではない」

初対面では社交辞令が基本の日本文化を無視したコメントに、同席していた筆者は苦笑いしたが、徹底的にコストにこだわり、改善活動が即反映されるミネルバ大学のような組織では、更新できない古い情報を記載した紙の資料は確かにムダと映るのだろう。

では、ミネルバ大学はどのような方法で世界中から年間2万人を超える受験生を獲得したのだろう。しかもその約3分の1はこの大学を第一志望とする学生たちだったのだ。

謎を解く鍵は徹底したSNSマーケティングと影響力のある団体との協働、そして教職協働による講演活動にある。

SNSを利用したマーケティング

ミネルバ大学はフェイスブック、ツイッター、ユーチューブ、ミディアム、ウィー・チャット、ウェイボーといったSNSを駆使し、自分たちの活動を高頻度で発信している。驚くべきことにミネルバ大学のフェイスブックにおけるフォロワー数は約43万人で、自分たちよりも100年以上も歴史があり、卒業生も圧倒的に多いアイビーリーグの大学並みの数である[*7]（ちなみに日本の大学は東京大学で約7万人、早稲田大学で約5・6万人、立命館アジア太平洋大学で約5万人、慶應義塾大学で約2万人）。

フェイスブックやツイッターの更新頻度はほぼ毎週で、アカウントをフォローしている学生はプロジェクトに参画しているような感覚になり、受験する・しないにかかわらず、積極的に投稿を共有・拡散する工夫がされている。

SNSでの投稿内容は、主に以下のようなものがある。

1．学生紹介

キャンパス施設の豪華さを売りとしないミネルバ大学にとって、最大のPR材料は学生である。学校が自分たちをプロモーション材料として扱うことを嫌がる学生がいない訳ではないが、

＊7 2017年9月末の調査結果（フェイスブック Follower数）：Harvard 5,056,306, Yale 1,280,739, MIT 1,013,147, Princeton 547,749, Cornell 361,743, Columbia 340,486, Brown 230,149, Dartmouth 92,058。ちなみに日本の大学は次の通り。Tokyo Univ 71,823, Waseda 56 413, APU 50,045, Keio 20,718。

図表39｜エッセイ発信用アプリ「ミディアム」を活用したプロモーション

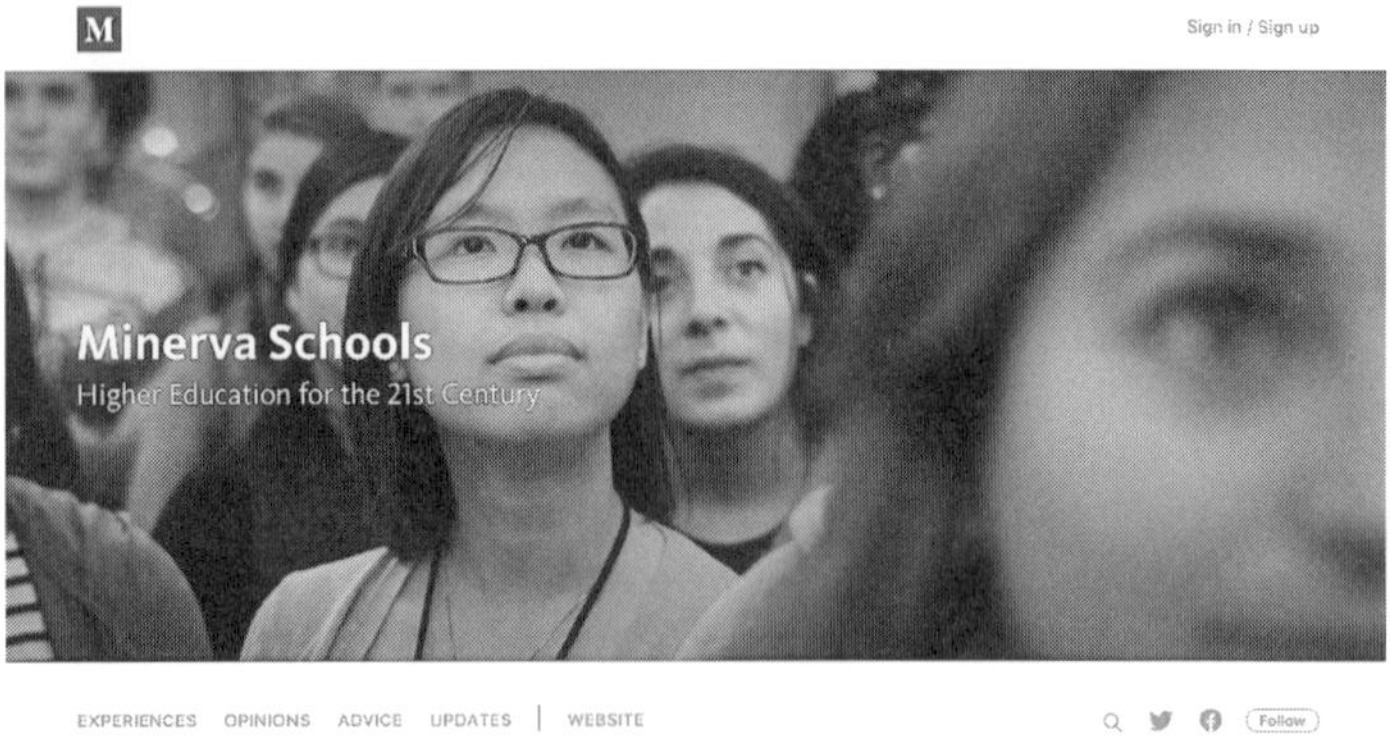

多くの学生は、むしろ自分の取り組んでいる活動や、なぜミネルバ大学を自分のキャリアとして選択したか、多くの外部団体や将来の雇用者、協業パートナーに知ってもらう機会として積極的に協力する。学生は自分がミネルバ大学で学ぶだけでなく、「高等教育の再創造」というプロジェクトを牽引している主役であることも理解しているのだ。

ミネルバ大学におけるキャリア支援部門であるプロフェッショナル・ディベロップメント・エージェンシー（PDA）も、学生が発信するエッセイの執筆サポートを行うほか、学生が関心を持つ外部団体にコンタクトする際に大学がその生徒を推薦する旨の参考資料を提出するなど、学生のキャリア支援にもつながっている。こうした在校生によって書かれたエッセイは内容が有用なだけでなく、受験生や関心のある教

図表40 協業パートナーの例。「教育機会の平等」を訴えるNSHSS（米国高校学生教員協会）

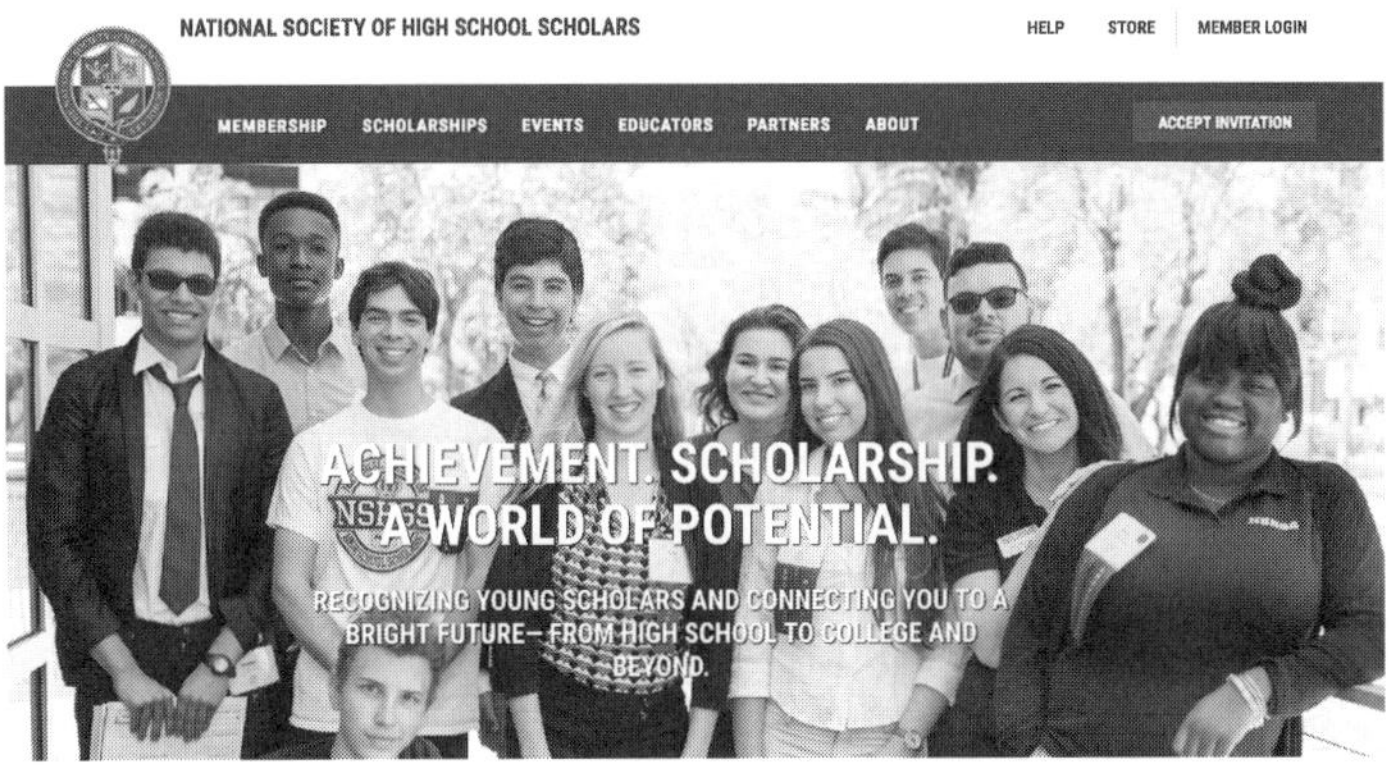

育関係者に実際にミネルバ大学で学んでいる学生の質の高さを伝えることもできる。

2. 理念を共有する外部団体との共同キャンペーンの告知

ミネルバ大学は「海外留学」「ギャップイヤー」「教育機会の平等」「グローバル教育」「異文化理解」「エリート教育」等を推進する団体と共同でセミナーを開催し、彼らが訴えてきた教育改革を実現している大学だという立場を取る。

こうした外部団体との協業は、ミネルバ大学が独自に学生の誘致活動を行うよりも遥かに効率的だ。こうした外部団体は、ミネルバ大学が実践している「高等教育の再創造」に関心がある多くの個人へのコンタクト情報を持っている。さらに外部団体のメーリングリストに大学へのリンクを貼り、そこからミネルバ大学のサ

図表41　中東地域でSTEM教育を推進するアル・グレイル教育財団との共同PR

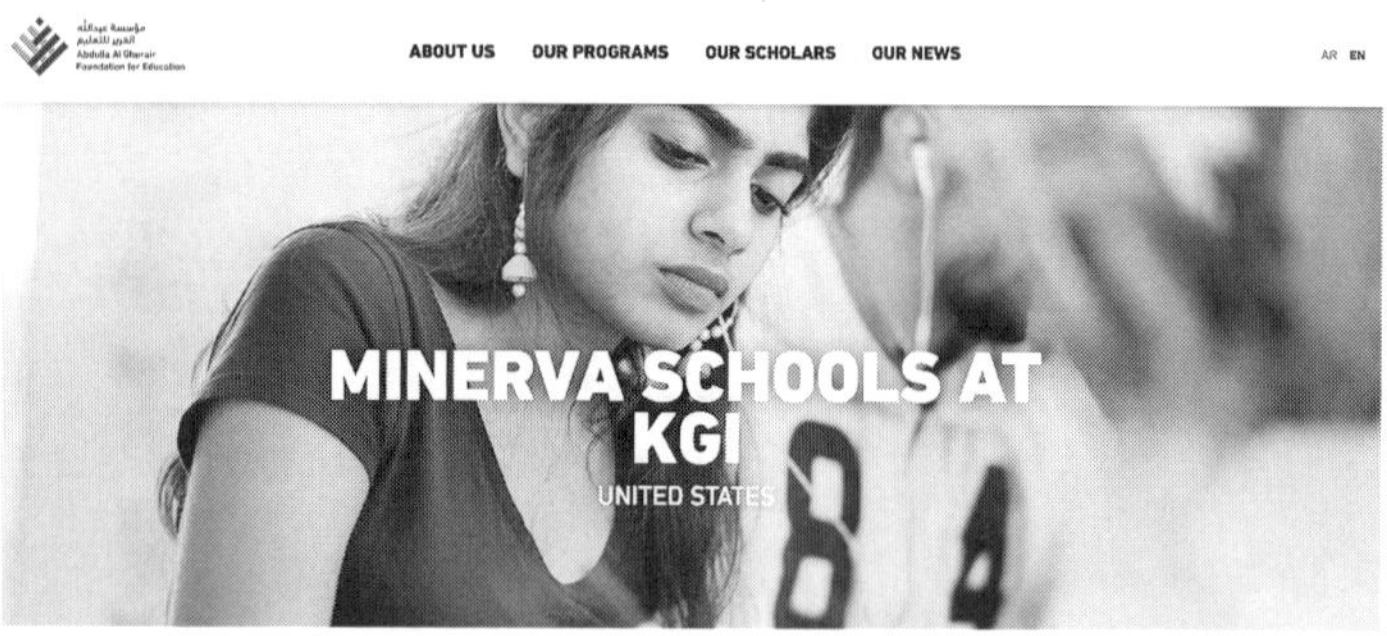

イトを訪問した人の行動情報[*8]を確認することで、どのような学生がミネルバ大学に興味を持っているのか情報収集を行い、より効果的なプロモーション・キャンペーンやウェブサイトの掲載情報の内容を検証することができる。

協業パートナーにとっては、ミネルバ大学を自分たちがサポートしていることをPRするのは、自分たちの活動を宣伝するうえでも効果的だ。特定の大学のプロモーション活動への協力を警戒する団体でも、自分たちの理念にそった問題提起やキャンペーンに著名な教授を要する大学が関心を寄せている、となれば話は変わる。

たとえば、アラブ人のSTEM教育に力を入れているアル・グレイル（Al Ghurair）教育財団はミネルバ大学で学ぶことを志すアラブ人学生向けの奨学金を設立した。こうした積極的な財務支援以外にもミネルバ大学との共同奨学金の

＊8　ウェブサイト訪問者がどのような情報に興味を持っているか、各情報へのアクセス頻度、閲覧時間等から分析すること。

設立には国際バカロレア機構など、世界のインターナショナルスクールへのネットワークを持つ団体などがある。

3．外部団体とのプロジェクト学習の内容

ミネルバ大学にとって、プロジェクト学習を提供する外部団体の存在はカリキュラム上の必要不可欠な要素であるだけでなく、受験生に多くの魅力的な学外サポーターがいることを知ってもらうためにも重要な存在だ。ＳＮＳでの投稿では、企業や公的機関の正式なプレスリリースを待つのではなく、「学生の体験」として投稿されていく。

ここには、滞在都市でプロジェクトを提供している市民パートナーはミネルバ大学の学生が行う質の高いフィードバックや提言を自分のＰＲ活動として活用することもでき、ウィンウィンの関係が成立している。「タレント獲得戦争」とも言われるグローバルな人材獲得競争が行われているグローバル企業や世界トップクラスの大学院は、ミネルバ大学の知名度が向上するにつれて、即戦力となる人材が集まる大学として、チャレンジングなプロジェクト課題を用意する。その課題に取り組む学生と満足する結果を得たプロジェクト・スポンサーは、その成果をＰＲしていく、という好循環が生まれる。

4. 創立者、教員、スタッフ、学生の講演活動

ミネルバ大学の「高等教育の再創造」という啓蒙活動は、創立者だけでなく、教員やスタッフ、時には学生自身が「教育×ＩＴ」「教育の未来」「グローバル化」「ＡＩ時代に求められる教育」といったテーマで行われる会議や講演会にミネルバ大学関係者として招かれる形で行われている。

こうした活動を通じ、発言力・影響力のある人やミネルバ大学の設立理念に共感し、自発的に情報を拡散してくれる人々とつながることを目指す。またこうした講演はユーチューブ等のネット動画として配信されることも多く、ＳＮＳの投稿用ソースとしても価値がある。

講演活動で最も重要なのは、ミネルバ大学の宣伝活動ではなく、大学が抱えている課題と、これをどのように解決できるかという点を強調し、その具体的な事例としてミネルバ大学を取り上げる、という方法だ。このため、会議の主催者がミネルバ大学関係者を招聘する際には、単なるプロモーターではなく、業界の抱える課題を自らの経験に裏打ちされた事実をもとに発言できること、社会的信用や学歴を持った人物が求められる。ミネルバ大学が基本的に留学エージェントを使用しない理由はこうした背景がある。

何を「捨てる」、「減らす」かが改革のポイント

既存の大学とミネルバ大学の違いを説明すると、多くの大学関係者から、ミネルバ大学には既存の大学の「負の遺産」がないために大胆なアクションが取れるのだ、というコメントをいただくことが多い。これは、ミネルバ大学が発足したとき、「キャンパスも、教室もない無名の大学に一体どんな教員と学生が集まるというのか？」という声がいかに表面的なコメントであったか自ら認めているようなものだ。そして、「負の遺産」を持たないことよりも「学生の学びを軸とした教育」に既存の大学が立ち戻ることの難しさを示しているコメントでもある。

「ブルー・オーシャン戦略」が新規事業を見出すうえで強力なフレームワークである一方、多くの学習者がこれを実行することができない理由も、４つのアクションである「捨てる」、「減らす」、「増やす」、「加える」を実行できないことが原因だ。

大学業界においても、時代の新しい要請に対して業務を「増やす」、「加える」ことは実施してきた。しかし、「捨てる」、「減らす」に関しては、戦略的な意図をもって自ら実施したことはないと言っても過言ではない。米国においても日本においても、政府からの補助金が減らされたあとも大学運営者は依然としてキャンパスや研究施設の新設を申請するし、減らしたのは、教える教員の給与と質だった。

ミネルバ大学は新設大学だが、既存の大学でも新設学部をつくる際、同じようなアプローチはできるはずだ。ミネルバ・プロジェクトは設立時に70億円近い資金を有しており、キャンパスをつくる資金が足りなかった訳ではない。実際、初期の構想では、自前のキャンパスを設置する計画を持っていた。しかし、新しい時代に、自分たちが目指す教育のあり方、「学生の学びを軸とした高等教育の提供」を突き詰めた結果、施設やテニュア、投資対効果が低いにもかかわらず、ずっと行われてきたものを捨てることができたのだ。

前例ができた今、既存の大学がこれを参考に改革することは以前ほど難しくない。広大な土地を持つ新興経済国では、すでにミネルバ大学のようなオンラインセミナーを活用した授業と各地方で行われるプロジェクト学習を組み合わせた高等教育を整備しようという動きがある。こうした国では、中流階層とはじめて大学に進む世代が増加していくことが見込まれ、効率的かつ効果的な予算の使い方が検討されている。

4-2 ミネルバ大学の2つの課題と、さらなる可能性

ミネルバ大学はカリキュラム、学生、教員、マーケティング戦略等、多くの点で既存の大学とは異なるアプローチを実現し、現在では、開校前の懐疑的な声からは想像できなかった多くのメディアや教育関係者から好意的な支持を得ている。

一方で、その評価についてまだ慎重な見解を持つ人も多い。

慎重な意見を持つ人には、大学の評価をするには、実際に卒業生がどのような活躍をするか確認できるまで、その真価は実証できない、という立場を取る人もいる。

また運営の母体が営利企業であり、その業績によって学校運営方針が変わる可能性があるので、現在提供しているサービス内容は持続可能ではないのではないか、という懸念を持つ人もいる。

ただ、こうした懸念は既存大学が陥っている改革できない理由をサポートする価値観に基づくもので、ミネルバ大学が自らに課しているミッションが実現可能かどうかとは無関係だ。ミ

ネルバ大学は、すでに社会で活躍している学生を経済的成功だけでなく自らの望むキャリアを通じて社会貢献できる人材として育成する高等教育の実現を目指している。別の言い方をすれば、未だ才能を発揮していない学生を、教育を通して既存のエリートの仲間入りをさせるための大学ではない。すでに恵まれた才能を発揮している学生に、変化が速く、不確実性の高い社会や複雑で不透明な未来においてさまざまな組織で活躍できる実践的な知恵を身につけることを目的としている。

学生時代からすでに名だたる組織でプロジェクトを行っている学生にとっては、卒業後も自分の進みたいキャリアにおいて、どんなネットワークやリソースを持ち、それらを活用できる知恵を身につけているか、のほうが、卒業後すぐにゴールドマン・サックスやマッキンゼーに入社することよりも重要だ。一方、（皮肉なことであるが）そのような大企業はミネルバ大学のPDAに対してキャリア教育のアドバイザリーを務めており、まさにこうしたプロファイルの学生を自社に引き込みたいと考えている。[*9]

ミネルバ大学は営利組織に支えられた大学なので、今後の学校運営方針が、母体の営利組織であるミネルバ・プロジェクト社の財務的安定性によって今後変わるかもしれない、という懸念に関してはどうだろうか。これに関しては、第1章で述べた通り、ミネルバ大学はクレアモント大学連合の一員で、他の大学同様、非営利団体であることをもう一度強調しておきたい。そのうえで営利企業による経営方針が学校法人に影響しうるという意見に対して、確かに、そ

*9 ミネルバ大学ウェブサイト（https://www.minerva.kgi.edu/career-development/）のEmployer Advisory Groupを参照。

のような可能性は否定しきれない、と筆者も考える。

しかし、豪華な施設を銀行からの借金で建設し、学費を値上げしてでも増えつづけるスタッフと高額な教員をヘッドハンティングしている既存大学のことを考えれば、ストイックというのがふさわしいくらいの簡素な施設や少数精鋭主義の運営体制は、むしろずっと安定していると言えるのも事実で、将来の見通しも明るいのではないか?

効率的な運営体制はむしろ営利企業的な厳格なコスト意識を持っているからこそ、実現できているものだ。そう考えれば、営利企業出身者が運営に関わると経営が安定しない、という懸念は、現実的に非営利団体である既存大学が社会に出てもほとんど役に立たない知識と多額の借金を負わせて学生を卒業させている実態と比較すると意味のある指摘であるかどうか、疑問だ。

学校の安定性について、ミネルバ大学が取るべきアクションは投資家や優れた教育に寄付金を提供したい慈善家には既存大学よりもずっと説得力がある。

それは、「世界中から才能のある学生を集めることに引き続き注力すること」、「〝高等教育の再創造〟というミッションに共感する資金提供者を継続して獲得すること」である。

こうした観点から筆者はむしろ、本章では、ミネルバ大学が自校のブランドを確立したり、経済的に成功したりするための課題ではなく、ミネルバ・プロジェクトが掲げたミッションである**「世界のすべての才能ある学生に、これらからの変化の激しい世界や未知の分野で活躍で**

きる実践的な知恵を、適切な学費で提供すること」の実現に向け、同社が乗り越えていかなければいけない課題について解説したい。

ミネルバ・プロジェクトが自ら設定したミッションを実現するには以下の2つの条件を満たす必要がある。

1．ミネルバ大学が既存のトップ・エリート大学に改革を促せる存在となること

2．既存の大学が、〝学部生の学び〟を軸とした教育を提供する経営に立ち戻ること

1．既存トップ・エリート大学に改革を促せているか？

ミネルバ大学のカリキュラム、教授法や運営方法は度々メディアに取り上げられているが、既存の米国トップ大学が本格的に模倣したり、ライセンス採用したりするには至っていない。アクティブ・ラーニング・フォーラムのようなオンライン・プラットフォームをライセンス使用したいという問い合わせは複数の組織から寄せられているが、ライセンス供与にはまだ至っていないのだ。

運営方針に関して反応が見られたのは、スタンフォード大学が家計所得が6万5000ドル未満の学生からは授業料を徴収しないという方針を実施したこと、[*10]MITが最も人気のある「サプライ・チェーン・マネジメント」のオンラインコースに一定の条件を満たせば、正式な学位を認めるという方針を発表したこと、またMITの教育学部長であるクリスティーヌ・オルティス氏が「専攻も、講義も、クラスもなく」「学力の縛りのないすべての学生を受け入れる」大学を構想するために休職したことくらいだ。[*11]

スタンフォード大学の新方針は、メディアに大きく報じられたが、恩恵を受けられるのは実質的に数名との声もある。

既存のトップ大学は依然としてベンが指摘した「自分たちはもっとよいことができると知っていても、組織としてそれを実行するインセンティブはない」[*12]という状態が続いている。

ミネルバ大学が既存のトップ・エリート大学に改革を促せる存在になること、ないしは、ハーバードをはじめとするトップ大学の運営方法を模倣する他大学が、「いや、これからはミネルバ大学を真似したほうが勝算がありそうだ」と考えるに至るような影響力を持つためには、どのような状況をつくり出すことが必要だろうか。

1つの答えは、「規模の拡大」だ。

ミネルバ大学は既存の大学に比べるとずっと規模が小さい。

「ミネルバ大学がトップ大学に本気で改革を促せる存在になるには、アイビーリーグと同規模

＊10 スタンフォード大学の奨学金制度はこちらを参照。https://financialaid.stanford.edu/undergrad/how/parent.html

＊11 "MIT Dean Takes Leave to Start New University Without Lectures or Classrooms," *The Chronicle of Higher Education*, 2016/2/1

（1学年当たり6000〜8000名）とは言わずとも、リベラルアーツ・カレッジの400〜600名規模になる必要があるだろう」[*13] とベンはコメントしている。

ミネルバ大学の入学者数は110名（2015年度）→165名（2016年度）→218名（2017年度）と順調に増えてはいるものの、その伸びは鈍化している。また受験者数は1万1000名（2015年度）→1万6000名（2016年度）→2万5000名（2017年度）と伸びているが、合格率は過去3年間、2%で横ばいになっている。

選考方法やミネルバ大学の認知度が上がるにつれて、実力のある受験者が増え、合格率が上昇してくるという当初の予測は実現していない。合格率、または合格者の進学率が改善しない場合、500名の在籍生を得るためにはおよそ5万人の受験生が必要であり、これは現状の2倍以上になる。ミネルバ大学の合格者進学率は初年度の49%から2017年度で57%まで改善しており、この数値はアイビーリーグの他大学と比較しても高いほうであるため、これ以上の大きな改善は望めない[*14]。

進学者を増加させるには、全体の受験者数を増やすと同時に質の高い進学者を増やせるかが重要であり、現状のマーケティング・リクルーティング活動からさらに新しい打ち手が必要となる。

ミネルバ大学に興味を持ち、かつ合格できる実力を持った学生は次のようなプロファイルを持っている可能性が高い。

＊12 "Transformar 2014," 2014/9/12, https://youtu.be/qSQzcy7IE78

＊13 "Startup University's Disruption Plan: an Old-School Master's Degree," *The Wall Street Journal*, 2015/12/9, https://www.wsj.com/articles/education-startup-minerva-project-to-offer-masters-degree-program-1449679243

- 所属する学校でトップクラスの成績を収めている
- 特定の国ではなく多様な異文化経験に興味がある
- 年齢や学年制限を超えた課外活動を行っている
- 高等教育の「投資対効果」に関心が高い
- 英語を流暢、かつ自分の意見を表明できるレベルで使える

ミネルバ大学は相対的評価や学校によって合格者数を制限するようなアドミッション方針を採用していないとはいえ、こうしたプロファイルを持つ学生が1つの学校に数十人もいる学校は多くない。そして、効率的に既存の大学に対して影響力を持とうとするならば、既存の大学が何らかの優先枠を付与しているような各国を代表する高校から、上記のプロファイルを持つトップ大学の進学者を奪えばよい、ということになる。

ところが、実際にはこうした優先枠を付与されている高校から学生が自由にミネルバ大学を受験し、進学することは簡単ではない。ミネルバ大学側がドアを大きく開き、大学教育の現状を丁寧に説明しても、多くの場合、こうした高校には有名大学への進学実績を稼ぎたい進路カウンセラーや自分の子どもを〝社会から確かな評価を得ていると確信できない大学〟へ進ませたくないという「親の壁」が非常に高いためだ。また、こうした高校には、成績優秀者に対する学費免除等の給付型奨学金制度を提供する大学もあることから、ミネルバ大学の厳格な財務

＊14 米国におけるトップ大学の進学率（進学者／合格者）は、最も高いスタンフォード大学でも64％程度であり、57％の進学率は非常に高いと言える。

支援制度に基づくリクルーティングは敬遠されるケースが多い。

また、中国では米国大学在籍者の父兄を中心に、ミネルバ大学が既存の大学の問題点を指摘していることに不快感を示す人もいる。これは、ミネルバ大学がプロモーションに活用しているフェイスブックが中国では使えず、グーグルによる検索も規制がかかり、第三者による評価や米国における高等教育の問題に関する情報が入手しにくいことも影響している。

これ以外にも壁はある。同窓会組織が充実しており、そのコネクションを梃子《てこ》にビジネスをしたいと期待する既存トップ大学に子どもを送り込んでいる親にとって、そのブランド価値を毀損するようなミネルバ大学の高等教育への問題提起は迷惑な存在だ。

こうした障壁が高い学校へのアプローチは、少数精鋭のスタッフで運営するミネルバ大学にとっては必ずしも得策ではない。こうした学生はミネルバ大学よりも、ミネルバ大学をフォローせざるをえなくなった既存の伝統あるエリート大学へ進学を希望するだろう。ミシガン大学のカイディ・ウーらの調査によれば、アジア系学生の多くは文化的な背景から、親族や友人はもちろん、社会的に広く認められた「名門と認知されている」大学への進学を選択する傾向が強いという。

ミネルバ大学は、最もイノベーティブな学生を集めることには成功した。しかし、大学界に強い影響力を与えるには、ミネルバ式教育にアクセスできる人の数を増やすことが重要だ。

進学者を増やす最も簡単な方法は、選考基準を下げることだ。現在のミネルバ大学の選考基準は極めて高い。少々下げたところで、さして影響はなかろう、とも思える。しかし、同時にこれはベンにとってみれば「最後の手段」だろう。ミネルバ大学がさまざまなトップクラスの組織とプロジェクトを実行できるのは、教授やスタッフのコネクションもさることながら、学生の実力が備わっているからこそである。また一度下げた基準は、「営利大学ゆえの方針転換」等のネガティブな波風を生じさせる。資金が潤沢にあるうちは、あくまで自分たちの合格基準を下げることはしないだろう。

合格率を上げるもう1つの方法は、合格できる実力を持つ学生を増やすことである。

ミネルバ大学の入学審査は学校の成績、過去4年間の課外活動実績、そして独自の思考・コミュニケーションスキルの審査で行われる。学校成績や課外活動実績は素晴らしいが、試験では、ミネルバ大学が求める思考・コミュニケーションスキルに対する潜在力が低い学生が少なからず存在している。これは、高校時代にこうした思考法やコミュニケーション法を知らなかったり、必要性に気づいていても、能力を磨く機会にアクセスできなかったりすることが主原因の1つだ。

とはいえ、こうした能力は、もともと既存大学はおろか企業でもほとんど実践されてこなかったものであり、先天的に獲得できる能力ではない。現在の合格者は国際バカロレアの「知の理論」（Theory of Knowledge：TOK）や自分の課外活動や独学を通じ、一種の「地頭のよさ」を持っているのだが、こうした学生の中からミネルバ大学に進学する「冒険心」を持った学生はそれほどいない。ミネルバ大学のカリキュラムと国際バカロレア教育は比較的相性がよいが、さらに経験学習を重視したようなプログラムは中等教育課程でもまだ試行が始まったばかりだ。*15

では、具体的にどのようなことを実施すればよいのか。

現在、世界各地で行われている認知活動に模擬授業などのワークショップを通して、ミネルバ大学が提供している思考・コミュニケーション技法に志望者が触れる機会を増やすことだ。現在ミネルバ大学の認知活動を担当しているスタッフはさまざまなNPOや学生運営団体とつながりを持っており、しかるべきトレーニングを受ければ、こうしたワークショップを実施する能力は十分にある。さらに、これらの技能を「育てる」ではなく、「知ってもらう」ことに注力するのであれば、オンライン教材を作成し、協力関係を構築した教育関連NPOや企業を通じて情報を拡散させることは可能だ。

実際、こうした試みはスタッフや学生のプロジェクトとしても行われている。こうした努力がすぐに進学率の増加に結びつく訳ではないかもしれないが、ミネルバ大学に合格できる学生の注目を得ることは可能だ。また学校を通さずに直接学生に体感してもらえる機会としてより活用していくことが望ましい。

運営面の課題についても言及しておこう。

＊15 第3章でも述べたUWC Mahindra Collegeで実施されているProject Based Diplomaはその一例。http://uwcmahindracollege.org/uwc-learning/academics/project-based-diploma

現在、ミネルバ大学の学生の約80％は財務支援を受けている。この割合は、他のトップ大学と比べて高い。[*16]

もともと、ミネルバ大学の学費は既存トップ大学の3分の1〜4分の1の学費に抑えられているので、この比率のまま学生が増加していくと、奨学金給付額も増加するという財務的に厳しい状況に陥る。

ベンは日本でミネルバ大学への支援を要請するファンドレイジングの際、次のように語っていた。

「当初の見込みでは、これだけ学費が安いのだから奨学金を必要とする学生の割合は既存のトップ大学よりもずっと低くなるだろうと考えていた。我々の学生のパフォーマンスを見ることで、既存のトップ大学がいかに富裕層を優遇しているか明らかにできたのはよかったが、大学経営の観点からは、楽観もしていられない事態だ。大学運営の資金は向こう20年以内に底をつくということはないが、これから学生数を増やしていくには、同時に大学の趣旨に賛同してくれる個人や団体から寄付を募っていく必要がある」

ミネルバ大学は給付型奨学金を支援してくれそうな財団への働きかけを実施しているが、既存大学とは異なり、経済的な成功を収めた卒業生からの寄付という財源を持たないため、こうした活動は容易ではない。また、仮にそのような状態が実現したとしても、「卒業生の家族に入試時に一定の配慮を行う」というプレッシャーを嫌うミネルバ大学の運営方針から、卒業生

*16 "A Letter From Founder Ben Nelson to the Minerva Community," *Minerva Medium*, 2017/6/23, https://medium.com/minerva-schools/a-letter-from-founder-ben-nelson-to-the-minerva-community-e823c55e32fe　参考までに挙げると、ハーバード大学で何らかの財務支援を受けている学生の割合は55%。

からの寄付も多くは期待できないだろうことは予想がつく。

新たな財源の確保、学校経営の安定という観点から、ミネルバ・プロジェクト社がミネルバ大学で開発・実証された教材を他大学へ提供、ライセンスするのは現実的な打ち手だ。ただ、こうした事業の拡張は、教員やシステムを安定的に動かすためのＩＴエンジニアの確保が必要になる。本拠地サンフランシスコは優秀なエンジニアを確保できる場所であるが、同時にこの地のエンジニアの給与も世界最高水準であることは知られている。

また、多くの海外スタッフはミネルバ大学の理念に共感してプロジェクトに参画している一方、定着率は必ずしもよいとは言えない。これは、高学歴で高給を得られる人が、自分のフィランソロピー活動、また多少なりともキャリア構築のためにボランティア精神で参画している、といった面は否定できず、長く活動にコミットしようとしている訳ではないのだ。

実際、筆者がミネルバ大学の日本代表を務めていた2年間で、アジアの担当は統括部長を除き、全員が入れ替わった。こうした認知活動に携わるスタッフの定着率は、既存の大学も必ずしも高い訳ではないが、アジアのように属人的な関係性が重視される地域においては今後の発展の障害になる可能性がある。

一方、ミネルバ大学の知名度が向上するにつれ、認知活動に携わる高学歴のスタッフのニーズは減少する。CIVITASのメンバーや新たな協業関係を築けそうな企業に対しては、専任担当者を採用し、サンフランシスコから直接交渉するほうが理にかなっている。こうしたスタッフ配置・採用に関しても機動的に取り組む必要がある。[*17]

2. 既存大学は〝学生の学び〟を軸とした経営に立ち戻れるか？

ベンによれば、ミネルバ大学はすでに多くの他大学からアクティブ・ラーニング・フォーラムのライセンスや講座提供の依頼を打診されている。これは本人が当初予測していた、「開校から20年経ち、卒業生が実際に社会で活躍しないと、このような話がくると思っていなかった」ことからすれば歓迎すべき状況だ。その一方、ベンはすぐにライセンスに応じることには慎重で、当面は一部の大学の成績優秀者に限定して講座提供を行う方針だという。

この方針は、ミネルバ大学がすべての拠点でスムーズなオペレーションを実現できるか目処が立つ2019年頃までは保守・メンテナンスを担当するエンジニアに余計な負担を増やしたくない、という考えに基づくもので、ミネルバ・プロジェクト社が開発している教材のブランド力が毀損されないことを最優先するという観点からは真っ当な判断と言えなくもない。

しかし、一方でこの判断は、ミネルバ・プロジェクト社に投資している投資家からすれば、事業拡大速度の面で物足りないといえる。シリーズAでリード投資をしていたベンチマーク・キャピタル、シリーズBでは中国で英語教育を展開しているTAL Groupをはじめとする投資家

*17 "EdSurge Interactive Thought Leader Interviews @ 2017 ASU GSV Summit - Ben Nelson," 2017/5/10, https://youtu.be/P_K2I0DT_wU

は、より大胆な成長計画を求めていると推測される。ビジネス拡大を狙うための3度目の資金調達ラウンドでベンがより長期的な視点を持った投資家を獲得できるかは大きなポイントになるだろう。2017年時点のミネルバ・プロジェクト社のスタッフ数は100名強。ストイックな少数精鋭集団できた組織を拡大するタイミングはどの企業にとっても難しい判断だが、ミネルバ・プロジェクト社も間もなくその壁を乗り越えなくてはいけない時期が来る。

また、より現実的な課題として、ミネルバ大学が仮に2500人程度の規模になり、一部の大学でミネルバ式教材や授業のライセンスが開始されたとしても、多くの大学は今までの非効率な経営から「学生の学びを軸とした教育」に立ち戻れるのだろうか。

ベンはスナップ・フィッシュ時代に富士フイルムやコダックの市場を破壊した自負から、「小さい組織でも巨大組織の行動に影響を与えられる」と自信を見せる。しかし、最も競争の激しい嗜好品の消費者市場である写真印刷とは異なり、行政から補助金がどっぷり注入された既存のエリート大学の業界は、「非効率であることが許されている」業界である。多くの大学経営者は、現在の大学産業の実態が非効率で非倫理的であることは認知している。しかし、同時に誰もこれが自分たちの問題だとは認識していない。

道義的な観点からミネルバ大学のようなプロジェクトが企画・実行され、一部の教育関係者が支持することはあっても、多くの大学関係者が、その影響力に懐疑的なのは、このプロジェクトが自らの脅威になる、自分たちが変わらなければ生き残れない、という危機感がないためだ。

こうした観点から、ベンが目指す「高等教育の再創造」に反応するのは欧米のトップ・エリート大学ではなく、むしろ既存の中～低ランク大学、さらには新しい教育を取り入れやすい成長著しいアジア地域の大学や欧米の中等教育の影響が他の地域に比べて弱い新興経済国（たとえば、ベトナムやアルゼンチンなど）の大学が中心となるだろう。こうした大学から模倣者が現れ、変化の波をつくっていくと筆者は予測している。それは、こうした大学は高すぎる学費や就職実績が大学経営に直結する事情があり、より危機感を持ちやすいからだ。また、欧米の中等教育の影響が弱い新興経済国は、自国の教育制度を再構築している最中で、政府も国民も教育の投資対効果について冷静な判断が可能である。

このようにミネルバ・プロジェクトが目指す「高等教育の再創造」は、容易に達成できるものではなさそうだ。おそらくミネルバ大学単体の経済的成功や継続性はそれほど難しくはないが、〝学生の学びを軸とした大学教育〟が受験生や実際に学費を負担する親の意識を変えるまでにはまだしばらく時間が必要だろう。多くの親は「実践的な知恵」の習得よりも「実践的なコネ」の獲得のほうが学生の就職や昇進に利くのだ、という根強いブランド信仰を持っているし、現実の世界が一定の学歴コネクションで成り立っているのも事実である。[*18]

やはり人々は本音では、〝何を学んだか〟ではなく〝学位〟が重要なのだ、と考えているのかもしれない。でも、それは間違っている。実社会では有名大学出身だからよい仕事が与えら

*18 "One Good Question with Ben Nelson- Do we actually believe that college matters?," *One Good Question*, 2017/1/10, https://rhondabroussard.com/2017/01/10/one-good-question-with-ben-nelson-do-we-actually-believe-that-college-matters/

れ、よい評価を得られ、成功するのではない。多くの成功者は、どんな大学を出ていようが、あるいは卒業、進学すらしていなくとも、自分が学んできたことを新しい状況に応用できる「ファー・トランスファー」を意識的・無意識的にかかわらず、利用しているのだ。

ベンは過去50年間、米国で行われてきた教育政策の多くは、大学卒という学位をなるべく多くの人に与えることを目的にして、教育内容そのものの改善に対する投資は行われなかった、と指摘する。過去に行われてきたことは、大学の教育レベルを下げ、結果として学位の質すら下げた。ミネルバ大学はその反対のことを実施して、「教育こそが重要だ」ということをもう一度人々に理解してもらう取り組みでもある、という。

だからこそ、ミネルバ大学が起こした「高等教育を再創造する」活動の波は止まらないだろう。「ペンシルベニア・ガゼット（The Pennsylvania Gazette）」[*19]や「ハーバード・マガジン（Harvard Magazine）」[*20]のように、ベンやコスリン教授の出身校で機関誌としての役割を担っているメディアですら、既存大学にも教育改革を進めていこうという確かな動きが存在している事実は否定していない。

また、スタンフォード大学、ハーバード大学やケンブリッジ大学に合格した学生がミネルバ大学を選択するという実績が継続していけば、こうした大学がミネルバ大学のカリキュラムを参考にしたり、そのエッセンスを取り入れたりする可能性も否定できない。ミネルバ・プロジェクト社は、アクティブ・ラーニング・フォーラムに関して6つの特許を保有しているが、ミ

＊19 "Readin', Writin', Revolution," *The Pennsylvania Gazette*, 2016/2/18, http://thepenngazette.com/readin-writin-revolution/

＊20 "An Educated Core-Rethinking what liberal-arts undergraduates ought to learn, and how," *Harvard Magazine*, 2017/7-8, https://harvardmagazine.com/2017/07/an-educated-core

ネルバ大学の提唱しているカリキュラムや「実践的な知恵」は、既存の大学でもミネルバ大学の発行している文献を参考に独自の思考・コミュニケーション技法のコンセプトを発展させることは可能だ。

ベンは、既存の大学への期待について次のようにコメントしている。

「高等教育の再創造は、ミネルバ大学単体で実現できるものではない。我々がしなくてはいけないのは、アイビーリーグや他のトップ大学が、〝ミネルバは確かにうまくやったかもしれない。でも、私たちのほうが、もっとよいものをつくれているだろう？〟という新しいプログラムを提供しはじめる状態をつくり出すことだ」

ミネルバ・プロジェクトの将来展望、5つの可能性

ミネルバ・プロジェクトが「高等教育の再創造」を実現するうえで乗り越えるべき壁について述べたが、次に、今後、具体的にどのような展開をたどるのか予測してみたい。

図表42は、ミネルバ・プロジェクトが取りうるさまざまなビジネス展開についてまとめたものだ。ミネルバ大学の拡充については既存運営活動の延長にあるので解説を割愛するが、その

図表42｜ミネルバ・プロジェクト社の事業展開の可能性

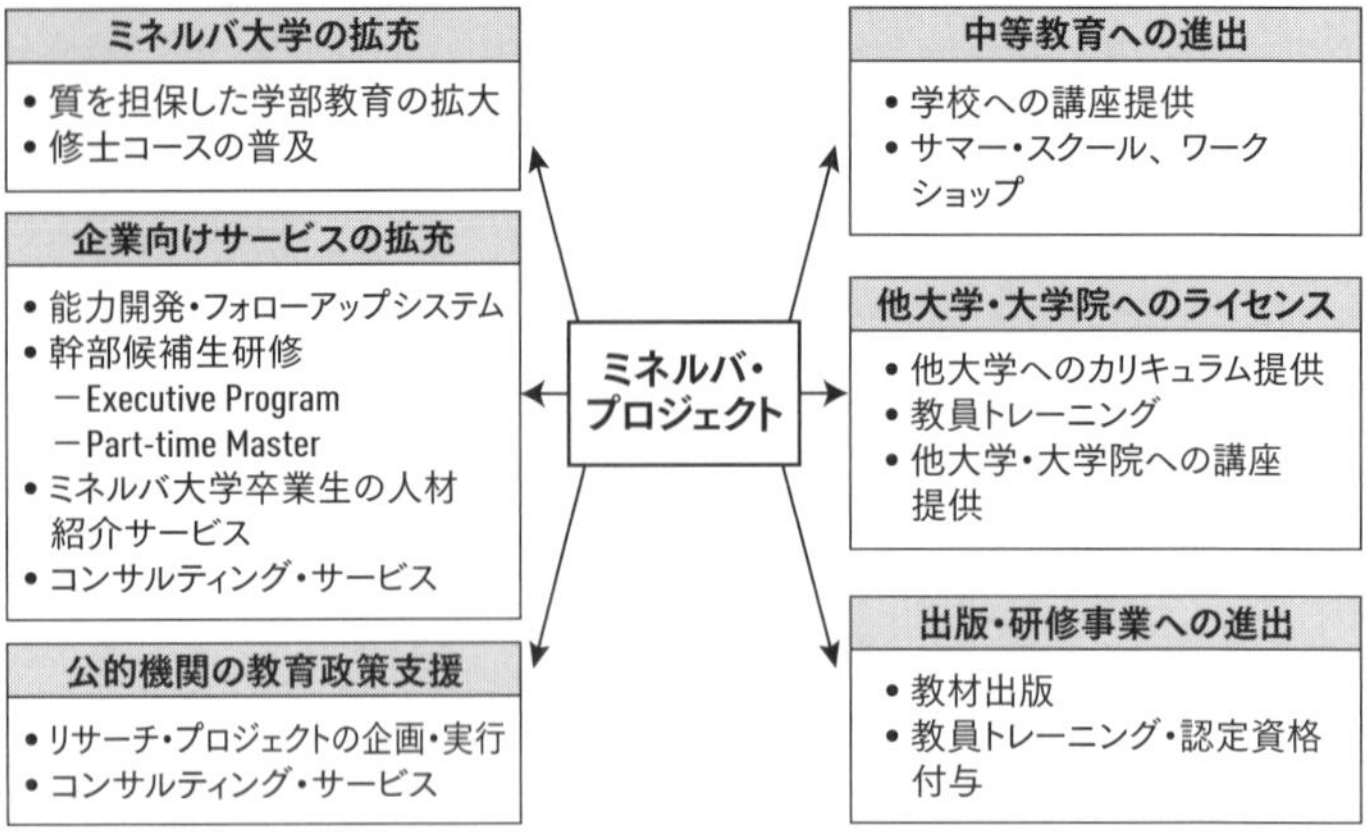

他の5つの展開は、いずれもミネルバ・プロジェクトが目指す「高等教育の再創造」を加速させ、ひいてはミネルバ大学の拡充を推進するだろう。

1. 企業向けサービスの拡充

ミネルバ・プロジェクトにとって最も魅力的な隣接市場は社会人教育である。これは、ミネルバ大学が提供している授業の多くは既存の大学における修士課程の内容であること、ミネルバ大学に協働プロジェクトを提供している団体の多くが、ミネルバ大学で1年目に行われる思考・コミュニケーション技能に関する講座の有効性に賛同しており、この分野への進出は比較的スムーズに進むだろう。

すでにミネルバ大学が提供している修士コース（Master of Science in Applied Analyses and Decision Making）は、パート・タイム・コースとして設計されており、企業が幹部候補生に提供しているMBAやエグゼクティブ向けMBAコースを置き換えられる。既存の修士コースが20か月間（16か月の授業＋4か月の修士論文作成期間）で学費2万9000ドル（約320万円）。もちろん学部生と同様、キャリア構築支援を受けることが可能だ。これは、他大学におけるパート・タイムMBAと比較して約半額であり、パート・タイムの顧客層である仕事を持ちながらスキル・アップを狙う中間管理職にとっては、魅力的なプログラムであると同時に、企業にとっても、フルタイムのMBAに幹部候補生を派遣するよりもおよそ3分の1以下のコストであることは、魅力的だ。

また企業にとって、アクティブ・ラーニング・フォーラムを利用した幹部候補生の思考・コミュニケーション技法のトレーニング、その後の能力の定着をモニタリングできる仕組みは、実際にはその企業の目指す人材育成方針に基づいて、カリキュラムの微調整が必要になるとはいえ、人事部がコンピテンシー管理を行える、という点で魅力的だ。

筆者の経験では、マネジメント・コンサルティング会社はミネルバ大学が重視しているコンピテンシーが日々求められる職業だが、現在、そのトレーニングの多くは独学によるインプットや従事したプロジェクトを通じた同僚・上司からのフィードバックを通じてスキルを身につけていく徒弟制度のようなもので、ミネルバ大学の思考習慣や基礎コンセプトのような体系化されたコンピテンシーを効率よく学習できる仕組みには強い興味を示すだろう。

社会人教育市場は、ミネルバ・プロジェクトにとっても、学費単価が高いだけでなく、自分たちが目指す「高等教育の再創造」を実現するうえでも魅力的な市場だ。

学部卒業生の就職先である企業や公的機関で高い評価や認知を得ることは、他の大学に対する影響力を拡大することにもつながる。卒業生や企業向けコースの修了生が、ミネルバ大学で教わった思考・コミュニケーション技能のコンセプトを〝共通言語〟として使うようになったとき、こうしたネットワークはミネルバ大学とその協力パートナーがコラボレーションを実施する際に大きな力となる。認知が浸透するにつれ、現在は主に教授のコネクションから獲得している企業からのコンサルティング・プロジェクトもいずれ、卒業生から直接、学生やＰＤＡに問い合わせがなされるようになるだろう。

実際、ＰＤＡを通じたミネルバ大学卒業生の人材紹介事業は将来の事業候補として可能性がある。既存大学の「どこへ就職するか」といった就職支援ではなく、「社会にどのようなインパクトを出すか」という視点から卒業後数年先までのキャリア・ビジョンの設計をサポートするＰＤＡは、有望な即戦力を求める企業・ＮＰＯ・公的機関に対する人材紹介のハブとなる潜在力を持っている。

多くのＭＢＡプログラムはこうした機能を約束しているが、就職情報の斡旋を行っているだけで、プロフェッショナルなヘッドハンティング会社のサービスには太刀打ちできていない。

学生と大学の卒業後の関係をビジネス機会につなげる「卒業生マネジメント」は各大学でも必要性が謳われているが、未だどこも成功していない。ミネルバ大学にとっては、自らの価値をPRする意味でも、挑戦しがいのある事業となるはずだ。

2. 公的機関向けサービス

社会人教育と並び、既存の大学に対して影響力を与えられるのは、公的機関向けの政策支援、コンサルティング・サービスである。ミネルバ大学にはすでに知名度の高い教員が多数在籍しており、その業績も認知されている。こうしたコネクションや世界中に広がっている認知活動に従事しているスタッフを通じ、ミネルバ大学の新しい教育方法は各国の教育政策に関わる政治家や関係省庁にも伝わっている。

ミネルバ大学の教育は、中間所得層が増加しているアジア、南米諸国では大きな注目を集めている。こうした国には国際的な競争力を持つ大学が存在せず、最も優秀な学生は自国の国立大学よりも海外の大学への進学を求める傾向にあることから、有望人材への国内での学習機会の提供や広大な国土に低コストで良質なカリキュラムを迅速に提供していく社会的要請が存在するためだ。

こうした国の教育政策に関わる人々にとっては、オンラインによる授業と地域でのプロジェクト学習の機会を組み合わせ、高い学習効果を得るミネルバ大学のカリキュラムは、魅力的なプログラムである。アルゼンチン政府はミネルバ大学の学生にプロジェクトを提供するだけでなく、自国の大学教育にそのカリキュラムを取り入れられないか検討している。

ミネルバ・プロジェクトが組織として、政府の教育政策に直接コンサルティングを行うようなコンサルティング・サービスへ進出するには、まだ時間がかかるだろう。ただ政府自体を顧客とし、国の高等教育制度を大きく変えるようなプロジェクトに参画することは、成長している新興経済国でのアイビーリーグの事業を脅かす実績をあげていくことにつながり、成熟国家にある既存大学へのライセンス供与を個別に進めていくよりもずっと手っ取り早く「高等教育の再創造」を進めることにもつながる。

既存の名門大学という重荷を持たない分、こうした国々での公的機関の意思決定と投資活動は硬直化した米国、欧州や日本の組織よりもずっと早く、新興国市場における制約を逆転の発想としてより革新的な事業モデルを生み出す、「ジュガード・イノベーション」[*21]の新たな事例として紹介されるだろう。

＊21「ジュガード・イノベーション」(Jugaad Innovation)はケンブリッジ大学のナヴィ・ラジュ(Navi Rajiou)教授らが提唱した資源と資本の制約が多い新興国の起業家が実践している創意工夫(インド英語でジュガード)を広く応用する方法。以下の6つのステップでイノベーションを実現する1.Seek opportunity in adversity、2.Do more with less、3.Think and act flexibly、4.Keep it simple、5.Include the margin、6.Follow your heart。ジュガード・イノベーションの事例他については、こちらを参照。http://jugaadinnovation.com/

3．中等教育向けサービス

社会人・企業向けサービスへの事業展開がミネルバ・プロジェクトにとって自らの本業である大学教育から見て「川下への進出」であるとすれば、中学・高校向けサービスは「川上への展開」となる。

ミネルバ大学が直接中等教育向けのプログラムを創設する可能性は低い。この市場は、高等教育よりもさらに単価が低く、各国での独自の教育方針など、公的機関からの補助金と規制が厳格で、自分たちで認可を得るということは考えにくい。

参入の可能性としては2通りのパターンが考えられる。

1つは、インターナショナルスクールやトップクラスのボーディングスクールにおけるアドバンスド・プレイスメント（Advanced Placement：通称AP。高校時代に優秀な成績を収めた学生が大学の授業を先取りできる仕組み）にミネルバ大学のカリキュラムを提供することだ。

APとしての講座提供は収入増加だけでなく、高校時代から独自の思考・コミュニケーション技能を学ぶ学生が増えることで、ミネルバ大学への進学希望者が増えることも期待できる。

また、ミネルバ大学は大学進学向け教材を提供しているさまざまな教育機関とも連携しており、必ずしも、提携先は学校に限定されない。ミネルバ大学は国際バカロレア、とりわけ「知の理論（ＴＯＫ）」学習者とは相性のよい大学で、オンラインで国際バカロレアの講座を提供している教材開発会社などと連携することは可能だろう。

中等教育分野への展開でもう1つ可能なのは、現在は無償で行われているワークショップを拡大させ、サマー・スクールを開講することだ。ミネルバ大学の学期は9月〜翌年4月までで、5〜8月の間、各地の寮は空いている。3か月、寮を稼働させることのできるプログラムを作成し、世界中の才能ある学生にミネルバ大学のプログラムを疑似体験してもらうことは、ミネルバ大学にとってもメリットが大きい。

ミネルバ・プロジェクトにとって中等教育への進出は財務的には大きなメリットはないため、経営面からみた優先順位は、社会人教育や他大学へのカリキュラム・ライセンスと比べて低い。一方で、認知活動やリクルーティングの観点から、賃貸契約とはいえ、空いている施設を有効活用する手段としてのサマー・スクールの実施はありうるだろう。

4．他大学への講座提供・ライセンス

ミネルバ大学が開校した当初から、アクティブ・ラーニング・フォーラムがもたらす教育効果に注目していた複数の大学、大学院はミネルバ大学へオンライン・プラットフォームのライ

センスについての交渉を打診してきた。また、香港科技大学（Hong Kong University of Science and Technology）が２０１８年秋学期から一部の学生について、ミネルバ大学の1年次のカリキュラムを導入することに合意した。

ミネルバ・プロジェクトに対して投資家が最も期待しているのは、このライセンス・ロイヤリティである。ベンがベンチマーク・キャピタルから資金調達に成功した最大の要因の1つも、「ハーバード・ビジネス・スクールのケースをはじめ、ハーバード大学が出版している教材はさまざまな大学で利用され、そのロイヤルティ収入は大きな収入源になっている。[*22] 同校は非営利法人のため、外部の人間が投資収益の配当を得ることはできないが、ミネルバ・プロジェクトでは、それが可能になる」という仕組みによる。

ただし、ミネルバ・プロジェクトは他大学へのライセンス供与については、慎重に進めていくことを明言している。これは、あくまで自らのミッションは「高等教育の再創造」にあり、安易なツールとしてのライセンス供与が効果の低い教育法と一緒に使用され、ブランド価値が毀損されることを避けたい、という意向に基づいている。

よって、ミネルバ・プロジェクトが目指しているのは、アクティブ・ラーニング・フォーラムのみをライセンス供給せず、自分たちが開発した教育法、教授法、カリキュラムをライセンス提供する、という方針だ。

これは、ライセンス供与を受ける大学にとって次のことを意味する。

＊22 ハーバード・ビジネス・スクールの2015年度の総収入7億700万ドルの内2億300万ドルは出版事業による。http://www.hbs.edu/about/financialreport/2015/Documents/HBS-Financial-2015.pdf

①既存のカリキュラム設計を変更する用意があること
②教員トレーニングを実施すること
③カリキュラム変更の教育効果を検証するため一定期間の長期契約を締結すること

ベンによれば、「多くの大学がオンライン・プラットフォームのライセンス使用の可能性を聞いてくるが、ミネルバ大学がライセンス提供の条件として求めるものについては躊躇する」そうだ。

ベンは、「アクティブ・ラーニング・フォーラムの授業に慣れるのに学生は3時間で済むが、教員は、最低でも4週間はかかる」と言う。

また講座提供には最低でも1科目当たり、4か月、週4回×90分／回で複数年の長期契約が原則だ。これはミネルバ大学の1年次のカリキュラムを提供することになるからだ。「初期投資は数億円規模になる。決して安くない。オンライン・プラットフォームだけが欲しいなら、自分たちで開発したほうがずっと安くなる計算だ」

ミネルバ大学はアクティブ・ラーニング・フォーラムに関して確認できるだけでも6つの特許を保有しており、現実的にこれを完全に模倣したシステムをつくることは難しい。一方で、ミネルバ大学は自分たちの教授法については解説書を出版しており、他大学の教員はこれを参考にしながら、自ら独自の方法を探ることも可能だ。[*23]

＊23 *"Building the Intentional University: Minerva and the Future of Higher Education"*

ミネルバ大学が拡大を急がないのは、他大学がミネルバ大学の教育手法を理解するには時間がかかること、さらに理解したとしても、受け入れる、あるいは受け入れざるをえないと判断できるまでには、まだ時間がかかることを十分に認識しているからだ。加えて、ベンは次のように語っている。

「ミネルバ大学にとって向こう2年間で最も重要なのは、7つの都市すべてで円滑な運営を実現することだ。ミネルバ大学にとって開校したときよりもずっと複雑なオペレーションを回していくことになり、最大のチャレンジとなる。本格的に対外的な展開を行うのは、早くても2019年以降になる」

5. 教育出版・教員トレーニング

2017年10月にMIT出版から『*Buliding the Intentional University: Minerva and the Future of Higher Education*』と題した書籍が出版された。ミネルバ大学としての最初の公式本である。今までさまざまなメディアで取り上げられてきたミネルバ大学のカリキュラムや教授法について詳しく解説されているだけでなく、本書で解説している運営面の工夫についても触れられている。ミネルバ大学のブランド価値が上昇するにつれ、その研究書や新しい教授法についての解説本は随時出版されていくだろう。

ミネルバ・プロジェクトにとって、より有望なビジネスはアクティブ・ラーニング・フォーラムを使用する教員の質を保証するサービスだろう。このプラットフォームではすべての授業が記録できるため、たとえ遠隔地にいても事実に基づく評価とフィードバックが可能だ。従来はほぼ不可能だった遠隔地からの効果的な教員研修を提供し、認定を付与することは、ミネルバ・プロジェクトの収入源となりうる。


このように、ミネルバ・プロジェクトは「ミネルバ大学の質を維持した拡大」という大本命の事業以外にも隣接市場への参入余地は十分ある。ベンはミネルバ・プロジェクトのサービス拡大について慎重で、多くを語らないが、自信も持っている。

シリコンバレーのスタートアップとしてはミネルバ・プロジェクトの成長スピードは信じられないくらい遅い。ベンチマーク・キャピタルがプロジェクトへの出資を決めてから、実際に開校するまでには2年の月日を要した。一方で、教育業界、とりわけエリート大学の市場に新規参入を果たし、「世界最難関」の大学として認知されるまでに要した3年近い月日は、この業界では前例のない速さだ。

こうした時間軸の中で、ミネルバ・プロジェクトを脅かす競合は現れるのか、ベンがかつてスナップ・フィッシュで実現した写真印刷市場での「小さい組織が巨大寡占企業の市場を破壊する」ような市場構造を覆すような大改革は実現するのか、どれくらいの時間が必要になるのか、筆者にはまだ予測できない。

しかし、ミネルバ・プロジェクトが起こした波が、いずれ大きなうねりとなって「高等教育の再創造」を実現することは間違いない。

4-3 ミネルバ大学のカリキュラムは日本の大学でも導入できるか？

2014年にジョージタウン大学で行われたカンファレンスで、[*24] コスリン教授がミネルバ大学に関するプレゼンテーションを行った際、東京はミネルバ大学が滞在を検討している14の候補地の1つであった。

結論から言えば、アジアでの滞在地は、他の候補地だった上海、バンコク、シドニーでもなく、ソウルに決まった。日本が滞在地として選ばれなかった理由についてはすでに述べたが、日本の教育関係者やミネルバ大学の優秀な学生をインターンとして招きたい企業関係者にとってミネルバ大学がソウルに滞在することになったのは、サマー・インターンや協働プロジェクトを行う際に、同じ時間帯で対応できる場所に拠点があるということで、ある意味都合がよい、と解釈することもできる。

日本では2020年に大学入試制度が変更されることに伴い、さまざまな教育方法が議題に上がっているが、いずれも世界をリードできるような内容とは程遠いのが実情だ。ここからは、

＊24 "Designing The Future(s) With Dr. Stephen Kosslyn," 2014, http://www.ustream.tv/recorded/47173021

ミネルバ大学で実施されているさまざまな取り組みをベンチマークとして、日本の教育産業はどのような要素を取り込むことができるか、論じたい。

カリキュラム・教授法のアップグレード

さて、ミネルバ大学が日本に滞在拠点を設ける前に、この大学で提供されているカリキュラム、教授法、運営方法のエッセンスの「いいとこ取り」をすることは可能か検討してみよう。学習パフォーマンス評価の研究に詳しい京都大学の松下佳代教授は、「ミネルバ大学はグローバル人材の育成に最適化した大学」と評価している。[*25]

グローバル人材を〝世界中のどこでも、誰とでも仕事ができる人〟と定義したうえで、その最適化の方法として、①世界の7つの都市を移動しながら学習する環境と学生コミュニティの多様性（さまざまな国籍で構成される学生が移動先で地域の学生コミュニティと交流する仕組み）と、②High Impact Practices（全米大学協会（AAC&U）が定義した学生の学びを引き出す効果の高いカリキュラム）[*26]と、ラーニング・エコシステム[*27]（Learning Ecosystem：「学びはキャンパスの中だけでなく、学習者と学習ツールの組み合わせによって、さまざまなアクティビティ、場所で起こるものだ」という考え方で、大学はこうしたエコシステムの中で学習効果を定量・定性化し、トラッキング（記録）

＊25 京都大学 国際シンポジウム「大学教育の創造的破壊と未来–世界最先端の次世代大学が仕掛けるエリート教育を探る–」指定討論② 松下佳代（京都大学高等教育研究開発推進センター所長・教授）、https://youtu.be/N0wcbKJK4nA

できる学習システムを提供するハブ機関として位置づけられる）の一部としての大学のあり方を実現している、と指摘する。

松下教授はミネルバ大学のカリキュラム設計は①の部分を除けば、汎用性があり、日本の大学でも導入することは可能だ、という。特徴的な汎用スキルであるクリティカル思考、クリエイティブ思考、効果的なコミュニケーション、効果的なインタラクションの教授法、Collegiate Learning Assessment Plus（CLA＋）[*28]のような第三者機関による習熟度評価や学外団体との協業、インターンシップからのフィードバックをもとに、カリキュラムを自己検証する点は日本の大学も参考にすべきだとコメントしている。

また、ミネルバ大学は必ずしも万能ではなく、一部の理系学部のように深い専門知識が要求される分野では、複数の国々を巡る学習環境は1か所でじっくりと腰を据えた研究が難しく不向きだろう、と指摘している。

筆者も、日本の大学に限らず、既存の大学がミネルバ大学を参考にすべき点は、その教授法や思考習慣と基礎コンセプトの概念を導入した一般教養課程の再構築にあると考える。

ミネルバ大学における専門分野の教育は2年生以降に行われるが、既存大学の修士課程とそれほど変わらない。違いは1年目の思考・コミュニケーション技能の獲得に

＊26 AAC&U（全米大学協会）がまとめたHigh Impact Practices は以下の10分類で構成される。First-Year Experiences（初年度教育）／Common Intellectual Experiences（共通の知的体験）／Learning Communities（学習コミュニティの形成）／Writing-Intensive Courses（論文ライインティングの指導）／Collaborative Assignments and Projects（グループによる協働課題とプロジェクト）／Undergraduate Research（学部時代の研究）／Diversity/Global Learning（多様性・国際性の学習）／Service Learning, Community-Based Learning（奉仕活動・コミュニティとの協働学習）／Internships（インターン）／Capstone Courses and Projects（探求型コースやプロジェクト）

＊27 Long, P. D.(2014). Seeing through the fog of learning using data as a lens: Ephemera or substance? Symposium "How to Collect and Analyze Data on Student Learning: MOOCs, Active Learning, and Learning Analytics" Kyoto University, Jan 26, 2014

より、学生の専門知識に対する理解とアプローチが変わり、専攻したい分野でもより深い議論・探求が可能になることだ。同じ京都大学で高等教育研究開発推進センターの所長を務める飯吉《いいよし》透教授は、ベンとの対談の中で、「ミネルバ大学はある意味、学部教育を大学院教育レベルに引き上げたと言えるのではないか」という質問をしていたが、この質問はミネルバ大学の授業の特徴を的確に捉えている。*29

「MOOCの登場で、エリート大学は次の段階に進まざるを得ない状況になったのだ。知識の伝達が無償で手に入る時代に、大学が同じものを学生に提供することは、倫理的に正しいのか。ミネルバ大学は4年間で、既存の大学における大学院の学位レベル――知識を習得するだけでなく、専攻分野における新しい知見や問いを見出し、分析し、解を出すこと――を期待している」とベンはコメントしている。

松下教授が指摘したように、ミネルバ大学は万能ではない。ミネルバ大学の教授法が文系・理系のどちらに向く、という区分けではなく、「世界のどこにいても研究活動ができる人材を育てるか」「特定の場所で成果が出るまで研究活動を行うか」という観点から考えるべきだ。

これは前者が後者に対して優れているということではなく、学習環境に対する個人の向き、不向きによる。自分の仮説を、さまざまな場所ではじめて一緒に仕事をする人と上手にコミュニケーションを取りながら実施していくのはストレスのかかる学び

＊28 Collegiate Learning Assessment Plus（CLA+）はCouncil for Aid to Educationという独立団体が実施している学生のクリティカル思考力を測るテスト。インフレ傾向にある大学の成績評価（GPA）に変わる、「社会に出る準備度」を測定する有効な手法として企業などから注目されている。

＊29 京都大学 国際シンポジウム「大学教育の創造的破壊と未来–世界最先端の次世代大学が仕掛けるエリート教育を探る–」対談 "Open Educational Innovation: Creative Destruction or Destructive Creation?" Ben Nelson（Founder, Chairman, and CEO, Minerva Schools at KGI）× 飯吉透（京都大学教育担当理事補・高等教育研究開発推進センター所長・教授）- 2017年5月30日、https://youtu.be/rtcQpMqQt8U

方で、特定の場所でじっくり研究を行うほうが集中できる、という人には不向きである。同じように、世界の大都市に一般の社会人と同じような環境で学ぶミネルバ大学のスタイルは、田舎の美しい自然とキャンパスに囲まれた環境で哲学を学びたい学生には向かない。

ミネルバ大学のカリキュラムは、将来さまざまな組織においてリーダーとなる人に専門分野の深い知識と同時に、未知の状況、はじめて訪れる国、はじめて一緒に働く同僚と、効果的にコミュニケーションを取るための経験学習を必須にしているため、専門職としてのキャリアを築いていきたい、と考えている学生には向いていない。こうした専門職には、歯医者や地域に根ざした経済・社会活動を行う人たちも含まれる。

運営面から学べること

日本における、より現実的なミネルバ大学の応用事例は、「オンラインセミナー+地域プロジェクト学習」をカリキュラムの軸として、大学経営を再設計したり、管理部門の徹底的な効率化を行ったりするなど、運営面のベンチマークとして参考にすることだろう。

日本は米国に次いで大学設置数の多い国で[*30]、多くの大学が似たような事務を行っているにもかかわらず独自のスタッフ部門を抱えている。さらに言えば、留学生比率が低く、国内の人口

*30 「大学の数、世界トップクラス　進学率も上昇　課題は質」（日本経済新聞、2011/2/21）によれば、主要国における大学数は次の通り。米国（2629）、日本（778）、韓国（407）、ドイツ（370）、英国（167）、フランス（94）。

*31 「『安倍政権は本当に日本を救えるのか』Part 4　供給過剰と緩い基準が、日本の高等教育制度を圧迫する」、現代ビジネス、2013/5/24、http://gendai.ismedia.jp/articles/-/35916

が減少していくことが確実な日本では、遠くない未来に大学が供給過剰になる。[*31] 民間企業におけるシェアード・サービス（共有できるリソースを組織外に外注し、管理・運営コストを軽減する方法）を導入する余地は十分にある。

一般的にシェアード・サービスは総務・財務系の管理部門の共有化を意味するが、「すでに世界中で一般教養課程向けの優れた講義動画が無料で入手できる時代に、同じような内容の講義を有料で実施するのは非倫理的だ」とするミネルバ大学の主張は、海外トップ大学に限らず、日本にも当てはまる。国内でも京都大学や東京大学はオープン・コース・ウェア（Open Course Ware）を公開しているし、海外のコーセラを和訳して供給しているZ会の事例など、大学における講義を共有化することは可能だ。[*32]

事前課題として学生がオンライン教材を予習し、各大学の授業では地域に合った応用事例のセミナーと現地での協力団体との協働プロジェクトを実施する、というカリキュラムにすれば、教員を講義から解放することができる。しかも、学生の学びという観点からも地域の企業・文化・環境を知り、地元での起業や就職につなげられる効果が期待できる。

株式会社「学び」を設立し、30年以上にわたって250以上の国内大学、短期大学、専門学校に対するコンサルティングを提供してきた寺裏誠司氏によると、ミネルバ大学は、日本の大学の固定概念を根底から覆しているという。

日本の大学の設置認可は文部科学省の厳格な管理によって規制されている影響もあるが、寺

＊32 たとえば、京都大学 Open Course Ware（https://ocw.kyoto-u.ac.jp/ja）、Z会Coursera（http://www.zkai.co.jp/home/coursera/）、東京大学（http://www.u-tokyo.ac.jp/ext01/mooc_ j.html）

裏氏は、「大学には多数の蔵書を持つ図書館や権威ある教授を誘致するための先端研究所の建設が望ましい、学部生の教育は研究の合間に行い、知識伝達の講義が中心で、個別の学習状況のフォローはとてもできない、インターネットを活用した教育はあくまで補完的なもので、学生は大学に通学して教授の講義を聞くべきだ、という考えは根強く残っており、ミネルバ大学の事例はあまりにも現状からかけ離れているため、まず理解するだけでも時間がかかるだろう」と述べている。*33

地方大学の経営状況は厳しさを増しており、文部科学省は2019年度を目処に私立大学が赤字学部を他の大学に売却・譲渡できる法整備を進めるとしているが、*34こうした動きは、大学経営にシェアード・サービスや経営合理化を促すよい圧力になるだろう。

学外連携こそが教育再生の鍵

ミネルバ大学が実施してみせた学校と社会との接点を拡げる協働プロジェクトを通じた思考・コミュニケーション能力の養成という考え方は、日本の一般教養課程でもすぐに取り組むべき内容だ。

日本の教育関係者は「2020年に向けた入試改革・高大接続」を話題にする人が多いが、

*33「未来予測から見える『私学に残された4つの改革の方向性』、私学経営、2017年2月号。

*34「私大に『学部の切り売り』認める　大学再編促す」、読売新聞、2017/11/8。シェアード・サービスの取り組み事例はこちら。http://universityhub.or.jp/

実際には、社会に出て活躍できる人材を育成する「社会と大学の接続」のほうがより重要だ。

加速する技術進化や複雑な国際社会と無縁ではいられない現代は、環境変動のサイクルが短期化している。しかし、日本の教育機関には「自分たちの教育は社会に出たときに役に立つのか」という視点が大きく欠落している。偏差値教育にどっぷり浸かった中等教育機関は「大学に入ることが最重要課題」であり、学生の生きる力を伸ばすことには無頓着だ。多くの学生や進学先の決定に大きな影響力を持つ親は、中等教育を「進学実績」で選ぶため、こうした結果になるのは致し方ないとも言える。高校までに求められる学力という面では、日本はＰＩＳＡ（ＯＥＣＤ〔経済協力開発機構〕が実施している学習到達度調査）のランキングでも上位を維持しているから、中等教育は国際競争力を維持した学生を輩出できている、という主張もあるだろう。

ところが、大学はこうした基礎学力を持った新入生に「社会で役立つ学び」を提供することにほとんど関心がない。提供されているカリキュラムは、関連性が薄く、どのような能力の獲得に結びつくのかも体系化されておらず、教員の趣味の領域と言われても仕方がない教養知識を伝達し、学生自身が自ら「気づき」を得ることを期待している。

また大学は、企業が学生に関わることを嫌う。この顕著な例は、就職シーズンに現れる。新卒一括採用という日本独特の採用慣行では、企業は、決められたスケジュール内に大量の学生を面接する必要があるため、大学の授業時間でも面接が設定される。こうした活動に対して、大学は学生の学習が阻害されると主張するが、こうした抗議を行う大学が忘れているのは、学部生の約88%は学部卒業後に大学以外の組織に就職、ないしは所属するという事実だ。[*35]

もし、大学が学生の学びを重視するのであれば、その「学び」は教授の専門分野の知識を覚えることではなく、むしろ卒業後に実社会で求められる汎用性の高い思考・コミュニケーションスキルの獲得に向けられるべきだろう。

筆者がミネルバ大学のキャリア支援担当者と日本企業を訪問した際に行う提案を要約すると、次のようにまとめられる。

「ミネルバ大学の学生たちが得た学びが実社会で役に立っているか、実際に学生を受け入れたインターン先からフィードバックをいただきたい。我々の教育効果を定期的に再評価できるように、企業と大学のコミュニケーション循環システムを構築したい。そのために御社で抱えている大卒新入社員の入社後の課題について教えてほしい。またグローバル人材に求める具体的な人材育成計画を教えてもらえれば、サマー・プログラムの設計の相談にも乗りたい」

すると、多くの企業の担当者は驚きと同時に困惑した表情になった。いくつか、企業側の声を紹介したい。

「日本の大学で、そのような提案する大学はなかった。大学との協業は専門知識を持った大学院との研究開発活動に限られ、学部生には成果を求めないワークショップぐらいしかやっていない」

*35「H29 文部科学省 学校調査」から推定。平成28年度の大学院・その他の大学への進学率は11.9%。

「日本ではインターンシップは原則会社説明会程度のものしか実施できない。学期中に雇用関係が生じるようなインターンは大学から学業の妨げになるので、控えてほしいとリクエストされる」

変化の速い社会では、「未知の分野で通用する思考・コミュニケーション能力」こそが高等教育を修了した人材に期待されるスキルであり、この習得には、効果的なインプットと実践してアプトプットする場が必要だ。残念ながら、日本で行われている実社会と学部生の接点は企業からの寄付講座で各分野の上級管理職による業界解説、会社説明、自分のキャリア履歴をテーマとした講演程度で、ほとんどがインターネットを調べれば事足りるレベルのものだ。また、こうした上級管理職のキャリア観は時代を超えた示唆を得られるものがあることは否定しないが、人の武勇伝を聞くよりも自分で経験する「学び」のほうがずっと学習効果が大きい。

日本においては、大学の学部生を対象に、プロジェクト学習を単位として認定している事例はほとんどない。[*36]

最新情報技術を導入し、学習効果を高める

ミネルバ大学は情報技術を「知識」として教えるのではなく、「本来あるべき教育」を取り

＊36　筆者の調べた範囲では、実際の企業や外部組織と本格的な協働プロジェクトを実施し、単位として認められているのは、慶應義塾大学の琴坂研究室で行われているP&Gとの共同プログラム（http://iber.sfc.keio.ac.jp/?p=10021）や早稲田大学の内田ゼミで行われているプログラム（http://uchidak.cocolog-nifty.com/blog/2015/01/post-9539.html）ぐらいか。これらのプログラムはもともと教授が元戦略コンサルティング会社に勤めていた等の経緯があり、個人的なコネクションを利用して行われている。

戻すためのツールとして活用している。「プログラミング的思考」や「プログラムを学習する」ために情報機器の導入を奨励している日本の教育産業とは、根本的に発想が異なる。

今日、日本のあらゆる産業・組織の中で最も情報化が遅れ、情報技術を活用することができていない組織が教育機関であると言っても差し支えはないだろう。

中でも情報技術を活用するための教育を最も必要としているのは、学生ではなく教員である。日本では、未だに教員の働き方に合わせて情報技術やソフトウェア・アプリケーションを導入することが要求されるが、自分自身が、最新技術に適応し、使いこなすことで本来あるべき教育を実現することが期待されている、という点を自覚している教員はまだほんのわずかしかいない、というのが筆者の実感だ。

ミネルバ大学のアクティブ・ラーニング・フォーラムは単に少人数・セミナー形式の授業を効率的に実行するだけでなく、教員がより学生人一人一人の抱えている課題を認識し、教科を超えた教員間の情報共有、個々の学生に対する育成アドバイスを容易にするリアルタイムのコミュニケーションと資料記録を可能にするプラットフォームだ。このプラットフォームを活用する教員は今まで以上にその「学習者を導く」スキルを磨くことが求められる。

こうした、情報技術を「本来あるべき教育の質の向上」のために使うという考え方は、教育産業では革新的なものに聞こえるかもしれない。しかし、こうした技術活用法は民間産業分野では当たり前に実践されていることである。また、20年ほど前には教育産業と同様に閉鎖的だった医療分野でも、現在では奨励されている。

医療分野においては、難病への対応や新しい診療・治療方法が開発される一方で、医師の診断技術の情報共有や新しい治療法に対する情報提供が追いつかず、医療ミスが増加していた。そこでEvidence-Based Medicine（エビデンスに基づく医療）と呼ばれる統計データを利用した医療支援システムが開発され、啓蒙活動が行われたが、当初ベテラン医師を中心に強い抵抗にあった。

だが、「自分の長年の診療経験とコンピューターによる不確かな統計データのどちらが信頼できるかは自明だ」としていた医師たちですら、現在では、自分が気づいていない、見落としているかもしれない症状を偏見なく指摘してくれる情報端末のデータのありがたみを理解している。こうした情報により、患者により適切な診断を下せるという考えは現在ではむしろ当たり前のものとして受け入れられている。

昨今、日本では「Evidence-Based Education（エビデンスに基づく教育）」という言葉が注目されている。ただ現在、この言葉は教育の投資対効果を示す目的で使用されているが、これは本来の「あるべき学びの質の向上」につながる意味ではなく、「教育の無償化」という政策導入に利用された結果、経済の用語になってしまっている。**情報技術の有効活用は、「Evidence-Based Teaching」あるいは「Evidence-Based Learning」＝「学習の投資対効果」を測るべく用いるべきだろう。**

「学生の学び」を軸とした大学運営を実現するための4つのアクション

ミネルバ大学のカリキュラムや教授法は日本の大学の現状と比べると2周先を行っているようにも思える。しかし、その運営のエッセンスを「学生の学びを軸にした大学の再設計」だと考えると、日本の学部教育にも十分応用できる。

横並びの入試制度やカリキュラムから脱却し、過去ではなく、これからの社会に求められる能力を提供することを目指し、ゼロから設計された運営は、既存大学にも改革のヒントを与えてくれる。これから本格的に人口が減少し、淘汰が進む日本の大学は、民間企業と同様、またはそれ以上の費用対効果を求める姿勢が必要となるだろう。民間企業のコスト意識や組織の自助努力による運営改善を持続させる仕組みは、日本の大学が参考すべき点だ。

ミネルバ大学には、「学生の学びに直結しない活動は可能な限り簡素化する」という運営ルールがある。たとえば、ミネルバ大学が政府から補助金を受給していないのは、補助金を受け入れることで必要となる専任コンサルタント、スタッフ、補助金支給の条件となるさまざまな組織が、実際のところ、運営費用を増加させ、学生の学費に転嫁されている、既存大学の事例をよしとしていないためである。日本の大学でも、こうした監督官庁からの補助金支給という「飴」につられたまま、改革を行おうとしても「学生の学びを軸とした大学」ではなく、「役人に都合のよい大学」にしかならないだろう。大学は経済的に自立してはじめて、自分たちの望む教育が可能になる。

ミネルバ大学の運営をヒントに「学生の学び」を軸にした、自助努力が続く大学運営のアクションを描いてみよう。

1.「欲しい学生」を定義し、直接アプローチするマーケティング

ミネルバ大学は新設の大学だが、マーケティングは既存の大学とは大きく異なる戦略を取っている。**「欲しい学生」を既存の偏差値や併願校のプロフィールを参考にするのではなく、自分たちの基準で設定している。**

そのため、メッセージの発信方法についてもユニークで、既存のリクルーティング・エージェントを使用しない。プロモーション活動は自分たちの設立趣旨やミッションに共感する組織に協力を依頼する形で行う。他の大学と一緒に大学フェアに参加したり、ノベルティを作成したりせず、「高等教育を再創造する」ミッションの伝道師として、講演活動を行う。講演も基本的に招聘されたものを優先し、ミネルバ側の宣伝活動と取られるプロモーションは実施しない。日本でも活動初期にEducation USAのような米国政府主催のイベントへブースを出すよう

図表43｜学生の学びを軸にした大学運営のアクション循環

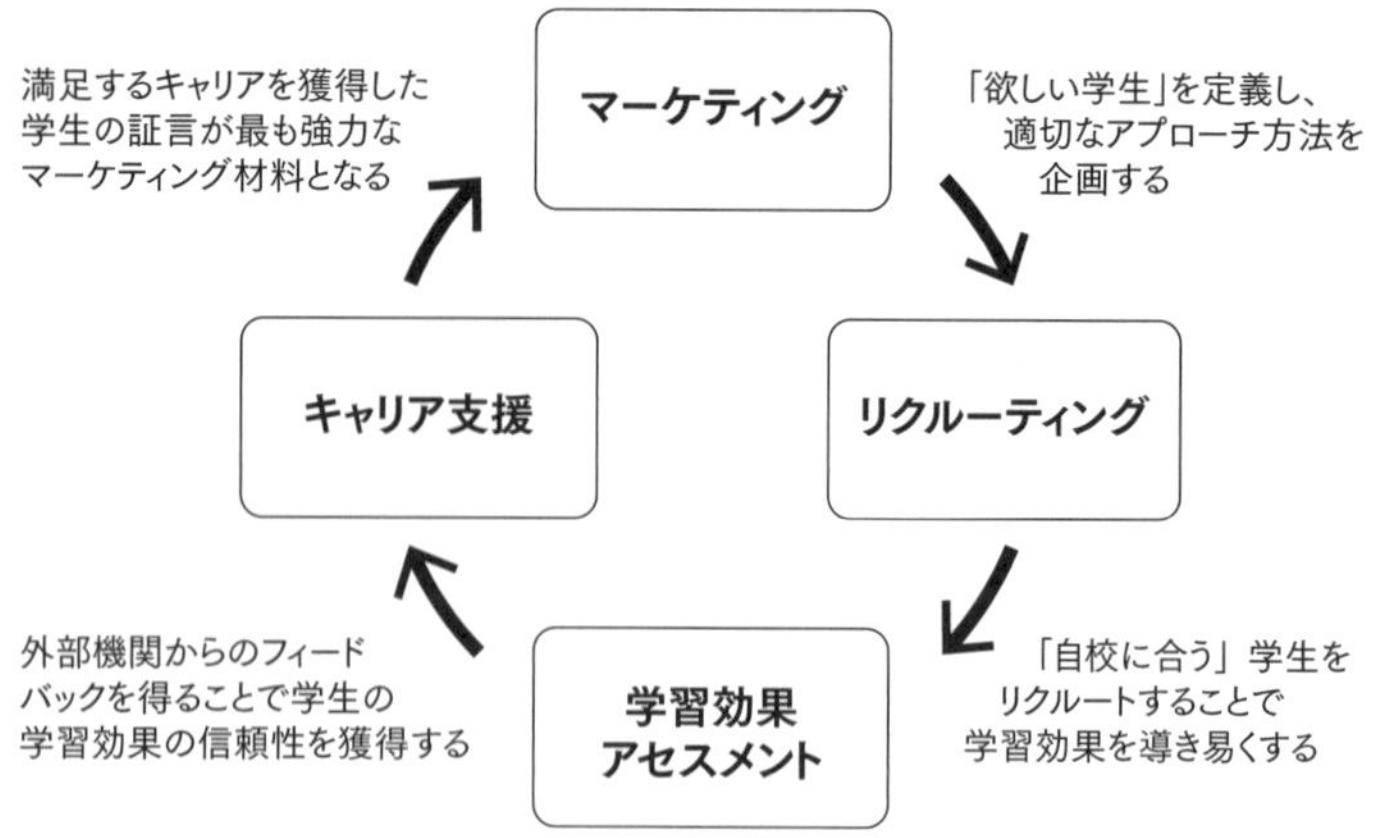

にアドバイスされたが、ミネルバ大学の方針に合わないため、断ったという経緯がある。[*37]

ミネルバ大学は「欲しい学生」を明確に定義している。

「人種・国籍・性別、経済的な事情や縁故者といった制約を一切無視し、純粋に、世界で最も才能があり、継続的な努力ができる人」

まだ知られていない大学にこういった学生を集めるために歩合制のエージェントを使っても、適切な費用対効果は望めない。そのためミネルバ大学は「自分たちのミッションに自発的に賛同してくれる個人」と直接契約した。

その結果、海外スタッフは他大学のリクルーティング経験者ではなく、既存のトップ大学の卒業生で、社会で一定の〝成功者〟として認知された人々となった。彼らの多くは過去にさまざまな社会改革プロジェクトやボランティア活

＊37 アジアを統括するケン・ロス（ミドルバリー大学、ジョンズ・ホプキンス大学院アジア研究所、ハーバード・ビジネス・スクール卒業）によれば、「Education USAのイベントで、日本は他国の留学生の数を考えるとかなり多くのスタッフが参加していたが、ほとんどが"日本人に合った大学"を勧めることに熱心で、米国では教育水準も高くない大学をプロモーションしている」とのことだ。こうしたコメントは多少バイアスがあるのかもしれないが、少なからずうなずける事実でもあろう。

動に参加しており、「新しい教育の必要性」を実体験から知っており、語れる人たちだ。エージェントが、比較的プロモーションが容易な「奨学金を豊富に用意し、新設キャンパスと、以前トップ大学で教えていた権威ある教授」のセットで学校の進路カウンセラーに訴える方法とは真逆で、「現在の高等教育の課題、自分たちのミッション、外部からの評価」を説く。

ミネルバ大学のスタッフはミッションに共感しているので、こうした既存のエージェントになびく人たちからは反発を買うが、逆に教育改革に積極的に取り組む学校指導者や団体からは、熱烈な支援を受けることができる。そして、こうしたサポーターは、ミネルバ大学のスタッフのためではなく、自分たちの信じている「高等教育の再創造」を実現するためにミネルバ大学のミッションに賛同する。

P&G、ペプシ・コーラで活躍後、世界的な広告代理店であるサーチ&サーチ（Saatchi & Saatchi）のCEOを務めるケビン・ロバーツは2004年にその先駆的なマーケティングについて解説した『永遠に愛されるブランド――ラブマークの誕生』（ランダムハウス講談社、2005年）の中で、現代の変化の激しい社会で新しいブランドを創造するのは、権威や理由よりも〝理由を超えた忠誠、自分が抵抗できない魅力をもたらすもの〟だ、と言及している。そしてその魅力を伝えるには、Mystery（ブランドを構成する秘話）、Sensuality（情感を加える）、Intimacy（結びつきをつくる）の3つの要素を持たせることが鍵だと述べている。

ミネルバ大学は、創立に至るまでのベンの物語や奇跡的にも思える設立メンバーの参画というストーリーで聞く人を惹きつける。今日の高等教育の世界に起きている不公平や矛盾を、SNSや動画、そしてカンファレンスなどで、実際に問題を意識している人たちに対して、そうした問題を乗り越えた当事者が実経験を例に語りかける。そして、こうした人々がつくっていこうとする改革の動きに加わることを訴える。

こうして、ミネルバ大学は自分たちの欲しい「既存の中等教育でも十分成功しているが、それには満足せず、自分たちで新しい教育を創っていきたい、学びに能動的な学生」を効率的にリクルーティングしていくのだ。

日本の大学には、こうしたマーケティング要素が決定的に欠けている。新設学部の多くは「国際化」を掲げるが、誰のためにつくるのか、欲しい学生はどんな特徴を持ち、その学生はどのような未来を実現していくのか、なぜ自分たちにはそれが実現できるのか、といったコミットメントや共感をもたらす要素が見えない。

イノベーションや国際化、起業家精神がこれからは重要だと説く学部の教授や事務局スタッフ自身も実際に挑戦していないのでは、偏差値の序列で「残念ながら、○○大学に不合格だったのでこの大学に来た」や「合格して燃え尽きた」学生がキャンパスを徘徊する大学が増えるのも無理はない。

2．学生を「インスパイア」する

ミネルバ大学のマーケティングを統括するロビン・ゴールドバーグは次のようにコメントしている。

「ミネルバ大学では、〝リクルーティング〟をするのではなく、〝インスパイアする〟ことを重視している。我々が欲しいのは、数ではなく、一緒に世界を変える仲間だ。学生、親、教員、スタッフ、企業、NPO、政府……どのような組織に属していようと、我々の目指しているものに共感してくれる人に、なぜ我々はこのプロジェクトを始めたのか、どのように進めていくのか、そして自分たちには仲間が必要であることを説明していく」

実は、「自分たちの求める学生を厳正に選ぶ」、そのためにエージェントではなく、大学自らリクルーティングの仕組みをつくる、という試みはミネルバ大学が新しく導入したものではない。

欧米のトップ校ではオックスブリッジ（オックスフォードとケンブリッジ）における大学入試制度が最古のもので、高校時代の成績、共通テストの結果、学生の性格や長短所が具体的に記された高校からの推薦状、自己推薦エッセイに加え、実際にチュータリングをすることになる教授が面接を行い、「自分がその学生を指導できるか」を確認したうえで合否判断を行う。高校からの推薦状は、とくに重要で、特定のボーディングスクールがオックスブリッジに強い理由は、日頃からきめ細かい少人数制の授業や課題、個人面談を通じた学生の個性の把握を行っているため、推薦状の内容が充実しているからだ。

この推薦状は、学生の才能に関する記述だけでなく、短所や、チュータリングの際の注意事項まで書かれているため、選考する側にとって参考になる。自校の歴史や学生の才能について過剰な修辞句で塗り固めた推薦状に、辟易している大学の審査担当官は多い。どのみち、世界中から優秀な受験者が集まるため、教授が最も知りたいのは、「どうやって、自分が導けるか？」という点だが、各学生にこうした点まで配慮した推薦状や教育を提供できる高校は限られている。そういう意味で、こうした学校が「世界中の才能ある学生を経済的事情にかかわらず受け入れる」と宣伝する一方で、実際に入学できるのは、恵まれた経済力や幸運な一握りの中流階級に絞られるのは想像に難くない。[*38]

オックスブリッジの選考方法は、閉鎖的で傲慢に聞こえるかもしれないが、「教授が、自分の能力で導ける学生を真摯に選ぶ」という点では、数だけを受け入れて教育効果を検証しない大学よりもずっと「学生の学び」を重視している、と言える。米国では少人数のリベラルアーツ・カレッジは総合大学に比べて、教員と学生の距離が近く、「学生の学び」を重視していると宣伝するが、言行一致している大学はどれほどあるだろうか。

日本では「文部科学省のスーパー○○に採用されました！」という文句が並ぶ。ターゲット

＊38 オックスブリッジの入試に関する情報については複数のサイトがあるが、次のものが比較的詳しい。https://www.thecompleteuniversityguide.co.uk/universities/applying-to-university-and-ucas-deadlines/guide-to-applying-to-oxford-and-cambridge/

としているのがほぼ日本人学生で、他校や世界のベスト・プラクティスをベンチマークとした比較も行われていない。学生の特徴を見ず、相変わらず画一的な知識を問う入試問題を実施している。高大接続以前に、各大学は「自分の大学で育成したい学生像」をイメージし、早い段階から高校生にアプローチすべきだ。

ミネルバ大学では、学生に「今起きている現実に気づかせ、行動を起こすよう勇気づける」という認知活動が採用されている。ミネルバ大学が欲しい学生は既存のトップ大学に入りたい学生ではなく、「大学での学びを実社会での活躍につなげることがイメージできている学生」で、かつ「ミネルバ大学の教授法によって大きく伸ばせる可能性がある学生」だ。そして、このような条件を満たす高校生・大学生はそれほど多くはいないことは認知活動を行うスタッフも理解している。挑戦者への門は、無償で、大きく開かれていても、実際に合格基準を満たすことのできる学生がわずかしかいないこともスタッフはよくわかっている。そのため認知活動は既存の大学のように、高校2~3年生の受験生への勧誘ではなく、SNSやオンライン上の説明会や認知活動を通じ、「自分の将来の学び方」に関心のある中学・高校生に直接メッセージを伝える。数少ない学校訪問も受験生に限定せず、中学~高校1年生に対しても話す機会を持つことが奨励される。

学生に直接コンタクトできる手段がある時代に、依然として紙媒体やエージェント経由のリクルーティング活動を行うことは何を意味しているのだろうか？　自分たちの教育に合った学生はどこにいるのか、どのような活動をしているのか、もし自分たちが欲しい学生が見つからないなら、そのような学生が集まってくるようなイベントや仕掛けは、どのようにすればつくれるのか。画一的な試験方法の変更が高大接続改革だと考えているなら、日本の大学に国内はおろか世界中から才能ある学生が集まることはないし、自分たちの教育で成果を出すことも難しいだろう。

日本の大学にとっては、「自分たちが欲しい学生、育てられる学生はどんな特徴を持っているのか」「どのようなことをすれば、彼らを見つけられるだろうか」という2つの点を真摯に問い、既存の画一的な入試から抜け出すことが改革の第一歩になる。

3. 教育効果を「見える化」する

ミネルバ大学の教授法を取り入れなくとも、自分たちが、社会で活躍するための実践的な能力を提供できているか確認する方法はある。大学での学びに関するパフォーマンス評価に関しては、すでに複数の方式が提案されているからだ。

CLA+はミネルバ大学で採用されている学生のクリティカル思考・クリエイティブ思考力を評価するものだが、AAC&UのVALUE（Valid Assessment of Learning in Undergraduate

Education）プロジェクトも学生の学びを「見える化」していこうというツールである。CLA＋が企業等の学外団体に〝わかりやすさ〟という観点から評価されているのに対し、VALUEプロジェクトは「標準テスト」がもたらす弊害（教育目的の画一化等）への懸念から、より各大学のカリキュラムにそって、学習効果を評価するものになっている。具体的にはルーブリックという5段階の評価手法を用いて、学生の学んだスキルの習熟度を評価する。

日本の大学はCLA＋であれ、VALUEプロジェクトであれ、こうした教育効果検証を取り入れ、学生の学びの質をモニタリングし、持続的な改善を行っていく体制が求められるだろう。こうした学生の学びの質を「見える化」していく作業は、学生だけでなく、将来の学生の雇用者や外部機関に対する大学の信頼性を高めると同時に「教える教員」の質の担保、再評価にもつながるからだ。

こうした評価が大学の序列を強化して、対策に追われることを心よく思わない職員もいるだろうが、「実社会で求められる学習効果」に注目した指標を導入することは、現在の、施設の豪華さが影響を与える大学ランキングシステムを改善することにつながる。また一方で、無名でも効果の高い学習を行っている大学を発掘することにもつながる。ウォール・ストリート・ジャーナル紙が行った調査によれば、CLA＋を導入した大学では、従来の大学ランキングとは異なる「学生の社会に出る準備」に対する評価が見える化されている。[*39]

ミネルバ大学は、2015年からCLA＋を導入し、自校の教育効果検証を実施してきた。

＊39「米国の大学で『批判的思考能力』は育たない？：主要校を含む多くの大学で4年間クリティカルシンキングが向上しないという試験結果」、*The Wall Street Journal*、2017/6/8、http://jp.wsj.com/articles/SB11627286305521544534204583194573653471726

その結果、2016年にミネルバ大学に入学した1年生は全米の大学4年生に対して、上位22%に位置していた。その後、1年生のカリキュラムを修了した8か月後に再度CLA+を受験した結果、大学4年生に対して上位1%に向上した。*40

この結果により、ミネルバ大学が「世界から才能ある学生を実際に集めていること」と「才能ある学生に対して、高い学習効果を提供できた」ことが同時に証明できたのである。

日本の大学でも、こうした教育効果検証をすぐに始めることは可能だ。初期の結果は恐ろしくて公表できないかもしれないが、始めることで、自分たちの教育がどの程度社会で評価されるものか、見える化できる。そこからどれだけ改善していけるかが大学の「教育力」を強化する第一歩だろう。

4. 大学と社会の壁を取り除くキャリア育成支援

最後に、日本の大学が最も力を入れるべきキャリア育成支援について述べる。

現在、日本の大学が行っているのは「就職支援」である。大学3年次に就職課または就活塾が委託されて行う自己分析、会社調査、面接対策といったものだ。

こうした受験テクニックの延長にある「入社対策」の実態は、有り体に言ってしまえば、次

*40 "Minerva Delivers More Effective Learning. Test Results Prove It," *Minerva Medium*, 2017/10/11, https://medium.com/minerva-schools/minerva-delivers-more-effective-learning-test-results-prove-it-dfdbec6e04a6

のようなものではないだろうか。社会に対する改善意識も低く、困難な問題に実際に取り組み、乗り越えた実績にも乏しい学生が、気の利いた文言や面接を受ける会社の先輩社員から聞き出した〝刺さる言葉〟を並べ、人事部門やリクルーターとして駆り出されている社員に自己ＰＲする。

これは米国大学のエッセイ対策と同レベルで、選考する企業側は個別の面接結果よりも過去に採用実績が多く、在籍社員の推薦が得られる準縁故者（血縁関係はないが、サークル・大学の研究会が一緒で、エントリーシートの記載内容よりも学生の性格、行動実績で採用を決める）を採用する。学閥がないと宣伝している日本の大手企業の学校別採用実績を見れば、これは明白だ。[*41]

大学の教員や就職課の職員は企業の採用活動が欺瞞に満ちていると考えがちだが、学生が社会に役に立つスキルを身につけているか、大学が実績で示そうとしない限り、企業は、現在の方法が最善でないにしろ、続けざるをえないという事実に気づいていない。

ミネルバ大学で行われている、大学1年次から「社会にどのような貢献をするつもりか」「そのために学生時代にどのような経験を積むべきか？」「そのために、何を学ぶか？」といったコーチング、学習意欲のサポート、メンタリング、学生の課外活動、学習方針の意思決定をサポートすることは、日本の大学がキャリア支援に関する意識とアプローチを変えれば、すぐにでも始められるものだ。

日本の大学は「実社会で活躍できる将来の社会のリーダーとなる人材を輩出する」という命

＊41「特集：1982〜2017　35年の偏差値と就職実績で迫る 大学序列　一挙掲載！ 181大学1122学部」、週刊ダイヤモンド、2017/9/16

題を解釈し、自己満足を満たす評価ではなく、第三者の評価を受けながら持続的な改善を実施できる体制に移行する必要がある。

「学生の学びを軸とした大学運営」の実現は、自分たちの教育方針に合った学生を、適切な教員・スタッフによってトレーニングし、継続的な運営・教育効果の検証によって、社会で活躍できる人材に育てることを可能にする。こうして育成された学生は、社会で評価されるだけでなく、その学生時代の経験を後輩にも自発的なネットワークを通じて拡散してくれる。その結果、大学はより、自分たちの欲しい人材にアクセスしやすくなる、という好循環が生まれる。

横並びの教育改革ではなく、各校が自らの持つ強みや弱みを理解し、適切な大学間連携にもつなげることが可能になる。ミネルバ大学から日本の大学が学ぶべき点は、カリキュラムや教授法に加え、こうした自律的な大学運営にもある。日本で認知活動をしてきた身としては、日本の大学には、ミネルバ大学のアクティブ・ラーニング・フォーラムや独自の教授法の導入を検討するよりも先に自発的に取り組めることがある。それはミネルバ大学の運営の仕組み、「学生の学びを軸とした」学校設計を導入することだ。

第5章

ミネルバは日本でどのように展開したのか？

産官学の垣根を越えた連携が、教育に新しいうねりをもたらす

衝撃的な出会い――日本の「失敗の本質」打開のカギとなれるか

筆者がミネルバ大学についてはじめて知ったのは、2015年2月のことだった。『WIRED』日本語版のウェブ記事(「知識ではなく考え方を学ぶ、新設オンライン大学『Minerva』のヴィジョン」、2015年1月31日)を読んだのだ。

過去に新規事業や製品の用途開発の経験がある筆者は、直感的に、これは素晴らしいと思った。多くの事業開発や用途開発は、アイデアや計画がどんなによく練られていても、さらには予算があっても、ほとんど成功しない。その理由は、関わる人の先入観や想像力の欠如だけでなく、話す側も聞く側も未知の分野をどのように扱えばよいか不安に思って進められなくなること、そして既存事業の延長であれば論理的な判断ができる人でも、コミュニケーションの能力をうまく発揮できない状態に陥って失敗するからだ。そして、「失敗を回避する」ことから脱却し、新しいイノベーションを創出することが切実に求められている日本において、こうしたソフトスキルの習得を提供できる教育機関こそ待ち望まれていたものだと感じた。記事が本当なら、ミネルバ大学の教育は日本のさまざまな問題を解決するだけのインパクトをもたらせる、そう思ったのだ。

そして、同時に2014年9月という半年も前に開校した大学が日本で知られていないことを不思議に思った。早速ミネルバ大学のウェブサイトの問い合わせフォームに、日本で認知活動をしていないのか、という質問と、日本での学生募集や拠点候補地としての調査をしないか、という提案を書き込んで送信した。

すると3週間ほどして、アジアを統括しているというケン・ロスから連絡があり、スカイプで面談をすることになった。筆者が日本での認知活動の可能性について売り込んでも、ケンからは、日本での学生募集についてはほとんど期待していない様子が窺えた。

ケンは、米国への留学者数も減っているし、日本企業や公的機関はトップクラスの大学生が満足できるインターン先を用意できないだろう、と悲観的だった。実際、ケンが日本に注目していなかったのは仕方がないと言える。２０１３年に実施された入試には約２５００名近い受験生がいたが、日本人は海外留学生が数名問い合わせをしたに過ぎず、プロジェクト発足当時から注目していた他のアジアの国々と比べて候補地の誘致活動も出遅れていたからだ。

こんな反応だったので、面談の最後に、日本に1週間ほど市場調査に行くので、ミーティングのセットアップをしてほしいと依頼されたのは、むしろ拍子抜けだった。

最初にセットしたのは、ミネルバ大学と相性のよい国際バカロレア・ディプロマプログラム（ＩＢＤＰ）の実施校と海外大学進学予備校への訪問だった。筆者は、知人のコネクションを通じ、日本経済新聞社の取材を取りつけたほか、コールド・コールで海外大学進学予備校関係者と面談をセッティングした。ケンとの後日談で、このとき訪問した学校の進路カウンセラーの反応が予想外によく、ひょっとしたら日本から学生が集められるかもしれない、という期待につながったようだ。

この当時、ミネルバ大学は2014年の入試結果が出ており、受験者数は約1万1000人、合格者が約220名と大きく伸び、アジア出身の学生が約3分の1を占めていたが、同時にこの地域での入学辞退率も高かった。これには、日本のインターナショナルスクールからの合格者が進学を辞退していたことも影響していたかもしれない。ケンの来日から数か月後、パート・タイムであれば日本での認知活動をしてもよいという許可をもらうことができた。

ミネルバ大学を日本に——5つの戦略

2015年の7月から公認の認知活動が始まった。筆者はミネルバ大学からすれば、学生募集のエージェント的な位置づけだったが、筆者が最優先したのは「高等教育の再創造」という流れに日本の学生、企業、教育関係者を巻き込むことであり、その結果として、ミネルバ大学への進学者も増やすことができると考えた。具体的には次の5つを実行した。

①日本語による情報発信量を増やす

- 日本語SNS、ウェブサイトでの情報発信
- 主要経済誌等、メディアへの露出を増やす

②革新的な教育への感度が高い親や教員への認知を進める

- 大学・企業関係者を巻き込んだセミナーに参加する
- 教育改革に取り組んでいる教職者・教育関係者とつながる

③ミネルバ大学関係者に日本を知ってもらい、ファンになってもらう

- 創立者であるベン・ネルソンや現役生をなるべく多く日本に連れてくる
- 日本企業とミネルバ・プロジェクト社の資本提携を模索する

④日本を滞在拠点候補としてPRする

- 現役生のサマー・インターン先を獲得する
- ミネルバ大学への資金面でのサポーター（寄付・奨学金支援者）を獲得する

⑤学生募集は優先順位を決め、広告・宣伝費を一切使用しない

- UWC在学者や帰国子女の海外大学進学希望者
- 革新的な教育を提供している学校の教員が推薦する学生
- 日本のトップ大学在籍者で現状に満足していない学生

メディア露出に関しては、幸運にも知人のコネクションからつないでもらうことができ、海外での取材実績や「日本の私学とほぼ同じ学費」「富裕層以外にも開かれた真の国際大学」「企業と大学の〝社会に出る準備〟に関する認識ギャップを埋めた」等、話題性があったこともあって、相談した記者が積極的にスペースを取って企画を通してくれた。週刊ダイヤモンドで「最強大学」特集号に記事をねじ込んでもらったり、フジテレビのオンライン放送である「ホウドウキョク」で40分もの時間を使って解説したりすることができた。

サラリーマン時代、メディアは苦手だったが、いったんミネルバ大学の概要や目指している「高等教育の再創造」というミッションが記者に伝わると、彼らの熱意のほうが筆者を盛り上げてくれた。

教育改革に取り組んでいる教育者とつながることは、メディアへの露出とともに重要なマーケティング活動といえる。教育者がメディアを紹介してくれるといった展開もあり、徐々に、インターナショナルスクールや進学校でなくてもミネルバ大学に向いている学生がいそうな学校とつながることができるようになった。

中でも神奈川県の有名進学校である聖光学院に経済産業省から出向という形で赴任していた五十棲浩二《いそずみこうじ》校長補佐や大阪府の民間人校長に応募し、偏差値では地域4番手校だった箕面《みのお》高校に赴任し、カリキュラム改革に尽力していた日野田直彦校長、デジタルハリウッド大学でエド・テック分野の日本への普及活動を推進している佐藤昌宏教授、アクティブ・ラーニングを日本の中・高に導入する支援をしている株式会社「学び」の寺裏誠司社長、アクティブラーニング社の羽根拓也社長、海外進学塾でリベラルアーツ教育を日本に定着させるべく奮闘しているIGSの福原正大社長、留学大手予備校のアゴスの松永みどり氏は、日本では、まったく無名だったミネルバ大学の初期の認知活動にセミナーや説明会の場所を提供してくれた人々だ。

国際バカロレア機構のアジア地区評議員で、教育再生会議のメンバーでもある坪谷・ニュウエル・郁子先生や品川女子学院の漆紫穂子校長、未来教育会議を主催されている熊平美香代表も、ミネルバ大学に関心を持ちそうな学生やインターナショナルスクールの進路カウンセラーを紹介してくれた。ミネルバ大学の日本での認知活動は、各分野で教育改革に奮闘されている方々の善意によって徐々にキーパーソンへとつながっていった。

実現した創立者ベンの来日

ただ、キーパーソンとの接触やより大きなメディアでの露出を狙うと、どうしても創立者のベン・ネルソンや学長であるコスリン教授の来日が必要だった。だが、ベンが来日するには日本で合格者懇親会が行われるか主要な会議の基調講演に招かれるかして交通費を提供してもらわないと無理、コスリン教授は腰痛持ちで、長時間のフライトは無理ということだったので、なかなか難しい状況が続いた。

チャンスを窺っていたところ、またしても幸運が訪れた。ミネルバ大学の学内インターン生で、ミネルバ研究所への寄付金を依頼できそうな候補者リストを作成しているオァ・シーガルが日本のさまざまな財団について問い合わせをしてきたのだ。そして、「もし日本の慈善投資家に会えるなら、ベンも同行する」という。

この機会を逃すと次はないと思い、筆者は再び知人の紹介で、さまざまな財団や慈善事業家にコネクションのありそうな個人を見つけ、連絡を取った。その中でもリクルートマーケティングパートナーズの山口文洋社長、ピーティックス（Peatix）の共同創業者でFutureEdu Tokyoを主催している竹村詠美氏とつながれたことは日本での認知活動を大きく前進させることになった。

ベンの初来日は実質1日半というタイトスケジュールであったが、2日間で8件近くのアポイントメントをこなし、こうしたキーパーソンとのミーティングに加えて、佐藤教授の尽力で日本最大のeラーニングカンファレンスでの講演も実現することできた。この講演を聞いていたNHKの「クローズアップ現代＋」のディレクターから後日、取材の依頼があり、サンフランシスコでの取材内容が放映され、日本におけるミネルバ大学の知名度、信頼性も大きく改善していった。

こうした活動は、日本企業とミネルバ・プロジェクト社との資本・業務提携を仕掛けるきっかけにもつながった。日本の教育系企業は受験産業で儲けたお金を海外の有望教育事業への投資に当てることには積極的であったし、ベンも日本企業や日本人投資家は海外のベンチャー・キャピタルや個人投資家に比べて、より長期間の投資回収期間が必要となる教育事業に対して理解があるのではないか、と期待していた。

それでも、ミスルトウ株式会社で数々のスタートアップを支援している孫泰蔵氏とはじめて面談したあとでも、ベンは冷静だった。次の約束に向かうタクシーの中で、筆者は思いの外好印象だった面談を振り返り、聞いてみた。

「僕は、起業家と投資家とのやり取りに関してはあまり経験がないけど、今日のように〝素晴らしい話だ。ぜひ前向きに支援したい〟と言われて、それが実現する可能性は、ベンの経験からいってどれくらいあるの？」

ベンは柔らかな笑みで答えた。

「今、〝ぜひ支援したい〟と言わない人はベンチャー投資を知らないに等しい。このプロジェクトはすでにシリーズAで大成功し、Bでも順調な結果が出ている。〝引き続き情報交換を望んでいる〟という以上の意味はないから、投資が実現しなくても悲観的にならなくていいよ。そして、ほとんどの場合、支援は実現しないものさ」

約2年間、時には妻にも「もうプロジェクトをやめて、仕事を見つけたほうがいいのでは」と言われつづけたベン。そんな男だけに、面談中は1枚のスライドも使わず、自信たっぷりに話しても、自分が提案したことに対して相手が応えてくれるとは期待しないものなのだ、と妙に感動した。自分はサラリーマン時代も独立後も、自分がよい仕事ができたと感じたときは、何らかの見返りを無意識に求めていたものだが、それがいかに甘い意識が痛感させられた。

メディア・投資家・教育関係者に対して、ミネルバ・プロジェクトの意義を熱く語るベンと一緒に仕事をしたのは、実際のところわずか数日間だったが、過去の大企業での数年間に匹敵する学びの多い時間だった。

さまざまな講演やパネル・ディスカッションで通訳をしたが、なにぶんスピーチ原稿は用意しない、スライドは使用しない、同じことは二度と話さないことをポリシーにしているうえに、専門用語を多用するベンとの仕事では、さまざまな心掛けが必要だった。たとえば、講演当日に主催者に掛けあって、自分がスライドを使用して事前にミネルバ大学の解説を行い、ベンにインタビューする形式に切り替えたり、ベンが何を言っても対応したりできるように、直訳ではなく意訳を徹底したりした。ケンに、「ベンの話は英語でも理解するのは難しいので、通訳がうまくいかなくても気にするな」と冗談を言われたこともある。うまくニュアンスを伝えられず、反省することも多々あったが、そういうときは「ベンが来日し、講演した」という実績こそが重要なのだ、と自分を慰めたものだ。

日本にインターンを!

ベンとの同行では、必ずと言ってよいほど「なぜアジアの拠点が日本ではないのか?」という点について聞かれた。これは、筆者がはじめてミネルバ大学を知ってから抱いていた疑問でもあり、ベンの答えには注目していた。多くの場合、ベンは「7か国に滞在するうえで、サンフランシスコとロンドンは外せない都市で、アジアの拠点は比較的安価にする必要があるから」と答えていたが、実際のところ滞在費の問題以外にも、ミネルバ大学の学生が満足するようなインターン・プロジェクト学習の機会を用意できる企業・NPO・行政機関や協業できそうな大学がないことなど都市としての魅力が低い、というのが本音だ、と筆者は見ていた。

そこで筆者は、その仮説を検証してみることを試みた。過去に会った起業支援家の中でも、

図表44｜日本国内でのインターン受け入れ先、ワークショップ実施先

企業名	業種	主な協業内容
ミスルトウ株式会社	スタートアップアクセラレーターベンチャー・キャピタル	• 支援先ベンチャー企業を中心にサマー・インターン（8週間）の受け入れ • 1週間のJapan Immersion Program
株式会社ヒトメディア		• 4〜5名チームによる新規事業開発プロジェクトの提供（3か月のフルタイム インターン） • ワークショップ スペース（六本木）の提供
タクトピア株式会社	教育事業	• 日本人向け英語学習キャンプ（2週間）のスタッフとしてのインターン提供 • 学期期間中のパート・タイムインターン提供
富士通株式会社（富士通総研）	情報コンサルティング	• Fujitsu America, Inc.と富士通総研で幼児向けSTEM教育プログラムの開発支援（8週間のインターン）
三井物産株式会社（サービス事業部）	総合商社	• 日本における認知活動の協力 • 日本滞在中のインターン生への会社紹介レセプション開催
本田技術研究所（THINK Lab）	シンクタンク	• 「2050年までの教育トレンド―変化と兆候」に関するレポート作成にあたり、ミネルバ大学の学生と研究員との座談会を実施

ミスルトウ株式会社の孫泰蔵社長と株式会社ヒトメディアの森田正康社長の反応はよく、意欲的なインターン・プロジェクトが実現したのだ。ミスルトウでは約14名の学生が、孫氏が支援するスタートアップ企業で8週間インターンを行い、学生からも高い評価を得た。ヒトメディアでは12週間で新しい事業をゼロから企画し、プロトタイプまで作成する、という難題に複数の学生チームが応募し、エンジェル投資家でもある森田氏に直接レポートする体制で働く、という機会を得た。

学生たちは、高度な異文化コミュニケーション、柔軟な思考・対

応力の求められる職場環境で、ミネルバ大学で学んできたことを存分に発揮した。大企業でもすでに米国の子会社でインターン採用実績のあった富士通総研やグローバル人材獲得に積極的なファーストリテイリング、ソフトバンク、リクルート、三井物産、本田技術研究所などをミネルバ大学のＰＤＡにつなぐことができ、多くの日本企業がミネルバ大学に注目していることをＰＲできた。

大学では、大阪大学や京都大学が、教員トレーニング（Faculty Development）の観点からミネルバ大学に注目した。とくに京都大学の高等教育研究開発推進センター所長の飯吉透教授は、自身がＭＩＴでＭＯＯＣの立ち上げ、及び普及に携わった経験もあり、ミネルバ大学のアクティブ・ラーニング・フォーラムやカリキュラムの持つインパクトを深掘りすることに前向きだった。２０１７年5月30日に京都大学の芝蘭会館稲盛ホールで実施されたシンポジウムには約２００名が参加し、教育関係の催しとしては異例の盛り上がりだった。大阪大学の佐藤浩章准教授からも関西地区ＦＤ連絡協議会の中でワークショップを開催する機会をいただき、多くの大学関係者にミネルバ大学の取り組みを紹介することができた。

また、慶應義塾大学大学院システムデザイン・マネジメント研究科の神武《こうたけ》直彦教授には、多国間共同研究プロジェクトを行う大学院生向けの教育プラットフォームにアクティブ・ラーニング・フォーラムが適用できないか検討していただいた。初期に拠点候補として名の挙がった京都や東京で、トップクラスの研究施設を有する大学とベンをつなげることができた。

学生募集に関しては、当初日本からの進学者の目標人数を5名としたが、ミネルバ大学の合格率1・9％から逆算すると250名の受験者が必要で、日本から学部で海外トップ大学進学を志す人数を多く見積もっても100名程度と考えると、現在見えている需要をターゲットにした活動で達成するには現実的な数字ではなかった。これは実現不可能なのではなく、実現させるには、今まで海外進学を考えもしなかった高校生や既存の大学に不満を抱いている大学生にミネルバ大学の存在を認知してもらい、受験を促す方法が必要であることを意味していた。

ケンは、当初日本のインターナショナルスクールの進路カウンセラーから好意的な反応を得ていたことから、日本での学校訪問や学生誘致に対しては他のアジアの学校よりも比較的楽観的だった。だが、こうしたカウンセラーの多くは、ミネルバ大学の学費の安さに注目していたのであって、合格率の低さを知ると多くの場合、「当校にはそのレベルの学生はいない」という返事をすることが多かった。

実際、ミネルバ大学の合格基準を満たすようなIBDPスコア（国際バカロレアの学位修了試験）を持つ学生は、ニューヨーク大学アブダビ校のように能力に応じた奨学金を支給する大学（ケースによっては学費全額＋生活費免除）が先鞭をつけており、進路カウンセラーにとっては、財務能力に応じた奨学金制度のみを採用するミネルバ大学は、経済的に勧める対象とならない

図表45｜日本の中学校、高校における学校訪問事例の一部

訪問先	主な協業内容
聖光学院	• 学校説明会 • シリコンバレー研修（サンフランシスコ）でプロジェクト学習体験 ミネルバ大学の現役生が中3〜高1の学生向けにワークショップを提供
大阪府立箕面高校	• 国際科学生向けワークショップ（英語補習授業として実施） ミネルバ大学で提供している思考コンセプトを用いて自分たちの「理想の大学」を設計
同志社中学校 千代田区立麹町中学校 新潟県立国際情報高校 青翔開智高校 工学院大学附属高校 公文国際学園 聖徳学園中学・高等学校 武蔵野大学附属千代田高等学院 神奈川県立湘南高校（他）	• 特別講演/教員研修 ミネルバ大学の紹介やこれからの時代に必要となる学び方などを紹介

ケースが多かった。

また多くの大学はパンフレットやノベルティを用意してカフェテリアにブースを設ける程度のアレンジメントで満足するのに対し、教室を借りて40分程度のプレゼンテーションを要請するミネルバ大学の認知活動の方法は進路カウンセラーにとって手間のかかる相手で、学校訪問の方法について問い合わせをするとメールや連絡が途絶えるということもしばしばあった。

多くの進路カウンセラーにとって「高等教育の再創造」というミッションへの共感はあっても、自分たちで合格の見込みが少ないと判断した学生に卒業生のいない新しい大学を支援するというリスクは冒したくないものだ。

数少ない例外は、大阪インターナショナルスクール、広島のAICJインターナショナルスクール、UWC ISAKジャパン（旧インター

ナショナルスクール・オブ・アジア軽井沢）。筆者がミネルバ大学は高校時代の成績と課外活動を重視するため、説明会は高校3年に限らず、1、2年生にも参加させてほしいとリクエストしても、応じてくれた。

日本の一般的な中学校、高校での説明会は、先述した経験から積極的な売り込みはせず、あくまで訪問リクエストがあった場合に対応することにした。基本的に説明会という形式ではなく「理想の大学像を考える」等のワークショップ形式にして、教員トレーニングや教員からの依頼があった場合には学生向けにも実施した。

学校訪問で意識したのは、ミネルバ大学の宣伝を行うことよりも、革新的な教育を行っている教員を支援する、ということだった。全国に知られる日本の有名進学校にもミネルバ大学を狙える学生は数名いるが、その多くは偏差値や大学ランキング上位校に進むことを目的としており、軌道修正は学生自身にとっても、その学生の周辺環境（親・教員）の立場からもハードルが高い。それよりも、いわゆる受験教育からは距離を置き、これから新しい教育を日本に広めていこうとしている学校の学生にミネルバ大学のような可能性を考えてもらいたかったからだ。

日本人合格者、誕生

そして2016年、日本人初のミネルバ大学進学者が誕生した。本人は日本と米国の両方の国籍を持つ学生で、中学までインターナショナルスクールに通い、高校は米国のボーディングスクールを選び、大学にいったん進学したあと、再度ミネルバ大学に入学するという複雑な経緯をたどっていた。

2016年までは、日本から合格し、進学した学生はいずれも外国籍を持つ学生で、多くの学校・教育関係者から「日本人には無理なのでは?」というコメントや「日本の事情をもっと知ってもらわなきゃダメですよ」というアドバイスをいただくことも多く、〝世界の中で日本だけは特殊〟と考える教育関係者の多さに正直うんざりすることもあった。イノベーション理論には新しい商品・サービスを最初に試す「イノベーター」、流行になりそうなものを購入する「ファーストムーバー」、流行になりかけたものを購入する「アーリーマジョリティ」、流行が確認されてから購入する「レイトマジョリティ」と最後まで自分のやり方を変えない「ラガード」というカテゴリーがあるが、日本の多くの教育関係者は「レイトマジョリティ」と「ラガード」に位置するのではないか、という絶望的な気持ちになることもあった。

教育関係者経由のアプローチとは別に、海外進学を志す学生や留学中の学生の間ではミネルバ大学の認知度は飛躍的に向上していった。こうした学生は、説明会に参加する前に事前にウェブサイトや関連情報をリサーチしているもので、質問も奨学金の支給条件や受験対策など、具体的な相談が多かった。

不思議なもので、海外留学希望者でも日本語での情報源があると、より積極的に情報収集する傾向があるようだ。米国留学経験者は、米国大学の高すぎる学費の問題についてミネルバ・プロジェクトの取り組みに注目していたし、関わっているスタッフ、教授陣がいずれもトップクラスの大学出身者であることを知っていた。プロジェクト自体が壮大な試みであることは認識していても、その存在に対して懐疑的だったりネガティブな印象はほとんどなかった。とくにUWCが窓口になり、世界のさまざまな国から集まった学生が2年間同じ場所に住みながら国際バカロレア・ディプロマを取得するプログラムに留学している学生の間でミネルバ大学は注目されていた。これは、ミネルバ大学への進学者にUWC卒業生が複数在籍していることや、多国籍・異文化にどっぷり浸かる2年間、経済的な富裕層とのつながりや豪華な施設よりも学生同士がお互いからの学び合いを重視する教育方針がミネルバ大学の教育理念に近いことも影響しているのだろう。

日本からの受験生は日本の大学に通う外国人留学生、インターナショナルスクール在籍者、一般的な高校在籍者、日本人大学生などに分類できる。ミネルバ大学の入学審査は無料、アプリケーションは他の大学に比べてシンプルで、受験するためのハードルは低いのだが、日本からの受験者数は韓国、中国や東南アジア諸国と比べても、圧倒的に少ない。具体的な数字は公表できないが、ミネルバ大学の合格率から逆算していただければ、ほぼそれくらいの受験者数だと推測できる。これは、ほぼ認知活動をしていない韓国と比べても受験者数は2分の1未満である。

2017年、日本の普通の高校で学んだ日本人合格者が誕生した。合格者は計3名で、2名はUWCに留学している学生、1名は公立高校の学生だった。実際に進学したのはUWC出身の学生だが、日本の一般的な高校から出た初の合格者には大きな注目が集まった。

この公立高校は、その年には京大・東大はおろか早慶への合格者もいない。ミネルバ大学に関心を持っていた人からすれば、この学校から挑戦者が出たこと自体がニュースであり、メディアの関心は「挑戦を可能にした」校長の学校改革だった。「教育改革を実行している学校の先生を支援する」という自分の活動方針が実を結んで嬉しかっただけでなく、ミネルバ大学への挑戦という意味でも大きな影響力があった。それはこの学校の合格者が、ミネルバ大学に対して日本の多くの教育関係者から投げかけられた、

①日本人には無理
②帰国子女以外は無理

③国際バカロレア教育を受けていないと無理
④偏差値上位校でないと無理

という「無理の壁」をすべて壊したことだった。

こうした教育関係者がこの合格者の「特殊さ」を見つけ出そうとするのに対し、日本から出たことのない地方に住む高校生はこの結果に活気づいた。筆者が毎月実施していたオンライン説明会の参加者は東京に住む学生と同じくらい、北海道、秋田、青森、群馬、山口、佐賀、長崎、鹿児島、沖縄等の地方公立高校が参加している。こうした学生は自らSNSやインターネットでミネルバ大学を知り、挑戦する意志はあったものの周囲の理解が得られない、という悩みを抱えていた。この合格者が実際に高校時代にどのような学習・課外活動経験をしていたのか、どうすれば自分でもできるか、という問い合わせも増えた。

進学することになった2名の学生も情報発信には積極的であった。やはり40歳過ぎの「おじさん」が解説するよりも、10代の若者が発信する情報のほうが、同世代に響くものがある。進学者の日原翔が日経カレッジカフェに投稿した記事は瞬く間にフェイスブックで3000シェアを超え、学生が執筆した記事としては記録的なトラフィックになった。こうなってくると他の雑誌でもミネルバ大学に関しての記事を識者に求めるようになり、好循環が続いていく。

進学した2名はそれぞれ留学支援財団から支援を得ることができた。柳井正財団の事務局長を務める石田吉生氏は、「大学名は聞いたことがなかったが、学校の内容を聞いて驚き、さらにその費用が他の大学よりもずっと安価で支援できることにも驚いた」とミネルバ大学の学生への支援を決めた理由についてコメントしてくれた。

２０１７年5月30日、京都大学高等教育研究開発推進センターが主催したセミナーでの登壇を終え、翌日、ミスルトウ株式会社で孫泰蔵氏がミネルバ大学とサマー・インターンの受け入れとミネルバ大学で学ぶ学生向けに4年間の学費を支給するスポンサーシップ契約を発表したときに、自分が目標としてきた状態がほぼ達成できていることに気がついた。

おそらく現時点では、日本はミネルバ大学に挑戦するうえで最も恵まれた環境にある。日本の最高峰の大学の教育研究者が「ミネルバ大学を見て、自分たちも変わるべきだ」とコメントし、就職人気上位企業の事業部長クラスが「ミネルバ大学の学生なら（大学1年生でも）一緒に働きたい」とラブ・コールを送れば、「話していると、相手が18歳であることを忘れる。それくらいしっかりしている」という民間シンクタンクに勤務する研究員のコメントもある。そして日本の大学では得られないようなインターンシップの機会や財務支援を得ることができ、5～8月にはさまざまな国から来日する現役生から直接話を聞ける機会があるのだ。

教育に新しいうねりを——新しい一歩は今ここから

「伝統もない、卒業生ネットワークも日本での就職支援も期待できない大学に行かせたい親はいるのでしょうか」という質問をした人は自問するだろう。

「日本では、進学校に行かせ、東大に行かせ、大企業に就職させるのが息子・娘の幸せだ。ところで京都大学で大学教育を研究しているトップクラスの教授が、ミネルバ大学を見習うべきだと言い、日本では誰もが知っている大企業の幹部もこの大学の学生が欲しいと言う……いったい日本の教育はどうなっているのか？」

広告・宣伝費を一切使わなかった認知活動は、教育改革を望む教員、企業、そして何より10代の若者たちの挑戦により、大きなうねりを生み出しつつある。

そして、自分もミネルバ大学が目指す「高等教育の再創造」を支援するには、次のステップに進むべきだと決断した。ミネルバ大学の課題である「合格率の低さ」には、改善できる余地がある。それは、ミネルバ大学で用いている思考・コミュニケーションのコンセプトを中等教育時代から意識して個人プロジェクトや学習への取り組みに反映できる人材を育成することだ。

それは、既存の学校のカリキュラム改革を支援することや、新しい学校をつくることかもしれないし、今までとは別の形で情報発信を行っていくことかもしれない。新しい挑戦の場は必ずしもミネルバ大学への進学者数を劇的に増やすことにはつながらないかもしれないが、多くの才能ある中学・高校生、あるいは大学生、若手社会人がよりよい意思決定、インパクトのあるプロジェクトへの挑戦と実現を可能にするはずだ。そう考えるとワクワクしてきた。

約20年間、中・高・大と日本の教育システムでは、どちらかといえば落ちこぼれ学生だった筆者は、大企業での中間管理職という一定の社会評価を得られる地位までたどり着いた。だが、自分自身にも他人からの評価にも違和感を持っていた。

「他人がよしとするものは、自分を満足させてはくれないものだ」という悟りと、「先が見える生き方」をもう一度壊し、10年前に自分が留学したときの不安と期待の中に身を置きたい、という衝動はもはや抑えが利かなくなっていた。計画よりも本能と嗅覚に従って生きること。そして、ベンと過ごした少ないが濃密な時間の中で、彼が話してくれた「私にも何かできることがあるとわかった」という瞬間が自分にも訪れた。

過去の講演活動で出会った学生たちに、変化の速い世界で自分らしく生きるには、

①変化に対応するのではなく、自らが変化をつくる側になること

②１つではなく複数の成長シナリオを持つこと

③回復力の強い人間になること

と助言してきた。

ミネルバ大学がもたらしてくれた貴重な経験を糧に、こうしたことができる人が１人でも増えるように今後も活動していきたい。

謝辞

ミネルバ大学の認知活動は、筆者の20年以上にわたる新規事業や用途開発、市場開拓の経験に照らしても他に例がないくらい多くの人々による善意の支援で支えられている。

筆者はその理由を、日本に限らず、このプロジェクトが世界中の教育改革に思いを抱いている人々の心を捉える強いメッセージを持っているからだと考えている。それは、「高等教育の再創造」というミネルバ・プロジェクトの目的への共感だけでなく、「私にも、何かができる」というベンが動き出せたきっかけに多くの人が心を動かされるからだろう。

ミネルバ・プロジェクトに関わるきっかけを与えてくれた、ベン・ネルソン、アジア統括のケン・ロス、日本の認知活動に理解を示し、支援してくれたジュンコ・グリーン、アヨ・サリマン、マイケル・レイに感謝する。なお、本書の写真はすべてミネルバ大学から提供してもらったものである。ここに合わせて感謝の意を表したい。

日本での認知活動でお世話になった人々で真っ先に思いつくのは、現役生だ。温柔嘉、李一格、ティ・ニュグエン、オァ・シーガル。彼らは素晴らしい若者たちでいずれさまざまな分野で活躍するだろう。皆さんの未来は明るい。

学校関係では、聖光学院の五十棲校長補佐がさまざまな人脈を紹介してくださったこと、品川女子学院の漆校長が最初の起点だった。まだ信用力のなかったミネルバ大学を積極的にメディアに紹介してくださったお2人は本書の種を蒔いた人たちである。

株式会社デサントの田尻邦夫相談役や早稲田大学の池上重輔教授には、本プロジェクトを含め、求めれば、いつも適切なアドバイスをいただけた。マッキンゼー・アンド・カンパニーの香月史秋氏、株式会社ファーストリテイリングの姉崎靖氏は学生時代から有益なアドバイスをしてくれる頼もしい友人だ。本書は皆さんの知恵を集めた成果だと考えている。

また、本書が生まれた直接のきっかけは、ミネルバ大学の効果的なプロモーション方法について悩んでいた筆者が、ダイヤモンド社の小島健志記者の紹介で同社の書籍編集部の廣畑達也氏に会ったことで2016年に企画された。その後、筆者の遅筆やミネルバ大学を取り巻く状況がどんどん変化していったために、なかなか区切りをつけることが難しくなる中で、まだまだ進化を続けるこのプロジェクトの一時代を切り取って記録することを決断することができたのは、廣畑氏の助言によるところが大きい。また、その後の作業でも大変お世話になった。

最後に、ここに書き切れない多くの支援者を代表して、私の身勝手な活動を許し、応援してくれた妻、真子に本書を捧げる。

2018年5月21日

山本秀樹

［著者］

山本秀樹（やまもと・ひでき）

1997年慶應義塾大学経済学部卒、2008年ケンブリッジ大学経営管理学修士（MBA）。

大学卒業後、東レに入社。高機能繊維の新規用途開発を担当し、幅広い産業における新製品開発に関わる。ブーズ・アンド・カンパニー（現PwC Strategy&）では、主に素材メーカーの事業再生、成長戦略、M&A戦略、新規事業開発支援に携わり、その後、住友スリーエム（現３Мジャパン）にて２つの事業部でマーケティング部長を経験。

ケンブリッジ大学に留学後、同大学のカレッジ制度や少数、グループワーク重視の学習環境・スタイルに深く感銘を受け、以後、日本でも同様な教育を提供できないか業務と並行して模索。2014年に独立し、間もなくMinerva Schools at KGIの存在を知り、コンタクトしたことがきっかけで、日本連絡事務所代表を務めることになった。

2017年、ミネルバ大学で得た「教育の再創造」というミッションをより多くの人に届けるために、日本連絡事務所代表を辞し、「Dream Project School」を立ち上げた。


世界のエリートが今一番入りたい大学ミネルバ

2018年７月11日　第１刷発行
2020年４月22日　第４刷発行

著　者――山本秀樹
発行所――ダイヤモンド社
〒150-8409　東京都渋谷区神宮前6-12-17
http://www.diamond.co.jp/
電話／03･5778･7232（編集）　03･5778･7240（販売）

ブックデザイン―松昭教（bookwall）
校正――――鷗来堂
製作進行――ダイヤモンド・グラフィック社
印刷――――勇進印刷（本文）・加藤文明社（カバー）
製本――――ブックアート
編集担当――廣畑達也

ISBN 978-4-478-10534-4